Enseñar para comprender

María Francisca Giordano, Paula Alejandra Pogré
(Compiladoras)

María Constanza Valdez, Carmen Barale, Jorge Omar Silva
(Colaboradores)

Enseñar para comprender

Experiencias y propuestas para la Educación Superior

SIEpCES
I Simposio Internacional
Enseñanza para la Comprensión
en Educación Superior

7, 8 y 9 de Octubre de 2010
UNSL - San Luis - Argentina

PROICO 4 – 0105
LAS PRÁCTICAS EDUCOMUNICACIONALES.
Su impacto en la comprensión de los sujetos que interactúan en situaciones de enseñanza y de aprendizaje

L@titud Nodo sur
Latin American Initiative toward Understanding and Development Project *Zero* / Universidad de Harvard

Enseñar para comprender : experiencias y propuestas para la Educación Superior/ compilado por María Francisca Giordano y Paula Alejandra Pogré. - 1a ed. - Buenos Aires : Teseo, 2012.
482 p. ; 20x13 cm.
ISBN 978-987-1867-28-8
1. Comprensión de Textos. 2. Enseñanza Universitaria. I. Giordano, María Francisca, comp. II. Pogré, Paula Alejandra, comp.
CDD 378.001

© Editorial Teseo, 2012

Buenos Aires, Argentina

ISBN 978-987-1867-28-8

Editorial Teseo

Hecho el depósito que previene la ley 11.723

Para sugerencias o comentarios acerca del contenido de esta obra, escríbanos a: **info@editorialteseo.com**

www.editorialteseo.com

ÍNDICE

Presentación del libro 11

Conferencia de Apertura. Enseñar para la comprensión en la educación superior 15

Parte I.
Experiencias y propuestas con EpC
en la formación docente inicial

Tutores de aulas virtuales en matemática en el marco de la EpC. Formación y práctica...............................39

Enseñar a investigar a futuros profesores. Una propuesta pensada desde los desempeños que contribuyen a comprender la práctica docente y la investigación...55

Una propuesta didáctica que recupera los aportes de las teorías de las inteligencias múltiples de Howard Gardner en la enseñanza del inglés como idioma extranjero 71

Una propuesta para mejorar la formación docente en matemática 83

Enseñanza para la comprensión aplicada al tratamiento de la tipología textual narrativa en el contexto de la formación docente universitaria...........103

El proyecto de aula en el marco de la enseñanza para la comprensión. Una experiencia en Didáctica General del Profesorado en Química...........113

La enseñanza de la educación artística y la propuesta de la enseñanza para la comprensión...........127

Aprender a enseñar desde la comprensión...........137

Aportes para lograr la comprensión en matemática...........145

Los aportes del marco de la enseñanza para la comprensión en el diseño e implementación de unidades didácticas de Biología y Física en la perspectiva de los profesores principiantes de ciencias egresados de la universidad...........161

Parte II
Experiencias y propuestas con EpC en la formación docente inicial de otros profesionales

La incorporación conceptual de la EpC en la programación didáctica de los cursos del área de zoología...189

Pensar-sentir-actuar. La relación docente-alumno-conocimiento en el marco de la enseñanza para la comprensión...........211

La enseñanza para la comprensión del álgebra en alumnos de ingeniería...........223

Nuevas prácticas áulicas a partir de la EpC en la cátedra de Economía y Política Agraria...........237

Programación didáctica para la enseñanza-aprendizaje de propiedades coligativas en disoluciones químicas, en el marco de la enseñanza para la comprensión ...247

Repensar la práctica docente desde la EpC.......................263

Niveles de creatividad en las producciones gráficas de alumnos de comunicación social. Elaborando una matriz para su análisis 279

El diagnóstico fonoaudiológico desde el marco de enseñanza para la comprensión 297

La síntesis química como tópico generador en la enseñanza de la química orgánica...............................321

La enseñanza para la comprensión en robótica. Construcción de simuladores como actividades de comprensión..333

La necesidad de trabajar la enseñanza para la comprensión en la formación de los pedagogos 345

Propuesta de enseñanza para la comprensión en la asignatura Introducción a la Administración................357

Aprender a investigar en el marco de la enseñanza para la comprensión 371

Parte III.
Otros ámbitos de aplicación de la EpC

Aprendizaje de las consonantes del sistema fonético-fonológico inglés a través del marco de enseñanza para la comprensión: una propuesta de capacitación 399

Proyecto interdisciplinario. Empleo de las representaciones visuales como herramientas significativas para el logro de conexiones entre las disciplinas 423

La construcción de una cultura de pensamiento comprensivo en las aulas universitarias 449

Enseñar a comprender a través de las TICs 461

PRESENTACIÓN DEL LIBRO

El presente libro sintetiza y representa el trabajo realizado durante el **I Simposio Internacional de Enseñanza para la Comprensión en Educación Superior -Siepces-** llevado a cabo los días 7, 8 y 9 de Octubre de 2010, en la Universidad Nacional de San Luis, San Luis, Argentina.

La concreción de este espacio de encuentro fue un desafío que asumimos conjuntamente con Paula Pogré. Por ello participaron de la organización el Proyecto de Investigación Consolidado N° 4-0105 "LAS PRÁCTICAS EDUCOMUNICACIONALES. Su impacto en la comprensión de los sujetos que interactúan en situaciones de enseñanza y de aprendizaje" y el Nodo Sur de "L@titud" (*Latin American Initiative toward Understanding and Development Project Zero* /Universidad de Harvard).

Durante unos pocos pero muy intensos días, pudimos intercambiar experiencias, ideas, propuestas, dudas y nuevos interrogantes que surgen de cada contexto disciplinar e institucional, en distintos momentos y en distintas etapas del proceso de comprensión.

Compartimos el marco conceptual que aporta el *Project Zero* de la Universidad de Harvard, denominado Enseñanza para la Comprensión. Operamos con un método que se organiza a partir de la reflexión sobre la práctica. Concretamos el propósito de intercambio y aprendizaje colectivo que nos permite comunicar nuestras experiencias para continuar profundizando y enriqueciendo nuestras prácticas de comprensión.

Este libro, que tiene la intención de ampliar las posibilidades de difusión y compartir y profundizar entre todos los niveles de comprensión alcanzados, está integrado por la mayoría de los trabajos que fueron presentados en este I Simposio.

Nada está cerrado, nada es definitivo, son todas aproximaciones para profundizar en el camino de enseñar para pensar y actuar flexiblemente con el conocimiento.

El libro se encuentra organizado en tres grandes apartados.

En la Parte I se presentan las experiencias y propuestas con EpC en la formación inicial de docentes para campos disciplinares como Matemáticas, Ciencias Biológicas, Física, Química, Educación e Inglés.

La Parte II presenta las experiencias y propuestas con EpC en la formación inicial de profesionales tales como, ingenieros con diferentes especialidades, psicólogos, pedagogos, comunicadores sociales, trabajadores sociales, administradores públicos y fonoaudiólogos.

En la Parte III se incorporan trabajos que aportan ideas y aplicaciones de la EpC en espacios de capacitación docente, de trabajo interdisciplinario, de la utilización de las TICs y la construcción de una cultura de pensamiento.

Todos los trabajos cuentan con una dirección de contacto para que los interesados en campos disciplinares similares puedan reconocerse e intercambiar conocimientos y experiencias que favorezcan el enriquecimiento mutuo.

El marco inicial del libro lo aporta la conferencia de apertura del Simposio desarrollada por Paula Pogre, coordinadora de L@titud Nodo Sur por Argentina.

Agradezco profundamente a María Constanza Valdez, Carmen Barale y Jorge Omar Silva, sin cuya colaboración permanente, este libro no hubiera sido posible.

María Francisca Giordano

La entrevista realizada por Paula Pogré a la Dra. Verónica Boix Mansilla se encuentra disponible en *youtube* en las siguientes direcciones:

Encuentro con Verónica Boix Mansilla sobre el tema "Las cualidades de la comprensión y la interdisciplinariedad en la Educación Superior" en:
1º http://www.youtube.com/watch?v=pD2AXpPSG7MParte
2º http://www.youtube.com/watch?v=CYry_sFOxYYParte
3º http://www.youtube.com/watch?v=6qdl_yFqfxgParte
4º http://www.youtube.com/watch?v=JWkNqACv1u0Parte
5º http://www.youtube.com/watch?v=lROMll-pL1wParte
6º http://www.youtube.com/watch?v=GxcOq0zcO8MParte
7º http://www.youtube.com/watch?v=FHp21ltfuV8Parte
8º http://www.youtube.com/watch?v=FHp21ltfuV8
Video de fotos con diferentes actividades del Simposio en:
http://www.youtube.com/watch?v=WV2Nk8BXxio

Conferencia de Apertura
Enseñar para la Comprensión
en la Educación Superior

por Paula Pogré

Hace tiempo pensamos que ya era hora que nos encontrásemos los que estamos trabajando con el marco de la Enseñanza para Comprensión desde distintas perspectivas. Me refiero a reunir a quienes hemos incorporado ideas nuevas a nuestros marcos teóricos de investigación, a quienes en equipos de formación docente trabajan en las universidades, a quienes están repensando la formación docente, o revisando los diseños curriculares. O sea, pensábamos que sería bueno que un día pudiéramos encontrarnos para intercambiar experiencias entre todos los que estamos caminando este camino. Fue así que surgió la idea de este Simposio... y es por eso que hoy estamos todos aquí y esto es una enorme alegría.

En esta presentación quiero compartir con Uds. algunas ideas referidas específicamente al marco conceptual de la Enseñanza para la Comprensión en el campo y en las problemáticas de la educación superior y vincularlo con otros aportes.

El marco de EpC, como marco conceptual es poroso a otros aportes así como el conocimiento se genera junto con otros, cuando se revisan las ideas que cada uno sustenta, se generan otros marcos. La idea es, entonces, compartir algunas preguntas, pero también hacer algunas relaciones de este marco conceptual con otros.

Propongo tres hilos conductores para esta conversación. El primero es *¿en educación superior, qué significa enseñar para que todos comprendan?* Situar esta pregunta en la educación superior implica formular una pregunta original;

por muchos años no ha habido una especial preocupación por la enseñanza en la educación superior. Formular esta pregunta como primer hilo conductor constituye un posicionamiento en relación con la educación superior que queremos compartir en este simposio.

El segundo hilo conductor, que acompaña al anterior, es *¿cómo podemos crear dispositivos que permitan la construcción de competencias académicas y profesionales esperadas en los graduados?* Este hilo implica pensar en una educación superior para todos y al mismo tiempo preguntarnos acerca de si en las instituciones de educación superior estamos efectivamente ayudando a construir y a formar efectivamente competencias académicas y profesionales.

El tercer hilo es *¿cuáles son las relaciones y las diferencias necesarias entre los procesos de investigación y los procesos de formación?* Las instituciones de Educación Superior se reconocen como centros de investigación y este es un espacio importante. Las instituciones de formación docente están en camino de convertirse en instituciones que también incorporen la investigación como una de sus funciones.

Entonces es el momento de preguntarnos acerca de las relaciones necesarias, pero también de las diferencias necesarias, entre estos procesos; entre el investigar y el enseñar.

Estas tres preguntas van a constituir la trama de esta presentación.

La educación superior se encuentra hoy en un momento de replanteos y cambios; bienvenidos los cambios o bienvenidas algunas de las novedades y de las transformaciones en educación superior, porque nos dan la posibilidad de transparentar nuevos desafíos.

Cuando nos referimos a temas de educación superior tales como las transformaciones en la producción de conocimiento, los cambios en los perfiles, expectativas, saberes de los estudiantes, a los mandatos de educación superior, se recortan problemáticas que en los últimos tiempos se han transformado en problemas de investigación y en temas en debate en las instituciones de educación superior. Sin dudas lo nuevo es que se hayan transparentados estos desafíos. No es que todas estas problemáticas sean nuevas o que los temas sean nuevos, sino que lo nuevo es que se haya hecho visible esta situación.

Las instituciones de educación superior, en tanto instituciones que han tenido históricamente el desafío de la investigación, generalmente se han preocupado prioritariamente por cómo generar conocimiento y no siempre ha puesto igual atención a cómo transmitirlo.

Para decirlo sencillamente, las universidades tuvieron más preocupación por el proceso de generación de conocimiento y, de alguna manera, se instaló la idea de que el proceso de formación venía como "consecuencia natural" de ese proceso de generación de conocimiento. Se instaló la idea de que aquellos que conocían profundamente una disciplina automáticamente eran capaces de enseñar esa disciplina.

Entender esa relación como idéntica "si lo sé, lo puedo enseñar" implica una de las posibles formas de pensar el conocimiento. Otra manera de pensar esta relación reconoce diferencias entra la generación de conocimiento y diferentes modos de transmisión de conocimiento y aun diferencias entre transmisión y enseñanza.

Generalmente las instituciones de formación superior también identifican a ciertos conocimientos consolidados, "definitivos", arraigados, que son los que se transmiten en el ámbito de la enseñanza. Sin embargo, muchas veces se da la paradoja de que esos mismos grupos, en su proceso de investigación, probablemente están en desarrollos muy diferentes. Entonces parece que hay un conocimiento que es objeto de investigación y otro que es el que se enseña, no necesariamente por la asunción de la diferencia entre producción de conocimiento y enseñanza, sino porque se cristaliza lo que se transmite. Entonces surge la pregunta… ¿de qué conocimiento hablamos cuando hablamos de conocimiento a ser enseñado en educación superior?

En el otro extremo, en las instituciones superiores, se piensa que lo que hay que enseñar es lo que estamos investigando. La pregunta es: si enseñamos lo que estamos investigando, ¿estamos teniendo en cuenta el proceso de aprendizaje de aquel que está aprendiendo? Cuando enseñamos lo último que estamos investigando, generalmente damos respuestas a preguntas que el otro nunca se ha formulado. Porque enseñamos a partir de las preguntas que como investigadores nos hacemos, pero no de las preguntas de quien está en proceso de formación.

Si nos proponemos que los procesos formativos contribuyan a que otros construyan conocimiento, debemos hacernos una serie de preguntas que transparenten cómo pensamos la relación entre construcción del conocimiento y enseñanza.

Otra cuestión a repensar son aquellas cosas que decimos acerca de los estudiantes. Gracias a que con la ampliación de la cobertura de la escuela media, aun con enormes deudas, se ha ampliado la diversidad de los estudiantes que llegan a la educación superior, en el discurso de quiénes trabajamos en institutos superiores de formación docente y en las universidades, muchas veces escuchamos que se alude a esta diversidad como un problema. En lugar de darle la bienvenida a esta ampliación de derechos y a la diversidad, se la convierte en excusa de los bajos niveles de retención y de la baja en la calidad de lo que se enseña. El problema no son los nuevos estudiantes, lo que deberíamos repensar es la enseñanza en un contexto de estudiantes diversos, en un contexto donde los universos culturales, e incluso los modos de aprender, son enormemente variados.

A pesar de que muchas investigaciones actuales nos muestran esas diferencias, se genera en los estudiantes una enorme deserción temprana, y la consecuente decepción, porque parece que todavía en nuestras instituciones de educación superior quienes logran permanecer son aquellos que son bastante parecidos a ese estudiante que imaginábamos como el estudiante medio y que nunca existió.

En una investigación que estamos desarrollando con la Red PROPONE, junto a 24 institutos de formación docente de todo el país, es muy interesante ver la diferencia entre las representaciones que tienen estudiantes y docentes acerca de quiénes son los estudiantes. Hay una distancia importante entre los datos más duros, características tales como quiénes son, con quienes viven, si trabajan o no, y lo que los docentes y estudiantes refieren. O sea, cuando hablamos con los docentes, con los directivos de las instituciones, se refieren a un estudiantado mucho más diverso del que efectivamente tienen, a partir de los datos que las mismas instituciones tienen. O sea que, efectivamente, los estudiantes que llegan a la finalización de las carreras son estudiantes de una edad bastante homogénea, que no sostienen su hogar, contrastando fuertemente con la descripción que los mismos estudiantes y los docentes y directivos de las instituciones hacen. En este sentido, podemos decir que en nuestro imaginario tenemos la buena idea de que nuestros estudiantes son bastante más diversos que los que logramos que permanezcan en el sistema. Seguramente han ingresado estudiantes diversos, el problema es que no enseñamos de manera que esa diversidad se mantenga hasta el egreso. Esto lo podemos tomar como una buena noticia o una mala noticia. Es una mala noticia porque entonces no estamos logrando ser tan inclusivos como nos creemos. Por otro lado, es una buena noticia porque implica que tenemos al menos una representación de posibilidad de que esos jóvenes diversos estén en nuestras instituciones de educación superior. Entonces existen aún muchas preguntas para hacernos sobre el conocimiento, muchas preguntas para hacernos sobre los estudiantes y, sin duda, vale la pena remirar y repensar los datos que tenemos registrados en nuestras instituciones.

Tal vez sea hora de revisar los mandatos de nuestras instituciones; hay que pensar cuál es el sentido de la institución de educación superior, cuál es el peso y los lugares que se le asignan a la investigación, la docencia y la extensión, cuáles son los mandatos pensando en la relación y la responsabilidad política que tienen las instituciones de educación superior, no solo de los procesos formativos, sino también en los procesos de construir comunidades dentro de las comunidades en las cuales estamos trabajando.

Podríamos decir, estamos en un momento de necesaria revisión, sobre todas estas cosas tenemos que pensar, no alcanza simplemente con decir cambió nuestra concepción del conocimiento, cambiaron los estudiantes, cambiaron los mandatos, cuando hacemos este enunciado, en el que probablemente todos estaremos de acuerdo, cambió la concepción del conocimiento, cambiaron a los estudiantes, cambiaron a los mandatos, mi sugerencia es: vayamos un poco más allá y preguntémonos ¿de qué hablamos cuando hablamos de conocimiento?, ¿de qué hablamos cuando hablamos de que cambiaron los estudiantes, o cuando afirmamos que cambiaron los mandatos?

Pensar en la enseñanza en la educación superior es hoy un campo fértil de descubrimiento e innovación. Hablábamos de enseñanza y hablábamos de los niños, hablábamos de enseñanza y de a poco empezábamos a pensar en la enseñanza en la educación secundaria. Plantearse y replantearse qué significa enseñar en la educación superior es una novedad. Parece obvio decir que no alcanza con el dominio de una disciplina o campo de conocimiento para poder enseñar en la educación superior. La idea de que el mejor investigador será buen docente opera aún como una certeza en muchos campos de la enseñanza superior. Si bien en algunos campos esta certeza comienza a interrogarse, aún no hemos discutido suficientemente cuáles son las diferencias sustantivas entre un buen investigador y un buen docente en la educación superior.

Podemos decir que la enseñanza es una actividad específica e intencional. En general en las universidades los pedagogos hemos introducido esta idea. No siempre de la mejor manera afirmamos que la enseñanza requiere un diseño y saberes específicos.

Al interactuar en los distintos campos de profesionales universitarios, ingenieros, médicos, abogados, con aquellos que trabajan en la facultad de medicina, de derecho, arquitectos en arquitectura, el primer punto de acuerdo es que en cada una de ellas forman profesionales y que cada profesión implica el dominio de diferentes oficios. En el caso del oficio del arquitecto, hay oficios específicos de quien trabaja con materiales, estructuras, a partir de ello se diseñan las materias que son de la carrera de arquitectura. Está claro que así como el desarrollo de un proyecto de arquitectura requiere un diseño específico, el desarrollo de un proyecto de enseñanza también lo requiere. Y hacer ese diseño específico requiere de ciertos conocimientos propios del campo pero también propios de la enseñanza.

Pensar la enseñanza implica comprender que ese diseño requiere ser pensado haciendo foco en el sujeto de aprendizaje, ese es el primer paso, el primer gran corrimiento al que ayuda el marco de la enseñanza para la comprensión. La formación requiere hacer foco en el proceso de aprendizaje de los estudiantes. Una clave para pensar la enseñanza es cambiar la pregunta ¿qué hay que enseñar? por ¿qué es lo que nos interesa que ellos comprendan? Y este cambio de pregunta, que parece un cambio sencillo, un cambio de pregunta no demasiado revolucionario, cambia la perspectiva desde donde hacer este diseño. Si pensamos que el diseño de la enseñanza es una hipótesis de trabajo, un aporte del marco de la enseñanza para la comprensión, es ayudarnos a pensar la formación haciendo foco en el proceso de comprensión o de aprendizaje de los estudiantes, entonces cobran sentido nuestras conocidas tres preguntas, ¿qué es lo que realmente importa que los estudiantes comprendan? ¿Qué tipo de experiencias deben transitar para construir esa comprensión? Y ¿cómo sabremos los docentes y cómo sabrán los estudiantes que están comprendiendo? Las tres preguntas básicas del marco de la Enseñanza para la Comprensión cobran sentido cuando uno se propone replantear desde donde pensar este diseño específico que requieren los procesos formativos.

Me gustaría que avancemos específicamente con otro aspecto relacionado con el concepto de comprensión y el de aprendizaje pensados desde los aportes del marco de EpC.

Uno de los aspectos interesantes que tiene el marco de la Enseñanza para la Comprensión es que pone la mirada en la relación entre conocimiento y el proceso de apropiación de ese conocimiento. No es una propuesta didáctica que pone el conocimiento por fuera, no hay manera de poder pensar la comprensión sin poner el conocimiento en el centro, con el conocimiento en el centro y la comprensión de ese conocimiento estableciendo el puente. Las disciplinas han sido sin dudas una de las maneras de organizar el conocimiento. La modernidad crea a las disciplinas para poder organizar de alguna manera el conocimiento disponible y seguir creándolo. David Perkins, para ilustrar la relación entre disciplinas, conocimiento y sistema educativo hace una interesante analogía. El conocimiento, se genera y crece de un modo parecido al modo en que las plantas crecen en las selvas; las disciplinas, y luego las disciplinas del modo en que se enseñan en los sistemas educativos, toman esas mismas plantas y las organizan en parques o jardines. Para crear esta analogía David solía usar unas imágenes que habíamos compartido en un viaje a Colombia una vez que estábamos haciendo un seminario interno del equipo de trabajo. En aquel lugar en lo que se llama tierra caliente hay una selva bastante parecida a esta que ustedes están viendo en esta fotografía, para desarrollar el seminario estábamos en un sitio construido en medio de ese lugar así selvático, era un pequeño barrio de casas de veraneo, entonces uno hacia una transición muy rápida entre estar en esta especie de jungla y estar en los jardines de la hacienda... si uno observaba con agudeza había cierta continuidad, porque las plantas eran las mismas pero estaban como organizadas de determinada manera, fue allí que él acuñó esta idea interesante: las disciplinas, y sobre todo cuando las disciplinas además se reestructuran para ser enseñadas en contextos institucionales, toman ese conocimiento salvaje y lo domestican de alguna manera. Lo que es bueno porque lo organiza, pero a veces el problema es que la misma disciplina, y mucho más la transposición de esa disciplina para ser enseñada, domestica de tal manera a aquello que naturalmente es salvaje que se pierde la esencia de ese conocimiento. Parecería que uno de los secretos de un proceso formativo, e incluso en el proceso de seguir avanzando en el conocimiento disciplinar, implica poder hacer un juego de domesticar lo salvaje y salvajizar lo doméstico. Necesitamos pensar, cuando pensamos cómo ideamos un proceso formativo, en cómo combinamos lo salvaje, lo necesariamente salvaje del conocimiento con lo necesariamente domesticable del conocimiento para ser ordenado y transmitido. Si mantenemos en estado puro salvaje lo más probable es que no podamos avanzar en el conocimiento ni podamos enseñarlo, pero si lo hacemos extremadamente domesticado va a dejar de ser conocimiento y va a dejar de tener esta capacidad generativa del conocimiento.

En ese sentido me gustaría que podamos pensar cuál es el lugar de las disciplinas y el lugar de los saberes de referencia en educación superior. Los que trabajamos en educación superior compartimos otros marcos referenciales, por ejemplo Schön refiere a la importancia de pensar los procesos formativos, ya sea para las formaciones académicas o formación profesionales.

Cuando nos preguntamos ¿cuáles serán los desafíos en los procesos formativos pensando en los graduados?, sabemos que toda carrera de educación superior, docente, no docente, la medicina, la ingeniería, la arquitectura tienen un perfil que guarda algún vínculo con los saberes de referencia de ese campo profesional y/o académico. Si bien existen campos en los que esos saberes de referencia parecen más estables, muchas veces esos saberes de referencia se transforman, la pregunta es: en un mundo o comunidad cambiante donde el saber es un saber en constante transformación, si pensamos en los procesos formativos solo desde la lógica de los saberes de referencia, ¿qué alternativas tenemos para saber qué es lo que importa que los futuros profesionales comprendan si las prácticas de referencia son prácticas cambiantes?

Esta ha sido una de las preguntas de la investigación que desarrollamos en la Universidad Nacional de Gral. Sarmiento, con el andamiaje del marco conceptual de EpC, justamente mirando los procesos formativos en dos carreras: la de Políticas Sociales y las de Urbanismo, donde los saberes de referencia de la profesión son un campo en construcción.

Si uno pensara que las actividades académicas o profesionales son estáticas, pensar en los perfiles de la formación sería muy sencillo: "Miro ese saber de referencia y armo un proceso de formación consistente con ese saber de referencia", pero cuando ese saber de referencia, como básicamente ocurre hoy en todas las profesiones y los campos académicos, son cambiantes ¿cuál es el lugar de los saberes de referencia para que estos docentes formen la estructura que sustente la formación? ¿Cómo repensar esos lugares y pensar el dialogo entre los saberes de referencia y las propuestas formativas? ¿Cuál es entonces la relación entre formación y campo profesional? o ¿formación y campo académico? y de ahí de vuelta la pregunta ¿cuál es la relación entre investigación y procesos de formación?

Para la necesaria articulación entre lo que llamamos el adentro y el afuera de las instituciones formadoras, por mucho tiempo tuvimos alguna certeza, y me refiero particularmente a los procesos de formación docente pero no solo a ellos: pensábamos que si una carrera tenía espacios de "práctica" había garantías para esa formación, la relación con el campo profesional de acción se constituyó en "garantía" de formación. Quienes formamos docentes, queremos que quienes estamos formando se puedan desempeñar de un modos diferentes a lo que encuentran en el campo de acción de referencia. Entonces, aquí nuevamente ciertos *slogans* de las prácticas pedagógicas no son pertinentes. ¿Cómo hacemos para que el proceso de formación sea un proceso que involucre la posibilidad de innovación y no solo la repetición? Es ahí que empezamos a percibir la necesidad de una relación distinta entre investigación y docencia. En general siempre pensamos que el camino de la investigación a la docencia es un camino de ida. Aquel conocimiento que se genera en la investigación, en algún momento, se trasforma en conocimiento a ser enseñado.

Lo que empezamos a descubrir en algunas investigaciones es que, aquel conocimiento o aquella reconstrucción de la multidimensionalidad de la disciplina que se descubre en la enseñanza, también puede ser algo que alimente el proceso de la investigación.

Para sintetizar parecería que la formación, que en muchos de nuestros ámbitos de trabajo ha sido vista como la hija menor del trabajo con el conocimiento, puede convertirse en una vuelta diferente o promover ciertas preguntas a la disciplina que se conforma y configura en el proceso de investigación.

Investigación, campo profesional, procesos de formación: existen preguntas básicas por detrás de estas relaciones. Una pregunta es la que ayuda a pensar la relación entre teoría y práctica en los procesos formativos.

No hay proceso formativo de educación superior que hoy no se pregunte por algún tipo de relación entre esto que llamamos teoría y lo que llamamos práctica. Esto cobra particular importancia cuando lo pensamos en el terreno de los procesos formativos, porque si hacemos foco en la comprensión entendiéndola como la posibilidad de actuar y pensar flexiblemente con el conocimiento, derivamos necesariamente en el concepto de desempeño como un concepto clave para pensar la formación.

Al trabajar desde una perspectiva que propone a los desempeños como centro de la comprensión necesitamos repensar a qué llamaremos teoría y a qué llamamos práctica. Pensar, relacionar, comparar, ¿son prácticas? ¿Son teorías? ¿Comparamos teorías, comparamos prácticas?

¿Cómo podemos pensar en el concepto de desempeño y cómo podemos repensar lo que tradicionalmente llamamos la relación teoría-práctica?

Si tomamos los acuerdos de Bolonia, las universidades están diseñando sus perfiles de egreso en función de competencias: si bien este es un concepto controvertido con el que podemos estar más o menos de acuerdo, sabemos que las competencias refieren a la capacidad de actuar eficazmente en una determinada situación, que se apoya en conocimientos, pero que no se agota en ellos. No basta el conocimiento para desarrollar la capacidad de acción con el conocimiento, al tiempo que sería imposible esa capacidad sin conocimiento.

Por lo tanto, pensar en un proceso formativo implica necesariamente pensar qué tipo de desempeños proponemos a los estudiantes durante la formación. Esta es otra de las razones por las cuales es potente el marco de la Enseñanza para la Comprensión. Nos alerta: no alcanza simplemente con que ustedes digan qué es lo que importa que comprendan, no alcanza con que ustedes decidan qué materias, qué programas, lo que importa es diseñar también qué tipo de experiencias van a transitar los estudiantes durante la formación.

El diseño de la propuesta formativa no se agota en pensar un listado de conceptos o de autores. Hace muchos años, trabajando en una universidad nacional, indagamos acerca de qué era lo que realmente le importaba a los docentes que los estudiantes comprendieran. Muy genuinamente la primera respuesta de los profesores era un listado de autores, Foucault, Gramsci, etc. La pregunta que les formulábamos entonces era qué importaba que comprendieran a partir de leer esos autores. Y eso ayudaba muchísimo a repensar las materias.

Describían sus materias por un listado de autores. Hoy este tipo de respuestas es menos frecuente, en general hay un paso más allá, los docentes dicen: "me interesa que comprendan el concepto de Estado, las relaciones de poder en las sociedades". Es un avance importantísimo, nadie duda de esto. Ahora, qué tipo de experiencias vamos a proponer durante la formación para que estas comprensiones sean posibles. Y ahí, a veces hay que dar varios pasos para atrás. En realidad el paso más importante es poder entender cuál es el sentido de estos autores, qué tipo de construcción, qué conceptos, qué relaciones.

Todavía resulta muy difícil para los docentes de educación superior involucrarnos en pensar qué tipo de experiencia vamos a proponer a los estudiantes para que puedan construir estas comprensiones. ¿Alcanza con las lecturas?, ¿es importante que se debatan las posturas, que se contrapongan, que se contextualicen...? ¿Quién debe hacer esto? ¿El docente? ¿Los estudiantes?

Para abordar la relación teoría-práctica en la educación superior, un primer paso podría ser empezar a preguntarnos qué tipo de experiencias estamos proponiendo a nuestros estudiantes para construir las comprensiones esperadas.

Diseñar entonces una propuesta formativa no puede obviar diseñar este tipo de experiencias y conversar sobre ellas, discutir sobre ellas y mirar el tipo de experiencias que proponemos.

Generalmente existen tres maneras de entender esta relación teoría-práctica.

Una, que es muy recurrente en algunos campos profesionales, es la que podríamos llamar "la concepción ingenua". Pensamos que la práctica se basta por sí sola. En realidad, lo que nos importa es que el futuro graduado pueda estar inmerso en su campo profesional real. Se parte de la idea de que la educación superior brinda marcos conceptuales amplios, que le dan cierta pátina a los futuros profesionales, pero que la verdad es que ese futuro graduado se va a formar en la práctica, y va a tener que hacer, aprender, ensayar, equivocarse. Por ejemplo, en el caso de los trabajadores sociales, por mucho tiempo se pensó que la práctica se basta a sí misma.

Una segunda postura revaloriza todos los marcos conceptuales, podríamos llamarlos de manera "pura"; nos dice: primero se aprende toda la teoría y luego se comprueba eso que la teoría enunciaba en la realidad. Entonces la práctica se transforma en espacio de verificación de esas teorías. Pensando, por ejemplo, en la formación de un licenciado en psicología, primero aprenderá las distintas corrientes psicológicas y después comprobará o no sus hipótesis piagetianas en el proceso de aprendizaje de los niños o confirmará o refutará sus ideas acerca de la construcción de la realidad desde el psicoanálisis. La teoría se aplica y verifica en la práctica.

Una tercera manera de relacionar teoría y práctica, es la que bellamente describen en su conversación Deleuze y Foucault; postulan a la práctica como un conjunto de relevos de un punto teórico a otro, y a la teoría como un relevo de una práctica a otra. Ninguna teoría puede desarrollarse sin encontrar una especie de muro y se precisa de la práctica para perforar ese muro.

Pensarlo de este modo contribuye a rediscutir, obliga a ser un poco más sutiles respecto de qué pensamos cuando pensamos en la teoría, qué pensamos cuando pensamos en la práctica.

En la investigación antes mencionada realizada en el marco de un proyecto inter institutos de la Universidad Nacional de Gral. Sarmiento, la pregunta de investigación fue ¿cómo desde los procesos formativos se articula teoría y práctica en la formación de profesionales de la ciudad? Nos referíamos a los licenciados en Políticas Sociales y los licenciados en Urbanismo. Y allí, observando cuán cercana o no estaba a la práctica profesional lo que se pedía, lo que observábamos era el tipo de desempeños que se proponían a los estudiantes en el proceso de formación. Verificamos que había algunos desempeños que iban del concepto al concepto o de la información al concepto, desempeños que ponían los conceptos en acción, en muchos casos trabajando con simulaciones o con casos.

Los alumnos construían y demostraban comprensión en situaciones ficticias o simuladas, ponían en acción los conceptos. Todas esas carreras tenían, y en eso no son muy distintas a las carreras de formación docente, un espacio destinado a la inmersión en la práctica profesional, con la ilusión de que, cuanto más tiempo de "trabajo en terreno" más relación entre teoría y práctica encontraríamos.

La gran sorpresa de la investigación fue mostrarnos que no necesariamente era así. ¿Por qué? Porque en realidad lo que más importaba no era solamente el tipo de trabajo sino el grado de demanda cognitiva que ese desempeño proponía. Así encontramos una serie de desempeños que se proponían como trabajo "en terreno" que tenían una bajísima demanda cognitiva, por lo tanto propiciaban una bajísima relación entre teoría y práctica.

A modo de ejemplo, si a un futuro licenciado en Políticas sociales se le propone una pasantía en un municipio y su tarea consiste en la aplicación de encuestas en los barrios, sin haber participado de modo alguno en el proceso de elaboración, lo más probable es que esta práctica profesional tenga una demanda cognitiva muy baja y consecuentemente contribuya poco o nada a construir relaciones entre teoría y práctica.

Pensar qué tipo de desempeños proponemos a los estudiantes nos ayuda a pensar en cómo diseñamos procesos formativos más allá de qué conceptos, qué relaciones describimos en nuestros programas y en la bibliografía que presentamos.

¿Qué comprenden quienes trabajan con el marco de la **Enseñanza para la Comprensión?**

Para finalizar, me gustaría compartir una relación que estoy desarrollando entre el marco de EpC y otras corrientes que hablan del conocimiento didáctico del contenido CDC.

Muchas veces me han preguntado por qué nos parece tan potente el marco de la Enseñanza para la Comprensión. Hoy puedo responder: es potente porque el marco de la Enseñanza para la Comprensión ayuda a construir este conocimiento didáctico del contenido, un conocimiento didáctico del contenido que no es conocimiento didáctico, es conocimiento disciplinar.

Cuando construimos genuino conocimiento didáctico del contenido, significa profundizar en el conocimiento disciplinar.

¿Qué es, o cómo denominan al concepto didáctico del contenido otras corrientes?

Chevallard dice que el conocimiento didáctico del contenido implica un conjunto de saberes que permite al profesor trasladar a la enseñanza el contenido de un determinado tópico. Esto es, hacer la transposición didáctica del conocimiento especializado de un tema al conocimiento escolar en el sentido amplio de esta palabra, objeto de enseñanza-aprendizaje. Es decir, transformar un conocimiento para ser enseñado y aprendido implica también conocer posibilidades y dificultades que surgen cuando se pretende que un estudiante pase de una comprensión intuitiva no escolarizada a una comprensión disciplinar. Así el contenido de orientación disciplinar se reorganiza, se transforma teniendo en cuenta los alumnos, el contexto, y el currículum.

Esta definición, en lo que hace a un genuino conocimiento didáctico del contenido, quizás nos ayude a comprender en parte la potencia del marco y de lo que llamamos tópicos generativos. Un tópico no es generativo solo por su validez disciplinar, es generativo en la medida en que tiene relevancia disciplinar, en este contexto particular, para estos estudiantes, o sea no solo estoy recortando y eligiendo que sector del conocimiento, sino que estoy situando el conocimiento en la situación de enseñar ese conocimiento.

A partir de esta asunción quiero compartir algunos avances de la investigación que estoy desarrollando acerca de qué comprenden quienes trabajan con el marco de la comprensión de su propia disciplina.

Una de las cosas que vengo encontrando es que hay tres maneras o fases distintas de apropiación de la relación disciplina-enseñanza

En principio, la primera fase, es que quienes empiezan a trabajar con el marco de la Enseñanza para la Comprensión asumen que lo que enseñan implica un recorte, y como tal requiere la jerarquización de contenidos; este es como un primer paso o una primera fase recurrente en quienes empiezan a trabajar con el marco de la Enseñanza para la Comprensión. La disciplina deja de ser un todo monolítico que tiene que ser entregado al estudiante, enseñar implica por lo menos un proceso de recorte y jerarquización. ¿De qué? De esa disciplina para ser enseñada. Si tenemos en cuenta que generalmente los profesores pensamos que tenemos que enseñar todo este, si bien un pequeño paso, es un importante primer paso.

La segunda fase es que quiénes avanzan trabajando con el marco de la comprensión, honrando el conocimiento disciplinar al mismo tiempo, comienzan a ampliar su concepción de la disciplina y empiezan a encontrar nuevas relaciones dentro de la disciplina y de esta disciplina con otras. Es muy frecuente ver que los profesores de nivel secundario, superior y universitario que trabajan con el marco empiezan a encontrar conexiones dentro de su propia disciplina y con otras. Estas nuevas relaciones surgen de necesidades que se despiertan en el proceso de enseñanza. O sea, estas nuevas relaciones ocurren ya no solo en el proceso de investigación. Aquí se ve lo que presentaba al comienzo de esta presentación: es posible hacer un camino inverso, de la docencia a la investigación, y en muchos casos, tanto docentes como investigadores se formulan diferentes y nuevas preguntas sobre su disciplina y sus objetos de estudio. Se establece de este modo otro tipo de vínculo dentro de las disciplinas y con otras disciplinas.

La tercera fase es aquella en la que se accede a una comprensión más profunda de cómo, de qué manera la disciplina ya no es aquel todo monolítico que se entregaba o se recortaba. Comienza a aparecer la disciplina como un objeto multidisciplinar. Es el propio proceso de pasar del campo disciplinar al campo disciplinar a ser enseñado, lo que habilita a descubrir algunas de estas facetas. Una de las cosas más interesantes en docentes universitarios que trabajan sostenidamente con el marco de Enseñanza para la Comprensión es que se modifica, no solo su relación con la enseñanza, sino también con la disciplina que están enseñando o investigando.

Entonces ante la pregunta ¿para qué sirve el marco de la Enseñanza de la Comprensión en educación superior? Nos sirve para repensar nuestra asignatura y hacernos una serie de preguntas sobre y para la enseñanza. Otros señalan que para pensar en procesos formativos, ya no alcanza con pensar en las asignaturas, sino que en realidad el trabajo con el marco ayuda a discutir y conversar sobre ciclos o trayectos en la formación ¿Por qué? Porque ya no podemos pensar solamente en matemáticas I o física I, estamos pensando en ciclos o trayectos en los procesos formativos del futuro profesor de matemática. Hoy son muchos quienes se animan a decir que lo que tenemos que pensar es en la propuesta formativa de la carrera y ya no en la sumatoria de los espacios curriculares, y para enfrentar este desafío las preguntas del marco de la Enseñanza para la Comprensión se muestran como muy potentes.

Hace muchos años ya, en el 98, Gibbons formuló una especie de mirada maniquea sobre las instituciones de educación superior, básicamente las universidades, y postuló una especie de polarización de universidades modelo uno, o tipo uno, y tipo dos. Lo que él planteaba era que ninguna institución de educación superior es puramente tipo uno o tipo dos. Pero de todas maneras, algunas de las características que nos ayudan a reconocernos en ellas, por ejemplo en el modelo uno, priman los intereses de la comunidad académica, organizan sus actividades en torno a disciplinas en términos de demarcación y clasificación fuertemente clasificadas, con una estructura homogénea, jerárquica, permanente y en general rígida. Funcionan en general desligadas de la problemática social y el control de calidad se realiza mediante lo que se define como una ciencia encerrada en sí misma. Es la descripción de universidad "torre de marfil", cerrada en sí misma, mirando sus propios intereses, comunidades académicas con una lógica interna y vertical.

Por otro lado, en las del modelo dos, priman los intereses ligados al contexto de aplicación, se fomentan las actividades inter disciplinares. La estructura es heterogénea, la jerarquía es más plana y transitoria, se organizan por grupos de trabajo, por grupos de investigación que a veces trascienden la lógica de facultades o de institutos. Hay mayor responsabilidad social, esto es una mayor vinculación entre problemáticas sociales y los ejes y modos de investigación. El control de calidad es más amplio y más diverso y está ligado a otros criterios que se consideran como relevantes.

Cuando yo pienso en los procesos formativos en las instituciones de formación superior surge que trabajar con el marco de la Enseñanza para la Comprensión es arduo en instituciones del modelo uno. Hay ciertas condiciones institucionales que están ligadas a la posibilidad de pensar los procesos formativos y que habilitan o no a preguntar qué es lo que realmente importa que los estudiantes comprendan. Esto no resulta fácilmente factible, posible, en instituciones del modelo uno. Que sea menos sencillo no implica que sea imposible: la investigación demuestra que hay instituciones que comienzan a pensar sobre los modelos formativos y que esta revisión contribuye a generar cambios en los diseños organizacionales, lo que no niega que existan diseños organizacionales que son más permeables o más accesibles a que se formulen este tipo de preguntas.

Para cerrar querría enfatizar, a partir de las experiencias que tengo la fortuna de conocer por estar en contacto e interacción con mucha gente de América Latina que está trabajando con el marco, que la Enseñanza para la Comprensión es un marco conceptual referencial, no es un modelo a aplicar.

Es un marco que ayuda a pensar el proceso de transformar conocimiento en conocimiento a ser enseñado y aprendido. Es un marco que se ha mostrado fértil, tanto en la educación secundaria como en la educación superior, para ir más allá de la fragmentación de las asignaturas. Trabajando desde este marco y haciéndonos las preguntas que nos hacemos, se hace más fértil, más poroso este dialogo que trasciende la asignatura o la disciplina o el campo especifico. Nos ha permitido en algunas experiencias de las que se van a presentar en este Simposio en los días venideros, dialogar con otros en la construcción de procesos formativos. A veces este marco contribuyó a tener un código común de conversación acerca de la enseñanza, y esto no es poco si pensamos en las dificultades para la construcción de colectivos de formadores. Ayudó también a que pensando sobre la enseñanza se generasen otras maneras de concebir la vinculación entre investigación y formación.

A modo de ejemplo, en varias de las líneas de investigación en la Universidad Gral. Sarmiento, hemos generado otras maneras de vincular e investigar la formación en un diálogo que no es unidireccional, sino que los procesos de formación empezaron a hacer preguntas al proceso de investigación y viceversa.

Por otro lado, y quizás esto es más nuevo, para volver a pensar las relaciones entre formación y campo, para volver a pensar donde está lo hegemónico del campo, donde está la posibilidad y la potencialidad en la innovación, no solo del campo sino también desde los procesos formativos.

Las comunidades de docentes universitarios somos, en muchos casos, referentes de los procesos de transformación en los campos, entonces la relación entre formación y campo empieza a mostrar una dialéctica que, en general, no hemos ni discutido ni pensado en las instituciones de educación superior.

Muchas veces pensamos que no va a ser el campo el que determina la formación, o al revés, estamos absolutamente sometidos a mirar cuáles son las necesidades del campo para estructurar la formación. Probablemente el marco de EpC ayuda a alertarnos acerca de que no necesariamente hay un único tipo de relación posible entre formación y campo.

Como verán hemos presentado un gran pantallazo sobre las muchas preguntas que nos estamos haciendo quienes trabajamos en el marco de la Enseñanza para la Comprensión acerca de la relación particular entre la educación superior y la educación para la comprensión. Seguramente podrán identificar en los trabajos que se van a presentar en este Simposio muchas de las perspectivas que presentamos en esta apertura. Muchos de los desafíos entre lo didáctico y lo institucional, entre lo político y lo pedagógico, entre lo organizacional y lo didáctico.

Muchas gracias.

PARTE I.
EXPERIENCIAS Y PROPUESTAS CON EpC EN LA FORMACIÓN DOCENTE INICIAL

Tutores de aulas virtuales en matemática en el marco de la EpC. Formación y práctica

Institución: Facultad de Ciencias Físico Matemáticas y Naturales. Departamento de Matemática. Universidad Nacional de San Luis.
Ciudad, provincia y país: San Luis, San Luis. Argentina.
Curso: Cómo realizar prácticas docentes en matemática en ambientes virtuales.
Carrera: Profesorado en Matemática.
Autoras: Ada M. Balladore; Diana C. Mellincovsky y Nélida H. Pérez.
Contacto: amballadore@unsl.edu.ar, dmellincovsky@unsl.edu.ar, nperez@unsl.edu.ar

Proceso de incorporación del marco de la EpC

La especificidad del conocimiento matemático determina y condiciona su comprensión. Nos hemos sustentado en autores con perspectivas diferentes. En un enfoque que contempla la comprensión del conocimiento matemático desde una perspectiva amplia y profunda, centrándose en aspectos como su naturaleza, funcionamiento y evolución, adherimos a Anna Sierpinska (y otros como J. Locke, Dewey y Hoyles & Noss por ella referenciados) que considera que intervienen en la comprensión de un objeto matemático cuatro operaciones mentales fundamentales (Sierpisnka, A. - 1996), llamadas actos de comprensión:

Identificación: supone el reconocimiento de algo que se tiene intención de comprender.

Discriminación: distingue entre conceptos distintos. Conoce las diferencias entre ellos por sus propiedades relevantes.

Generalización: reconoce la posibilidad de extensión del rango de aplicaciones del concepto y de nuevos alcances de interpretación y descubrimiento.

Síntesis: percibe las relaciones entre hechos aparentemente aislados, relacionados con el concepto. Los resultados, hechos, propiedades y relaciones son organizados consistentemente.

Estas operaciones mentales permiten describir los estadios por los que puede pasar un sujeto en su proceso de comprender un objeto matemático.

¿Cuáles son los objetos de comprensión y qué características tienen? Sierpinska (1996) propone que los objetos matemáticos son creaciones de la mente como producto de las definiciones; de este modo, cuando se construye un objeto a través de actos de comprensión se da un juego dialéctico entre sensaciones de libertad, invención, creación de objetos, por un lado, y sensaciones de restricciones, de descubrimiento y de comprensión de propiedades, por el otro.

Los procesos de comprensión en matemática tienen su especificidad; no se puede saber cómo se puede comprender un objeto de comprensión hasta no conocer en detalle ese objeto. Para ayudar al estudiante en este proceso es necesario que conozcamos los obstáculos epistemológicos que están asociados a ese objeto, de tal forma que podamos identificar los actos de comprensión significativos que queremos que los estudiantes realicen. Se identifican cuatro tipos de objetos de comprensión: conceptos, problemas, el formalismo y los textos.

Según la caracterización de Hiebert y Carpenter citado en I. Romero "Las matemáticas son comprendidas si su representación mental es parte de una red de representaciones. El grado de comprensión viene determinado por el número y la fuerza de las conexiones. Una idea, procedimiento o hecho matemático es comprendido a fondo si se liga a redes existentes con conexiones más numerosas o más fuertes".[1]

---

[1] Romero Abadejo, I. (1997) *La introducción del número real en enseñanza secundaria: una experiencia*, colección Mathema, Comares, p. 15.

Interpretamos que la base de la compresión está compuesta por representaciones mentales y que estas representaciones se expresan por diversos medios (gráfico, verbal, simbólico) y que representan una cierta capacidad del sujeto para ver y comprender el objeto, desde un espectro que va desde lo procedimental hasta lo conceptual.

La necesidad de reorganizar los conocimientos para superar los obstáculos como proponen algunos autores, es uno de los serios problemas de la educación. Sierpinska expresa:

> No podemos decirle al estudiante "ahora reorganiza" tus comprensiones anteriores, no podemos mostrarle que cambios hacer y cómo hacerlos. De modo que debemos introducir a nuestros estudiantes en nuevas situaciones problemáticas y esperar que surjan todo tipo de dificultades, malas comprensiones y obstáculos y nuestro principal trabajo como profesores será el de ayudar a sobrepasar estos obstáculos al hacerlos conscientes de las diferencias; entonces posiblemente los estudiantes sean capaces de realizar las necesarias reorganizaciones.[2]

En el ámbito del aprendizaje de la matemática, la reflexión juega un papel relevante, puede asociarse a la *metacognición*, según Schoenfeld (1987) hay tres manifestaciones de la *metacognición* en el aprendizaje de la matemática: creencias e intuiciones, el conocimiento personal sobre los propios procesos de pensamiento y la autorregulación. Respecto a creencias e intuiciones, Schoenfeld afirma que las experiencias, vivencias y emociones que el sujeto tiene frente a la situación de estudiar matemáticas construyen el marco matemático del individuo; el conocimiento sobre los propios procesos afectan la aproximación a la tarea y la comprensión; la autorregulación se pone de manifiesto cuando se trata de comprender la tarea antes

---

[2] Sierpisnka A. (1996) *Understanding in Mathematics*, Oxon, Falmer Press, p. 121-122.

de realizarla con rapidez, aparece entonces la planificación y la regulación.

El marco de la EpC a partir de David Perkins nos aportó con la pregunta: ¿qué es la Enseñanza para la Comprensión en Matemática? Así se transformó nuestra mirada y las cuestiones asociadas a esta teoría invadieron nuestro quehacer: ¿qué debemos enseñar?, ¿qué vale la pena comprender?, ¿cómo debemos enseñar para comprender?, ¿cómo sabemos que nuestros estudiantes comprenden y cómo ellos podrían desarrollar una comprensión más profunda?

Los elementos del último enfoque que nos ayudaron a llevar adelante propuestas áulicas para responder a las preguntas anteriores son: los Tópicos Generativos, las Metas de Comprensión, los Desempeños de Comprensión y la Valoración Continua.

Por cierto que de acuerdo con los contenidos, los alumnos y los cursos donde implementamos la EpC nuestro trabajo fue diferente.

Experiencia

La experiencia que relatamos tiene dos facetas: la primera es la formación de tutores en la EpC, que consiste en la construcción de las respuestas a los problemas que deben explicar virtualmente incluyendo las claves de comprensión; la segunda se refiere a su desempeño como orientadores de resoluciones de problemas frente a los alumnos del curso de Apoyo de Matemática para el Ingreso a la Universidad (modalidad virtual).

Los tutores son alumnos de la carrera del Profesorado en Matemática, el curso se inscribe en la formación del profesor de matemática, por lo cual es imprescindible desarrollar en ellos una reflexión sobre la relación entre el entorno de aprendizaje, las tareas y los conceptos matemáticos involucrados.

Los mecanismos metacognitivos están activos permanentemente cuando los tutores resuelven las tareas que deben realizar los alumnos virtuales, tratando de anticiparse a las preguntas, y los profesores (Diana, Ada) supervisan los avances y sus actuaciones ante las consultas virtuales. Cada marco nos ha permitido observar la compresión de los auxiliares/tutores como un proceso continuo en el cual interviene el conocimiento individual del estudiante, la dinámica social de la situación en la que se presenta el aprendizaje, las restricciones de la comprensión por la naturaleza del ambiente y la reconstrucción de conceptos para ponerlos al servicio de un ambiente matemático que no habían explorado.

El curso es práctico, se desarrolla con modalidad virtual la asignatura Matemática de Apoyo para el ingreso a la Universidad Nacional de San Luis. De manera que los alcances y funciones de la Enseñanza para la Comprensión involucran dos grupos:

- alumnos ingresantes a las carreras que requieren Matemática en la UNSL y

- alumnos del profesorado que son auxiliares (tutores virtuales).

Los ingresantes

Son los destinatarios del curso de Matemática con características singulares.

Los ingresantes son estudiantes cuya modalidad de estudio, en su mayoría, consiste en repetir meras técnicas algorítmicas. Sus consultas, reflejan problemas de comprensión, la pregunta frecuente es: ¿cómo se hace? Es la primera vez que tienen acceso a estudios a distancia y la mayoría no tiene el conocimiento de uso ni manejo de plataformas educativas.

Un párrafo aparte merecen sus profesores, sobre todo los de las escuelas más alejadas de la capital, ya que no suelen ser profesionales de la educación ni matemáticos, no hay un claro manejo del sentido o propósito del para qué enseñar matemática.

Puede ocurrir que las pasiones intelectuales sean generadas en los alumnos por sus profesores con intención pero sin planificación. Las pasiones intelectuales son inherentes al hombre que piensa y suponemos que quien tiene un estudio terciario y está dispuesto a trabajar en las aulas es un ser pensante.

En cuanto al lenguaje de pensamiento en la clase de matemática no podemos saber si será acotado o no, pero seguramente tendrá un sesgo orientado hacia la actividad profesional del docente (aporte valioso), puede haber sido aportado por otras asignaturas y depende de la historia individual de cada estudiante. Introduciremos en diferentes actividades palabras ligadas al lenguaje del pensamiento en matemática en un contexto que permita el entendimiento del mismo.

Los tutores

El espacio más íntimo para la enseñanza de la comprensión, es según Perkins, la relación tutor-estudiante. Es una proporción uno a uno, atípica en las escuelas, y este curso, aunque mediatizado, permite esta relación.

Perkins citando a Lepper explica como los tutores expertos mejoran el rendimiento de los alumnos a su cargo:

> Un aspecto muy importante del trabajo del tutor consiste en permitir que el alumno haga la mayor parte de la tarea.

Los tutores...dejan que los alumnos se manejen hasta donde puedan y se abstienen de intervenir y...les formulan preguntas como: ¿Podría explicar de nuevo este paso? ¿Cómo obtuvo el siete? Veo que en este mismo problema obtuvo un ocho, ¿a qué se debe la diferencia?[3]

En nuestro curso la pregunta del tutor debe ser pensada y cotejada pues la repregunta no es inmediata. La no inmediatez se puede constituir en una ventaja en la medida en que el estudiante reflexione su respuesta o en desventaja si el alumno abandona su tarea pensando o diciendo: "¿Por qué no me dice directamente el resultado?".

Nuestros tutores no han sido formados en el marco de la Enseñanza para la Comprensión, han leído sobre el tema en alguna materia pedagógica y algunos han realizado sus prácticas de enseñanza y han estudiado el tema en la asignatura que las organiza.

Los tutores poseen escasa experiencia docente y formación inconclusa, lo que no les permite reconocer hilos conductores de los contenidos de la materia que van a enseñar. No se han preguntado ¿qué es la matemática?, pues los planes de estudio no incluyen ninguna asignatura que analice las diferentes epistemologías de la misma (Sierpinska), ni su sentido. Los tutores después de haber estudiado asignaturas que abordan la matemática como compartimientos estancos y aislados, no han generado, en general, el interés por una comprensión abarcadora de la misma.

Además, la mayoría de las clases sobre contenidos matemáticos a las que asistieron están a cargo de licenciados o doctores en matemática, cuyo interés es exponer (más clara o menos claramente) los temas matemáticos, suponiendo que los estudiantes con atención y esfuerzo lograrán conocer lo que ellos enseñan. Algunos estudiantes

---

[3] Perkins, D. (2001) *La Escuela Inteligente,* Barcelona, Gedisa, p. 187.

logran conocer los temas pero no comprenderlos (Perkins, 2001) y la mayoría no se cuestiona esta situación.

Creen (es una creencia, desconocen los alcances de la Educación Matemática como disciplina científica) en la enseñanza automatizada: el profesor explica bien, yo entiendo, estudio y aprendo. Nosotros hablamos en este caso de *linealidad de enseñanza-aprendizaje: a medida que aumenta la cantidad de enseñanza el aprendizaje aumenta en la misma proporción.*

Ante esta situación, ¿cuál es el *tópico generativo* de este curso de tutores?, tutores que acompañen el proceso de aprendizaje del pensamiento de los estudiantes y a su vez puedan comprender cuáles son los hilos conductores que mueven el proceso de enseñanza aprendizaje; concluimos que es: *el análisis de su propio aprendizaje y la metacognición.*

Los tutores se formularán las preguntas: ¿Cómo pienso? ¿Cómo aprendo? ¿Comprendo todo lo que conozco?

Las primeras metas de comprensión no tienen que ver con las prácticas de las tutorías. Consiste en la elaboración de los *solucionarios* del Curso de Apoyo en Matemática para el ingreso a la Universidad. La consigna para elaborar dichos solucionarios es detallar la mayor cantidad posible de *tips de comprensión* (categoría definida más abajo) que cada ejercicio genere. Se les definió un *tip* de comprensión como las diferentes claves que el estudiante necesita para comprender cada tema, observamos que dichas claves son personales por lo tanto su trabajo es imaginar cuales eran las explicaciones necesarias para cada estudiante situándose ellos en el lugar de los mismos.

En un primer momento, al elaborar los solucionarios, los tutores resolvían el ejercicio con la validación matemática correspondiente sin acercarse a la posible comprensión de los alumnos. Por ejemplo, dado un ejercicio consistente en reemplazar valores numéricos en dos variables y operar, suponían que la explicación estaba dada en las operaciones y no se atendía a la operación de reemplazar, operación cognitiva sumamente dificultosa trabajando sobre el concepto de modelo.

Cuando se les pidió que ampliasen el desarrollo, agregaron solo conceptos teóricos, aspecto necesario para la comprensión en cierto momento pero no el único.

Los tutores reconocieron la dificultad de la tarea pedida y nos permitió analizar la siguiente idea: la empresa no resulta tan dificultosa, al menos resulta fructífera cuando nos retrotraemos a nuestro propio aprendizaje. Los instamos a formularse las siguientes preguntas:

¿Qué cosas me costaron aprender? ¿Por qué si tal problema se resuelve de varias maneras, prefiero hacerlo siempre de una sola? ¿Por qué prevalece en mis resoluciones o validaciones un determinado registro de representación? ¿En qué asignaturas he obtenido muy buenas notas, pero si tengo que leer un texto distinto de la misma o me las presentan en otro formato no puedo comprenderlas?

También les pedimos buscar en sus recuerdos, en la escuela secundaria, en la escuela primaria algún tema, algún concepto conflictivo, algún obstáculo epistemológico traumático, que haya sido vencido en la escolaridad y por eso olvidado (aunque no necesariamente comprendido).

La reflexión también alcanza al hecho de comprender que hay estudiantes que han aprendido a aprender y a pensar de manera diferente a la mía. Les sugerimos observar a los propios compañeros y luego en las prácticas de tutorías analizar el pensamiento de los estudiantes, ¿qué pensamiento global hace que se exprese de determinada manera?

Estas cuestiones nos permitieron formular *los hilos conductores* del curso de tutores:

- *Flexibilidad del pensamiento:* la posibilidad de abrirse a diferentes puntos de partida, caminos de reflexión y posibles soluciones.
- *Tolerancia del pensamiento del otro:* tendemos a buscar los errores; muchas veces los resultados elaborados por el otro muestran nuestras equivocaciones conceptuales y/o didácticas.
- *Empatía del pensamiento:* pensar como el otro y acompañarlo en ese proceso.
- *Metacognición:* concienciar y analizar los pasos de nuestro propio pensamiento.
- Analizar la diferencia entre *comprender matemática* y el aprendizaje de la matemática escolarizada.

Proponemos como *Metas de Comprensión* las siguientes:

- Interpretar las producciones de los estudiantes y los diferentes registros en que estos se expresan.
- "Extraer" de cada tema las claves de comprensión, lo más amplias posibles, sin dar nada por obvio.

Los *Desempeños de comprensión* consisten en la elaboración de los solucionarios y la participación en foros de consultas con los ingresantes, teniendo en cuenta los *tips* de comprensión, categoría que pasamos a definir.

Tipos de comprensión

La palabra inglesa *tip* tiene como sustantivo varias acepciones. Se ha popularizado como *consejo*. Las revistas femeninas enseñan *tips* para maquillarse, para adelgazar, son pequeñas sentencias enunciadas claramente para tales propósitos, pero sentencias claves como las puntas que desentrañan un tema. Es que otra acepción de esta palabra es la de 'punta', como por ejemplo *the tip of the iceberg*, la punta del iceberg.

Definiremos los *tips* de comprensión como las puntas o claves para comprender un tema de estudio, pueden ser consideradas como punta del iceberg en cuanto muestran lo que el estudiante conoce y puede comprender y que pueden ayudar a ver el iceberg completo, o como punta del ovillo que se utilizará para tejer redes de comprensión.

¿Cómo se elaborarán estos *tips* de comprensión? Dice Perkins en su desarrollo de la Teoría Uno: "Para una buena instrucción directa es necesario observar el desarrollo de la capacidad de comprensión de los alumnos y detectar los puntos de confusión e incertidumbre a fin de clarificarlos"[4].

Ya hemos detallado el proceso de reflexión y análisis que queremos inducir en nuestros tutores que permitirá la elaboración de estas claves. Si el tutor no comprende no podrá inducir a la comprensión al ingresante.

¿Cuáles son las características de los *tips* de comprensión?
- Los *tips* de comprensión no son solo inherentes a la matemática, puede haberlos contextuales, de lenguaje técnico o natural, referidos al contrato didáctico, entre otros.
- Cada persona necesita diferentes *tips*, está en la competencia del tutor el discriminar cual es el correspondiente.
- Después de observar el desempeño del alumno y dejarlo hacer, se formularán las preguntas de orientación, que son en sí *tips* de comprensión.

Como evaluación de su arduo trabajo, los tutores protocolizan sus experiencias en los *Diarios de Tutorías* y llevan un *Historial del Chat*, y tanto ellos como todo el equipo analizan dicho proceso en una reunión semanal.

Entre los contenidos que debemos impartir en el curso de Apoyo en Matemática está el concepto de número real,

---

[4] Perkins, D. (2001) Ob. Cit, p. 55.

por lo que aparecen las representaciones externas, la notación simbólica y la representación geométrica que cumplen un papel fundamental para expresar ideas y relaciones que forman el concepto, además se vincula con el sistema de notación decimal (finita, periódica, no periódica) y la representación en la recta.

Mostramos algunos ejemplos de las consultas en el foro y las respuestas de los auxiliares que muestran las dificultades de conceptualización de esas nociones.

Ejemplo:

$$y - |x - 3y|$$

Carolina debía resolver el siguiente ejercicio:
Siendo y=-3, x=2, hallar el valor de
Esto significa hacer un reemplazo numérico y operar. Este ejercicio está ubicado inmediatamente después de la definición de valor absoluto.

$$y - |x - 3y| = -3 - |2 - 3(-3)| = -3 - |2 + 9| = -3 - 11 = -14$$

Carolina consulta sobre el ejercicio, ¿por qué consulta?, ella resuelve tal cual está aquí escrito, pero le agrega...

$$y - |x - 3y| = -3 - |2 - 3(-3)| = -3 - |2 + 9| = -3 - 11 = -14 = |14|$$

Y dice: "Tengo dudas en el paso 4, me dio negativo, el ejercicio es de módulo, ¿cómo me va a dar negativo?"

No se cuestiona que la igualdad escrita es falsa.

El determinismo de un ejercicio de valor absoluto está ordenando "resultado positivo".

ENSEÑAR PARA COMPRENDER

Maria Eleno

Esta correcto este ejercicio, sabiendo que X=2 y Y=-3;

y - |x-3y| = -3- |2-3 (-3)| = -3- |11| = -3-11= -14= |14|.

Tengo duda en el paso num 4.

Editar | Borrar | Responder

Re: Duda.
de Florencia Ortiz Sarmiento - lunes, 4 de octubre de 2010, 18:46

Carolina: el ejercicio esta correcto...pero fijate bien en el último paso que hiciste, es correcta esa igualdad? Cuánto es el valor absoluto de 14 ? Miralo de nuevo y despues me contas!

Mostrar mensaje anterior | Editar | Partir | Borrar | Responder

Imagen de Carolina Maria Eleno

Re: Duda.
de Carolina Maria Eleno - lunes, 4 de octubre de 2010, 20:36

El valor absoluto de 14 es 14... Disculpe pero no entiendo!!

Mostrar mensaje anterior | Editar | Partir | Borrar | Responder

Imagen de Luciana Mariel Yrastorza

Re: Duda.
de Luciana Mariel Yrastorza - miércoles, 6 de octubre de 2010, 15:50

Diculpen  ... entonces este ejercicio esta correcto?

|x+y| = |2+ (-3)| = -1.

El auxiliar le contesta a Carolina:
"Carolina: el ejercicio esta correcto...pero fijate bien en el último paso que hiciste, ¿es correcta esa igualdad? ¿Cuánto es el valor absoluto de 14?"

Y Carolina replica: "El valor absoluto de 14 es 14... Disculpe pero no entiendo!!"

El tutor no repara en el pensamiento mecánico de Carolina, en el hecho de que la mayoría de los estudiantes no lee las igualdades de derecha a izquierda (propiedad recíproca de la igualdad) y que no lee la igualdad como una secuencia (transitividad de la igualdad).

Durante el desarrollo del curso, la auxiliar aprenderá a analizar el pensamiento del otro y podrá señalarle las puntas necesarias para desenredar la trama.

Conclusión

La experiencia está en desarrollo. Finalizará a mediados del mes de diciembre del presente año 2011. Los múltiples propósitos del curso se están cumpliendo.

Se trata de una tarea que nos permite enriquecernos mutuamente, tutores y profesores acompañantes.

Las producciones observadas en los tutores al responder las dudas y al preparar los solucionarios nos muestran como son las experiencias sobre enseñanza para la comprensión en las que están participando los futuros profesores. Este tipo de actividades pone en práctica procesos propios del quehacer matemático.

Rescatamos como una de las actividades más relevantes la actividad de reflexión sobre sus propios procesos (metacognición), imprescindible para que los futuros profesores puedan planificar, actuar y reproducir las tareas docentes eficazmente y que se pongan en la situación de sus alumnos cuando propongan las actividades, además de incorporar el hábito de analizar sus propios procesos de pensamiento.

Para finalizar la experiencia nos queda analizar los diarios de problemas, dudas y *chat* que nos ayudarán a constatar la efectividad de lo realizado. También evaluaremos alternativas que mejoren la implementación del curso para ingresantes de regiones alejadas de San Luis, el uso de la plataforma educativa y la intervención de los tutores.

Bibliografía

Cerizola, N.; Pérez, N. y Pekolj, M. (2006) "El laboratorio de geometría y la resolución de problemas" en *Acta Latinoamericana de Matemática Educativa RELME*, Vol. 19, México, Clame.

Cerizola, N. y Pérez, N. (2005) "Estrategias de pensamiento y actos de comprensión" en *Reunión de Ecuación Matemática*, Bahía Blanca, UMA.

Gascón, J. (2001) "Incidencia del modelo epistemológico de las matemáticas sobre las prácticas docentes" en *Revista RELIME*, Vol. 4, N° 2, pp. 129-159.

Gómez, P. (1996) *Una comprensión de la comprensión en Matemática*, Colombia, Universidad de Los Andes.

Pérez, N. y Pekolj, M. (2008) "Los laboratorios de geometría y aritmética ¿estimulan la pasión por hacer matemática?" en libro electrónico *Innovando la Enseñanza de las Matemáticas*, México, pp. 21-32.

Pérez, N. y Pekolj, M. (2009) "Propuesta de diseño curricular para la formación del profesor en Matemática", Congreso internacional de Educación: Construcciones y perspectivas, miradas desde y hacia América Latina, Santa Fe, Universidad Nacional del Litoral.

Perkins, D. (2001) *La Escuela Inteligente*, Barcelona, Gedisa.

Romero Abadejo, I. (1997) *La introducción del número real en enseñanza secundaria: una experiencia*, Colección Mathema, Granada, Comares.

Sierpisnka A. (1996) *Understanding in Mathematics*, Oxon, Falmer Press.

Stone Wiske, M. (2005) *La enseñanza para la Comprensión con nuevas tecnologías*, Buenos Aires, Paidós.

ENSEÑAR A INVESTIGAR A FUTUROS PROFESORES. UNA PROPUESTA PENSADA DESDE LOS DESEMPEÑOS QUE CONTRIBUYEN A COMPRENDER LA PRÁCTICA DOCENTE Y LA INVESTIGACIÓN

Institución: Universidad Nacional General Sarmiento.
Ciudad, provincia y país: San Miguel, Buenos Aires. Argentina.
Curso: Educación III.
Carrera: Cinco Profesorados para el nivel secundario.
Autoras: Karina Benchimol; Graciela Krichesky y Paula Pogré.
Contacto: pprogre@ungs.edu.ar

Planteos iniciales: el sentido y los desafíos

La formación de profesores es hoy uno de los temas prioritarios en la agenda pública así como una de las áreas reconocidas como vacantes en el campo de la investigación educativa.

Entre los muchos desafíos que aún hoy se presentan a la formación de profesores señalaremos el lugar de la formación inicial y la relación entre teoría y práctica en la formación.

El lugar de la formación inicial en el proceso de desarrollo profesional docente

Numerosos estudios muestran el valor relativo que tiene la formación inicial frente al peso de la biografía escolar y del proceso de socialización profesional (Davini, 2002; Alliaud, 2002; Terhart, 1987; Tardif, 2004; Imbernon, 2004). Más allá de los pretendidos aportes de la formación en la actuación profesional de un docente, es amplio el impacto que puede tener el "poder del entorno" a través del lenguaje, la organización material y la interacción social que en él se constituyen, hasta el punto de transformar el habitual "conocimiento proposicional" de su formación inicial (más teórico, intuitivo, experiencial y eminentemente "técnico") en uno "estratégico espontáneo", convertido en un saber situado, automatizado, rutinario y sin reflexión previa sobre sus aplicaciones alternativas (Imbernon, 1994, 2004). Esto explica, muchas veces el escaso impacto de los procesos formativos institucionalizados frente a las experiencias personales y a las ideas intuitivas (Perkins, 1999; Gardner, 1987).

Como en todo proceso de aprendizaje, en la medida que las ideas y representaciones que tenemos acerca de las cosas no tengan el espacio y la oportunidad de ponerse en diálogo y confrontación con otras ideas, lo nuevo difícilmente se integrará significativamente permitiendo una comprensión profunda, es decir, una comprensión que nos permita pensar y actuar flexiblemente con el conocimiento (Perkins, 1999).

Si a esta situación le agregamos el peso de la socialización profesional, que conduce a los docentes noveles a incorporarse a la "cultura de la enseñanza" de las instituciones escolares donde se inician en la docencia, parecería muy difícil romper el círculo de la reproducción escolar.

La relación entre teoría y práctica en el proceso formativo

La pregunta que a nuestro entender vale la pena realizar alude a qué tipo de formación habilitaría la modificación de ideas intuitivas y representaciones de modo de que el saber pueda informar reflexivamente el desempeño profesional. Preguntarnos acerca de la formación implica replantear la relación entre teoría y práctica.

En una investigación desarrollada entre los años 2004 y 2006 en la UNGS[5], hemos construido una matriz en la cual hemos establecido diferentes niveles de relación de la teoría y la práctica en la formación profesional:

1) Un primer nivel donde no se da la relación, donde se trabajan los contenidos, en un nivel de relación entre conceptos y/o informaciones con otros conceptos y/o informaciones. Es el nivel donde se trabajan los contenidos de la teoría sin relación con ningún problema o intervención en la práctica. En este nivel se espera que el estudiante pueda referir a la información y/o establezca relaciones entre conceptos y teorías. Ejemplos de este nivel en las tareas académicas son la identificación de las diferencias entre dos teorías, la enunciación de las ideas principales que presenta un autor, la definición de conceptos, etc.

2) El nivel del concepto "puesto en acción". En este nivel se propone a los estudiantes "poner en juego" los conceptos y las informaciones. Ya no alcanza con las definiciones sino que es necesario relacionar esos conceptos con situaciones de la práctica profesional. En este caso se analizan situaciones desde determinadas perspectivas, se infiere qué tipo de decisiones tomaría alguien enrolado en determinada perspectiva o paradigma, se establecen cuáles son casos prototípicos de determinadas situaciones, se jerarquizan prioridades y/o líneas de acción en relación con determinados

---

[5] Nos referimos a la investigación interinstitutos "Estrategias pedagógicas orientadas a la articulación entre teoría y práctica en la formación de los profesionales de la ciudad" co-dirigida por Andrea Catenazzi y Paula Pogré y en la que participaron Magdalena Chiara, Karina Benchimol, Natalia da Representaçao, Mercedes di Virgilio y Silvina Feeney.

criterios, se analizan casos, se analizan ejemplos típicos de la teoría, etc.
3) La inmersión en la práctica profesional. En este nivel las situaciones de la práctica profesional se configuran en el escenario para la resolución de las situaciones, la elaboración de las propuestas y/o la argumentación de los caminos elegidos. Esta inmersión puede ser en el propio campo de acción de la profesión y/o en situaciones simuladas. Lo que importa en esta dimensión es que el desempeño pone al estudiante en el rol del profesional y exige que utilice los conocimientos de un modo similar (pero acompañado) al modo en el que en el campo tendrá que ponerlos en acción.

Estos tres niveles, cruzados con lo que Cummigs (1981) denomina como "menor o mayor grado de compromiso cognitivo" en relación con el tipo de demanda cognitiva que promueven las actividades propuestas a los estudiantes, nos permitieron elaborar la matriz que aquí retomamos.

Matriz de valoración del tipo de actividades propuestas en clase según tipo de demanda cognitiva y grado de inmersión en el contexto profesional.

		Tipo de demanda cognitiva	
		Predominantemente enunciativa	Predominantemente constructiva
Grado de inmersión en el contexto profesional	a. concepto/ concepto	1	2
	b. concepto en acción	3	4
	c. concepto inmerso en el campo profesional	5	6

De acuerdo con los resultados de la investigación realizada, en las aulas universitarias generalmente se suele promover un tipo de demanda predominantemente enunciativa, si bien en algunas se busca promover la construcción más que la enunciación de los conocimientos. En las líneas que siguen, analizaremos la propuesta de la materia Educación III, perteneciente al plan de formación de profesores de la UNGS, desde la perspectiva de su aporte a la comprensión de la práctica docente y de los procesos de investigación.

La propuesta de trabajo de Educación III

De los seis modos posibles de relación que hemos identificado, en Educación III propiciamos un mayor énfasis en el trabajo que caracterizamos con el tipo b y c de relación e intentamos que las propuestas tengan una demanda cognitiva alta (predominantemente constructiva).

Educación III es una materia común a los cinco profesorados que se ofrecen en la UNGS. Su propuesta reconoce que la formación que brinda un profesorado universitario tiene que propiciar desempeños de comprensión que se construyen a partir de la puesta en acción de prácticas alternativas, poniéndolas en estudio y en discusión, formando así profesores capaces de orientar y fundamentar sus decisiones profesionales.

Desde su diseño, la materia aspira a crear condiciones para que los futuros profesores integren las múltiples perspectivas del trabajo docente, como miembros de una institución, insertos en un sistema y en una sociedad, formando parte de equipos de trabajo y al mismo tiempo asumiendo la responsabilidad de un espacio de enseñanza. Para lograr dicho propósito, Educación III plantea un acercamiento a la práctica docente a través de la investigación educativa, tratando de identificar las contribuciones de la misma, de comprender su lógica de producción, de analizar sus aportes a la formación de un profesor capaz de interrogarse e interrogar a las producciones de los otros.

De esta manera, Educación III involucra a los estudiantes en el conocimiento y la utilización de herramientas de la investigación educativa que les permitan comprender con más profundidad el sistema educativo y la compleja cotidianeidad de las escuelas secundarias, donde en breve se desarrollarán sus primeras prácticas profesionales. Asimismo, la propuesta de trabajo (la participación en una investigación colectiva sobre temáticas vinculadas a la práctica docente en la escuela secundaria) intenta habilitarlos para ser usuarios críticos de trabajos de investigación, "buenos lectores" de su práctica educativa y para diseñar y desarrollar proyectos de indagación sistemática sobre la realidad escolar y las prácticas docentes. El sentido es que los estudiantes desarrollen desempeños de comprensión. Este concepto, acuñado por D. Perkins (1999), alude a aquellas actividades que requieren que los estudiantes usen el conocimiento en nuevas formas y situaciones. En ellas, los alumnos reconfiguran, expanden y aplican lo que han aprendido al mismo tiempo que exploran y construyen nuevos conocimientos a partir de los previos.

Las preguntas que orientan, a modo de hilos conductores, el desarrollo de la materia son:

- ¿Cómo se constituye la práctica docente?
- ¿Qué significa investigar y cómo se investiga en ciencias sociales y en particular en educación?
- ¿Cuáles son problemas emergentes de la práctica, en la educación secundaria en el Conurbano, sobre los que necesitamos seguir construyendo conocimiento para generar alternativas educativas que promuevan mayor justicia y equidad en el acceso al conocimiento?
- ¿De qué manera la investigación educativa puede contribuir a la transformación de las prácticas?

En el diseño de esta materia nos propusimos el desafío de articular los contenidos de manera no convencional.

La materia plantea un acercamiento crítico a la práctica docente que tiene lugar en las escuelas de la región, y un acercamiento a las problemáticas emergentes a partir de involucrar a los estudiantes en el desarrollo de un proyecto de investigación, y de esta manera, enseñar a investigar, investigando (Wainerman, 1997).

El propósito no es formar investigadores. Sabemos que la formación docente difiere de la formación de un investigador. "Se trata de prácticas que, aun cuando comparten un trabajo centrado en el conocimiento, implican lógicas particulares que asume ese trabajo con el conocimiento. De ahí que se puede decir que las prácticas docentes y de investigación remiten a oficios diferentes"[6]. De todas maneras la elección de este camino implica proponer un modo sistemático y riguroso de construir un conocimiento fundado sobre determinados aspectos relevantes de la realidad educativa.

Acerca de los desempeños propuestos

El conocimiento de los procesos de investigación posibilita un acercamiento más profundo a la realidad. Nos proponemos, además, que los estudiantes se formen para ser "mejores lectores" de investigaciones que se producen en educación y que llegan como resultados a los docentes. Por esta razón, uno de los desempeños que se construye durante toda la cursada propone la lectura crítica de investigaciones, esto implica que los estudiantes identifiquen supuestos, enfoques metodológicos, y puedan dar cuenta de la lógica de las conclusiones de esos trabajos.

---

[6] Achilli, E. (2000) *Investigación y formación docente,* Rosario, Laborde editor, p. 28.

A partir del encuadre conceptual de la materia, los estudiantes se constituyen en un equipo de investigación coordinado y supervisado por los docentes; eligen el tema, a partir de una propuesta amplia del equipo docente, recortan un objeto y problema de investigación y desarrollan un abordaje metodológico posible de ser realizado a lo largo de un semestre.

El corpus de bibliografía obligatoria para los estudiantes está organizado en dos categorías: a) textos sobre la práctica docente, la inclusión educativa y temas emergentes de la realidad de las escuelas secundarias; y b) textos sobre metodología de la investigación.

Los primeros se constituyen en marco referencial para elaborar el encuadre teórico-conceptual de la investigación, mientras que los segundos funcionan como referentes para el diseño de la estrategia metodológica y su fundamentación.

La cursada concluye con la presentación de "un primer informe de avance" escrito de la investigación y su intercambio en un ateneo. Posteriormente en un coloquio los estudiantes fundamentan las opciones teóricas y metodológicas realizadas y sugieren futuros pasos para una eventual continuación de la investigación.

¿Cómo se lleva a cabo una investigación, de manera colectiva, en la que participan todos los estudiantes de un curso?

En el comienzo de la materia se organizan encuentros de reflexión principalmente sobre los conceptos de "práctica docente" e "inclusión educativa", a partir de la lectura de textos de diversos autores. Además se incluye material bibliográfico que hace referencia a las bases de la investigación educativa.

Se destina bastante tiempo de trabajo junto a los jóvenes en la elección del tema y en el recorte del objeto y el problema. Los estudiantes construyen el marco teórico inicial de la investigación, buscan bibliografía complementaria, jerarquizan y articulan los conceptos en función del recorte del objeto a investigar. Una vez definidos posibles capítulos del marco teórico, se reparten la redacción por grupos para elaborar cada uno de ellos y posteriormente un subgrupo se ocupa de la articulación de las diferentes partes. Se define universo y muestra, se construyen los instrumentos para la recolección de datos, y se establecen los primeros contactos con el campo. Los estudiantes administran los instrumentos diseñados, por grupos analizan los datos y producen un informe de avance. El proceso de investigación (y de la cursada) finaliza con un ateneo en el que se presentan los avances y se discute de manera grupal las conclusiones. En la medida en que esto es posible se invita a integrantes de la comunidad educativa de la zona a participar de los ateneos.

Una clave: los temas investigados

Las representaciones de docentes y estudiantes de la escuela secundaria sobre distintos aspectos de la práctica docente, así como la problemática de la inclusión educativa han sido objetos de estudio privilegiados de las investigaciones emprendidas desde Educación III.

Consideramos que indagar con los estudiantes acerca de las representaciones tiene un alto valor formativo. En tanto intervienen en la construcción de la realidad de las aulas en las que los docentes enseñan, es importante conocerlas, comprenderlas y "sacarlas a la luz" para que sea posible reflexionar sobre ellas en las instancias de formación docente inicial y continua.

Por otro lado, consideramos central en la formación de docentes que trabajarán en escuelas secundarias que aún no han logrado la inclusión de todos y de todas, indagar sobre aspectos de la inclusión educativa. Ángeles Parrilla (2002), retomando el planteo de Booth, plantea que la inclusión educativa no es un estado, sino que es un proceso. Por ello dice: "Así, la educación inclusiva supone dos procesos interrelacionados: el proceso de incrementar la participación de los alumnos en la cultura y el currículum de las comunidades y las escuelas ordinarias, y el proceso de reducir la exclusión de los alumnos de las comunidades y las culturas normales".[7]

Así, algunas preguntas de investigación han sido:

¿Qué dispositivos o prácticas se desarrollan en las escuelas tendientes a la inclusión educativa?

¿Qué representaciones tienen los docentes acerca de las posibilidades de aprendizaje de alumnos que están en condiciones socioeconómicas desfavorables y su vínculo con la práctica docente?

¿Qué representaciones tienen los docentes sobre el "buen alumno", la violencia en las escuelas y su relación con los procesos de inclusión/exclusión?

¿Qué representaciones tienen los docentes sobre el futuro académico de los estudiantes?

¿Cuáles son las representaciones de los docentes acerca del fracaso escolar en Primero de Polimodal y su relación con los procesos de inclusión/exclusión?

¿Qué perspectivas tienen sobre la escuela los jóvenes que han dejado de concurrir a ella?

¿Qué perspectivas tienen sobre la escuela los jóvenes que son excluidos de la escuela secundaria regular y comienzan a asistir a las escuelas de adultos? ¿Cuáles son las miradas sobre la escuela que tienen quienes se han reintegrado a partir de la asignación universal por hijo?

---

[7] Parrilla, A. (2002) "Acerca del origen y el sentido de la educación inclusiva" en *Revista de educación*, N° 327, p. 18.

Estos temas han sido centrales para que a través del proceso de investigación los estudiantes de Educación III desnaturalicen fenómenos del sistema educativo, como son la repitencia y el abandono, y se acerquen a las perspectivas de los jóvenes y como futuros profesores comprendan las variadas y posibles trayectorias escolares asumiendo un compromiso ético con ellas.

La evaluación de los aprendizajes

La evaluación de los aprendizajes se realiza de manera continua. Los estudiantes presentan sus preguntas y avances en tutorías semanales, y van informando acerca de sus producciones al grupo total. Se proponen debates plenarios y producciones individuales que son valorados con criterios explícitos.

También se realizan diversas instancias de evaluación formales: un parcial, la entrega del informe de avance y, por último, el coloquio.

Los criterios de evaluación son públicos: son comunicados junto con el programa y se trabajan con los alumnos en las clases.

La perspectiva de los estudiantes que cursaron la materia

A partir de la experiencia con más de diez cohortes de estudiantes, podemos afirmar que el trabajo de investigación conduce a los estudiantes a plantearse problemas genuinos en relación con la práctica docente y con sus propias representaciones. Además, genera un compromiso con la tarea que los coloca más próximos al desempeño profesional que al desempeño del "oficio de alumno". Es decir, los estudiantes se interesan mucho en el trabajo de investigación (tal vez por indagar sobre algo que los preocupa realmente) con lo cual no lo realizan, al menos únicamente, para cumplir con la demanda de la materia.

Los estudiantes, cuando se los consulta en encuestas anónimas acerca de los aprendizajes que logran en la materia, reconocen que Educación III:

"Es una materia que verdaderamente se acerca a la realidad de la escuela, en la que yo voy a ejercer como docente".

"Lo que puedo decir es que fue una experiencia totalmente distinta con relación a cómo se desarrollan las demás materias. Me quedó la impresión de que se puede aprender utilizando otro tipo de estrategias a las cuales no estamos acostumbrados"

"El aporte básico es la integración de conceptos anteriores que se trabajan en otras asignaturas, juntamente con la investigación que me puso cara a cara con una realidad con la cual voy a tener que trabajar pronto".

"Realizar una investigación me parece muy positivo, ya que además de los resultados que produce (conocimiento), nos obliga a revisar y usar simultáneamente todos los conceptos".

Sostenemos que la formación de los profesores tiene que propiciar la puesta en acción de prácticas alternativas, desempeños que integren teorías y prácticas, para formar sujetos capaces de orientar con fundamentos sus decisiones profesionales. Consideramos que al brindar la posibilidad de participar en una instancia de investigación, integrar contenidos, reflexionar sobre las propias representaciones y sobre las características de la práctica docente, se ofrecen posibilidades de profundizar en el conocimiento de la práctica educativa y de obtener herramientas de reflexión para participar en ella. Realizar una investigación plantea una alta demanda cognitiva predominantemente constructiva más que enunciativa.

Como institución universitaria, nuestra responsabilidad es contribuir a la formación de docentes que sean buenos enseñantes y que, como tales, se preocupen por la realidad de sus estudiantes, por las condiciones de su trabajo, por cuestionar lo "dado" en la realidad educativa, por mejorar su práctica. Es un propósito de Educación III contribuir al logro de estas metas y es por ello que el marco de EpC ha sido potente para diseñar nuestra propuesta.

Bibliografía

Achilli, E. (2000) *Investigación y formación docente*, Rosario, Laborde editor.
Alliaud, A. (2002) "Los residentes vuelven a la escuela. Aportes desde la biografía escolar" en Davini, M. C. (comp.) *De aprendices a maestros. Enseñar y aprender a enseñar*, Buenos Aires, Papers editores.
Catenazzi, A. y Pogré, P. (2007) (et al) "Estrategias pedagógicas orientadas a la articulación entre teoría y práctica en la formación de los profesionales de la ciudad", II Jornadas Nacionales y I Jornadas Latinoamericanas de Pedagogía Universitaria, Enseñar y Aprender en la Universidad. Universidad Nacional de San Martín, 6 y 7 de septiembre.
Davini, M. (1995) *La formación docente en cuestión: política y pedagogía*, Buenos Aires, Paidós.
Davini, M. (2002) "La iniciación en las prácticas docentes en las escuelas" en *De aprendices a maestros. Enseñar y aprender a enseñar*, Buenos Aires, Papers editores.
Diker, G. y Terigi, F. (1997) *La formación de maestros y profesores: hoja de ruta*, Buenos Aires, Paidós.

Gardner, H. (1987) *Estructura de la mente: la teoría de las múltiples inteligencias*, México, Fondo de Cultura Económica.

Guyot, V. (1999) "La Enseñanza de las Ciencias" en *Revista Alternativas. Serie Espacio Pedagógico*, Año IV, N° 17, San Luis – Argentina, LAE.

Ibañez, T. (1988) *Ideologías de la vida cotidiana*, Barcelona, Sendai.

Imbernon, F. (2004) (6ª ed.) *La formación y el desarrollo profesional del profesorado. Hacia una nueva cultura profesional*, Barcelona, Graó.

Jacinto, C. y Terigi, F. (2007) *¿Qué hacer antes las desigualdades en la educación secundaria? Aportes de la experiencia latinoamericana*, Buenos Aires, Santillana.

Jodelet, D. (1984) "La Representación Social. Fenómenos, Concepto y Teoría" en Moscovici, S. *Psicología Social,* 2, Barcelona, Paidós.

Moscovici, S. (1979) *El psicoanálisis, su imagen y su público*, Buenos Aires, Huemul.

Moscovici, S. (1984) *Psicología social II*, Buenos Aires, Paidós.

Parrilla, A. (2002) "Acerca del origen y el sentido de la educación inclusiva" en *Revista de educación*, N° 327, pp11-30.

Perkins, D. (1999) "¿Qué es la comprensión", en Stone Wiske, M. (comp.) *La enseñanza para la comprensión*, Buenos Aires, Paidós.

Perrenoud, P. (2004) *Desarrollar la práctica reflexiva en el oficio de enseñar. Profesionalización y razón pedagógica*, Barcelona, Graó.

Perrenoud, P. (1994) "Saberes de referencia, saberes prácticos en la formación de los enseñantes: una oposición discutible" en *Faculté de psychologie e de sciences de l´education. & Service de la recherche sociologique*, Genéve, Mimeo. Traducción: Gabriela Diker.

Perrenoud, P (2001) "La formación de los docentes en el siglo XXI" en *Revista de Tecnología Educativa*, Año XIV, N 3, Santiago, Chile, pp. 503-523.

Schön, D. (1997) *La formación de profesionales reflexivos*, Barcelona, Paidós.

Tardif, M. (2004) *Los saberes del docente y su desarrollo profesional*, Madrid, Narcea.

Wainerman, C. y Sautú, R. (1997) *La trastienda de la Investigación*, Buenos Aires, Editorial de Belgrano.

UNA PROPUESTA DIDÁCTICA QUE RECUPERA LOS APORTES DE LAS TEORÍAS DE LAS INTELIGENCIAS MÚLTIPLES DE HOWARD GARDNER EN LA ENSEÑANZA DEL INGLÉS COMO IDIOMA EXTRANJERO

Institución: Instituto Superior del Profesorado N° 2 "Joaquín V. González".
Ciudad, provincia y país: Rafaela, Santa Fe, Argentina.
Curso: Didáctica y Práctica de la Enseñanza.
Carrera: Profesorado de Inglés.
Autoras: María R. Bostico y Paula C. Leonardi.
Contacto: pleonardi@ciudad.com.ar

Desde nuestro lugar como profesoras de Didáctica y Práctica de la Enseñanza en el Profesorado de Inglés es común que conversemos acerca del impacto que la formación en el profesorado tiene sobre el modo de ser docente de nuestros alumnos del IFD una vez que se insertan en los diferentes niveles del sistema educativo para los que se forman.

Nuestras ideas, o los paradigmas sobre los que nos posicionamos, suelen determinar nuestros modos de actuar, y dentro de ámbito de la educación, más específicamente, de la formación de formadores, los paradigmas a los que adherimos guían consciente o inconscientemente nuestras decisiones en relación con las variables curriculares y metodológicas.

Todos acordamos que la escuela debería enseñar a convivir en la diversidad, a tolerar y comprender las diferencias de y con los otros, a ser solidarios, a disciplinar el cuerpo, a trabajar en equipo, a consensuar posturas, a respetar las reglas instituidas y a cultivarnos con espíritu crítico. Como expresa Pablo Sirvén: "se aprende en la escuela a ser ciudadano, o se pierde la oportunidad para siempre de serlo, porque si no se cultivan las sensibilidades

[...], tanto embrutece humanamente la pobreza extrema como la riqueza absoluta."[8]

Desde hace algunos años hemos trabajado concretamente para propiciar un ámbito donde nuestros alumnos del profesorado puedan vivenciar ya desde su formación modos distintos de abordar la complejidad de los procesos de enseñanza y de aprendizaje en prospectiva, para construir una formación que transite por los territorios del sentido, para recuperar los diversos lenguajes que componen los diferentes universos como parte constitutiva de la formación. En resumen, para educar y humanizar las inteligencias para que nuestros alumnos sean en el futuro protagonistas de una enseñanza que abrace la escuela del nuevo milenio. Luego de cuatro años de haber estudiado en profundidad y de haber analizado minuciosamente la Teoría de las Inteligencias Múltiples del Profesor Howard Gardner, finalizamos un trabajo de investigación bibliográfica sobre el tema, donde pudimos avanzar sobre el diseño de una propuesta didáctica –que se describe más adelante– que recupera los aportes de dicha teoría. A partir de ese momento, hemos implementado en forma progresiva algunas estrategias de trabajo para recuperar los aportes de dicha teoría y para compartir nuestra propuesta dentro de las cátedras de Psicolingüística, Taller Docente II, Didáctica Específica y Práctica y Residente Docente del Profesorado de Inglés del Instituto Superior del Profesorado N°2 "Joaquín V. González" de Rafaela.

En principio, trabajamos con los alumnos del segundo año de la carrera focalizándonos en los fundamentos teóricos de la mencionada teoría y en la indagación de las implicancias de la comprensión desde la perspectiva de este paradigma en la cátedra de Psicolingüística. Luego,

---

[8] Sirvén, P. (2009) "Educación: Remedio social infalible" en *Diario La Nación,* 19 de abril, sec. 4, p. 4.

reflexionamos sobre su valor a partir de la recuperación de las biografías escolares de los alumnos, de la propia experiencia de aprendizaje en el Instituto y de observaciones concretas de clases de Lengua Extranjera en el nivel medio en el Taller de Docencia II. En el tercer año de la carrera, más específicamente en Didáctica, compartimos con los alumnos la propuesta que hemos diseñado y analizamos las posibles ventajas de implementarla en la enseñanza del idioma extranjero. Con posterioridad, trabajamos la implementación concreta de nuestra propuesta a partir del diseño de micro clases y de la evaluación de las mismas. En el cuarto año de la carrera, en la Práctica de Residencia, los alumnos realizan la planificación de sus clases recuperando los aportes de la teoría y contemplando los cuatro momentos de la propuesta didáctica. En el espacio de este taller se evalúa la implementación de la propuesta y el impacto de la misma en la comprensión de los alumnos de la Escuela Media.

Fundamentos teóricos sobre los que basamos nuestra propuesta

La Teoría de las Inteligencias Múltiples del Profesor Howard Gardner (1983) concibe al individuo con múltiples inteligencias, con un contexto mental, físico y socio cultural que lo hacen único y diferente de los demás. Cada individuo cuenta con un patrón biológico que va desarrollando de acuerdo con su interacción con el medio ambiente a través de las experiencias de vida. Por lo tanto, es imposible pensar que dos individuos sean iguales, que tengan la misma capacidad para adquirir conocimiento, para comprender o para resolver problemas.

En su Teoría de las Inteligencias Múltiples, Howard Gardner (1983, 1991, 1993, 1995, 1997, 2001) considera que los seres humanos han evolucionado para poder realizar al menos ocho formas de análisis diferentes: *la inteligencia lingüística, la inteligencia lógico-matemática, la inteligencia musical, la inteligencia espacial, la inteligencia corporal-cenestésica, la inteligencia interpersonal, la inteligencia intrapersonal y la naturalista.*

Si acercamos estas ideas a la educación, se rompe con la fantasía de la homogeneidad; es ilógico pensar en un único modo de enseñar para un alumno medio o promedio. Homogeneizar en este caso es no querer ver que cada alumno es capaz de aprender de un modo particular cualquier contenido, siempre y cuando pueda comprenderlo. Es decir, no es conveniente alinear a los estudiantes de un modo unidimensional enfatizando un solo eje de rendimiento intelectual.

El docente tiene el poder de reconfigurar los entornos educativos y modificar los enfoques pedagógicos de manera que muchos más estudiantes alcancen un grado significativo de comprensión. La Teoría de las Inteligencias Múltiples nos puede iluminar para repensar este desafío. Si bien la Teoría no supone ninguna fórmula educativa (Gardner, 2001), este investigador postula que es esencial que la práctica educativa se base en tres supuestos fundamentales: que no somos todos iguales, que tenemos diferentes formas de procesar la información y que la educación es más eficaz si se tienen en cuenta las diferencias individuales en lugar de ignorarlas o negarlas.

Al mismo tiempo, revaloriza el rol del docente al agregar que "los educadores son quienes se encuentran en la mejor posición para determinar hasta qué punto deben guiarse por las IM en su práctica cotidiana."[9]

---

[9] Gardner, H. (2001) *La inteligencia reformulada. Las Inteligencias Múltiples en el Siglo XXI,* España, Paidós, p. 99.

Nuestra propuesta

Amparándonos en la importancia que el mismo Gardner atribuye a la tarea docente, interpretamos que los principios y las reflexiones de esta teoría deben "atravesar" la totalidad del currículum. Para ello, planteamos una propuesta de enseñanza con cuatro momentos que tienen en cuenta todos ellos la diversidad de inteligencias descriptas por Gardner. Estos momentos son: la generación del contexto de aprendizaje, la presentación del contenido disciplinar, los desempeños de comprensión, y la evaluación (Bostico y Leonardi, 2008).

La generación del contexto de aprendizaje

El contexto abre el camino para la comprensión, en él se encuentra presente el qué se debe enseñar y el por qué, es "la base para potenciar la comprensión de nuestros diversos mundos, el mundo físico, el mundo biológico, el mundo de los seres humanos, el mundo de los artefactos y el mundo personal."[10]

Un contexto rico y bien elegido muestra el concepto a trabajar en acción, con sus características, relaciones, propósitos y formas de comunicación, es decir, lenguajes o sistemas simbólicos y contempla múltiples formas de representación.

El aula es el espacio natural de aprendizaje donde se entrecruzan el contexto próximo inmediato y el marco cultural-histórico de la persona. Allí se conjugan, por un lado, los condicionamientos físicos del individuo, las personas y los recursos que lo afectan de modo directo, y por el otro, las instituciones, las prácticas sociales y las creencias en un lugar y en un tiempo histórico determinados.

---

[10] Gardner, H. (2001) ob. cit, p. 162.

Un aula así planteada es un contexto diverso de encuentro, compuesto por:

> Zonas de desarrollo próximo a través de las cuales los participantes pueden desplazarse por diferentes rutas y a diferentes velocidades. Una zona de desarrollo próximo puede incluir a personas [...] con diferentes grados de conocimiento especializado pero puede abarcar también artefactos tales como libros, videos, láminas murales, equipos científicos y Tics destinados a apoyar el aprendizaje intencional."[11]

En este escenario, el docente se constituye en el encargado de promover el desarrollo cognitivo a través de la apropiación mutua y la negociación de significados.

Para esto, se hace necesario ampliar la visión tradicional del aula con bancos dispuestos en forma simétrica con vista al pizarrón. El docente debe concebir y "construir" un aula rica en estímulos visuales y auditivos, diversificados, que promuevan la interacción entre los alumnos entre ellos y los diferentes materiales de estudio o de trabajo.

Aún más, si pensamos en un entorno enriquecido que incorpora el contexto cultural histórico del individuo, es fundamental abrir la cerradura de un aprendizaje que solo puede ocurrir en el aula, o cuanto mucho dentro de la institución, para integrar el contexto comunitario al aprendizaje. Visitas al museo, al observatorio, a exposiciones, integrarse a propuestas comunitarias de trabajo, asistencia a congresos, charlas y jornadas, pueden resultar un terreno fértil para la motivación, a la vez que conectan el ámbito la formación con la "vida real" para que de allí surjan los conflictos o problemas a resolver con el conocimiento teórico disciplinar.

---

[11] Vygotsky, 1978 en Brown, A.; Ash, D.; Rutherford, M.; Nakagawa, K.; Gordon, A. y Campione, J. (2001) "Conocimiento especializado distribuido en el aula" en Gavriel Salomon, (Ed) *Cogniciones distribuidas. Consideraciones psicológicas y educativas,* Buenos Aires, Amorrortu editores, p. 246.

La presentación del contenido disciplinar

Una vez generado el contexto enriquecido, estarán dadas las condiciones para que el docente desarrolle acciones que movilicen la estructura cognitiva de sus alumnos.

Aquí es donde el docente tiene un rol preponderante e irremplazable: intervenir para enseñar el contenido disciplinar, el decir, los conceptos fundamentales o nucleares de cualquier tema, en múltiples formatos que contemplen el contexto mental de los alumnos. Si concebimos a nuestros alumnos con múltiples patrones de inteligencia que determinan capacidades distintas de conocer, no podemos pensar en un modo único de enseñar un nuevo contenido, deberemos atender a esta diversidad.

Como explica Gardner

> Podemos pensar en el tema en cuestión como una habitación con cinco o más puertas o puntos de acceso. Los estudiantes difieren en la entrada que les resulta más adecuada y en los caminos más cómodos a seguir una vez que han accedido a la habitación[12].

Si bien es cierto que no es posible enseñar todos los contenidos de todas las disciplinas teniendo en cuenta la totalidad de las inteligencias (Gardner, 2001), el docente no debería ampararse en este supuesto para justificar una variedad limitada de propuestas. Por el contrario, debería intentar siempre tener en cuenta la mayor cantidad de vías de acceso o inteligencias posibles en el diseño de sus estrategias de enseñanza y aprendizaje para garantizar que cada alumno tenga la mejor oportunidad de dominar los conceptos y de expresar lo que ha aprendido y comprendido.

En este punto, el docente puede alarmarse pensando que debe conocer el perfil "inteligente" de cada alumno.

---

[12] Gardner, H. (1993) *Multiple Intelligences: The theory in practice*, New York, Basic Books, p. 215.

Sin embargo, no hay nada más erróneo que "rotular" a las personas, debido a que todos tenemos todas las inteligencias y sus combinaciones son únicas, lo que hace casi imposible conocer con absoluta precisión dicho perfil.

Lo que proponemos aquí es que el docente trabaje los diferentes puntos de acceso descriptos con todos sus alumnos para garantizar que comprendan los contenidos que se pretenden enseñar. Además, de esta forma, no solo estamos propiciando que cada alumno acceda a los conceptos mediante los puntos de acceso más fuertes en él, sino que estamos colaborando con el desarrollo de sus inteligencias más débiles. Aunque este proceso requiere su tiempo, es el camino para lograr una comprensión verdadera en todos y cada uno de los alumnos. Esto es atender a la diversidad. Es lo opuesto a la escuela pensada para la homogeneidad.

Los desempeños de comprensión

Los desempeños de comprensión son instancias de procesamiento del contenido. Los docentes diseñan actividades de procesamiento para recuperar el contenido y profundizar la comprensión del mismo, de modo tal que pueda ser aplicado a situaciones nuevas o para abordar materiales nuevos.

La secuencia de desempeños de comprensión constituye un proceso de afianzamiento del contenido que le permiten al alumno pensar y actuar flexiblemente, es decir, volver sobre el contenido para poder construirlo más acabadamente o para reconstruirlo. (Perkins, 1997 y Pogré y Lombardi, 2004).

Para evitar que los alumnos repitan el modelo planteado por el profesor, procesamiento, es necesario que el docente diseñe actividades o tareas que permitan la participación del estudiante en situaciones diversas, que generen desafíos crecientes en la negociación y renegociación situada de significado en el mundo y que promuevan la comprensión a través de la apropiación mutua entre el docente y los alumnos y entre estos últimos para constituir verdaderas comunidades de aprendizaje donde surgirán una multiplicidad de respuestas, propuestas y nuevas preguntas.

La evaluación

La evaluación debe estar centrada en la actuación del alumno y en el compromiso mutuo del docente y del alumno para lograr comprensiones cada vez más plenas y profundas. (Gardner, 1995)

Un análisis del tipo de evaluación que en general se propone a los alumnos revela que el objetivo es que estos repitan los contenidos trabajados y realicen prácticas dominadas. Es decir, estamos evaluando la "posesión" del conocimiento. (Gardner y Hatch, 2001).

Desde las nuevas corrientes cognitivas, sabemos que la comprensión es un proceso abierto y gradual. Por lo tanto, para ser coherentes con este paradigma, deberíamos centrarnos en evaluar aquellos desempeños que muestren la aplicación apropiada de conceptos y conocimientos a nuevos problemas y cuestiones.

Gardner (1995) nos plantea que un nuevo enfoque de los métodos de evaluación debería poner el énfasis en la evaluación más que en el examen, para tomar información de los desempeños de los alumnos durante todo el proceso con el fin de retroalimentar tanto el aprendizaje como la enseñanza. Asimismo, la evaluación tendría que ser parte natural de los procesos de enseñanza y de aprendizaje, debería darse "al momento" y en situaciones similares al contexto real de aplicación del conocimiento. Además, para evaluar con más éxito, el docente debería proponer consignas de trabajo o tareas multimodales que le permita al alumno resolverlas expresando su competencia de acuerdo con su patrón inteligente. Como nos ilustra este investigador: "[...] resulta muy recomendable que la evaluación tenga lugar en un contexto en el que los estudiantes trabajen en problemas, proyectos o productos que les entusiasmen de verdad, que mantengan su interés y que les motiven a obtener buenos resultados."[13]

Una alternativa para evaluar más convenientemente es la construcción de "carpetas-proceso" que captan las etapas y las fases a través de las cuales pasan los estudiantes en la realización de un proyecto o proceso. Los docentes que utilizan esta herramienta se comprometen con sus alumnos para ayudarlos a incorporar la importancia de la revisión, la reflexión, la disciplina y el auto examen regular y la socialización de sus trabajos para construir una verdadera "comunidad de aprendices" (Gardner, 1997; Brown, 2001).

La Teoría de las Inteligencias Múltiples se ha constituido en un aporte valioso para abordar las problemáticas de la educación en el ámbito de acción de nuestro instituto. Analizar, debatir e interpelar sus postulados con los alumnos dentro del Instituto de Formación Docente se constituye en una oportunidad para reflexionar, repensar y/o redefinir los modos de educar. Este modo de trabajo potencia en nuestros alumnos la posibilidad de revertir, de modificar posturas tradicionales de enseñanza que "se han hecho carne" en ellos por las propias biografías escolares y de ser capaces de realizar nuevos planteos y propuestas de enseñanza que prueban ser superadoras al momento de trabajar con alumnos del nivel medio. La propuesta didáctica que planteamos es un lineamiento amplio pero ordenador de los modos de trabajo que orienta

---

[13] Gardner, H. (1993) *Multiple Intelligences: The theory in practice*, New York, Basic Books, p. 191.

la enseñanza hacia un afianzamiento de la comprensión de los alumnos, y que permite a quienes la hacen suya desplegar la creatividad y la libertad en el diseño de las estrategias de enseñanza y de aprendizaje. A través de los años hemos podido comprobar que los alumnos de nivel medio responden satisfactoriamente a la propuesta, ya que se involucran con la tarea, se ven motivados, mejoran sus comprensiones, producciones, su rendimiento general y su disciplina, incluso aquellos alumnos con problemas especiales de aprendizaje. Tanto los alumnos practicantes, como los docentes que prestan sus cursos para la práctica consideran positiva la implementación de la propuesta y se muestran satisfechos con los resultados obtenidos al final del proceso. Creemos que es momento de llevar a cabo una investigación que le dé formalidad a este proceso iniciado ya hace ocho años. Ya hemos finalizado el proyecto y a comienzos del año próximo comenzaremos a relevar datos. Nos queda pendiente compartir con la comunidad educativa los resultados que obtengamos de la investigación.

Como docentes formadores de formadores asumimos un rol irremplazable, un rol que debemos construir día a día, no solo para educar las inteligencias de cada uno de nuestros alumnos, sino también para ser modelos de acción ante los desafíos; de apertura a la innovación; de búsqueda apasionada de nuevas alternativas en beneficio de un mundo mejor.

Bibliografía

Bostico, M. R. y Leonardi, P. (2008) *Hacia una educación para la comprensión: la contextualización de la inteligencia en la teoría del Profesor Howard Gardner*, Santa Fe, Ministerio de Educación.

Brown, A.; Ash, D.; Rutherford, M.; Nakagawa, K.; Gordon, A. y Campione, J. (2001) "Conocimiento especializado distribuido en el aula" en Gavriel Salomón, (Ed.) *Cogniciones distribuidas. Consideraciones psicológicas y educativas*, Buenos Aires, Amorrortu editores, pp. 242-290.

Gardner, H. (1983) *Frames of minds: The Theory of Multiple Intelligences*, New York, Basic Books.

Gardner, H. (1991) *The unschooled mind*, Basic Books, USA.

Gardner, H. (1993) *Multiple Intelligences: The theory in practice*, New York, Basic Books.

Gardner, H. (1997) *Arte, mente y cerebro. Una aproximación cognitiva a la creatividad*, Buenos Aires, Paidós.

Gardner, H. & Hatch, T. (2001) "El descubrimiento de la cognición en el aula: una concepción más amplia de la inteligencia humana" en Gavriel Salomon, (Ed) *Cogniciones distribuidas. Consideraciones psicológicas y educativas*, Buenos Aires, Amorrortu editores, pp. 214-241.

Gardner, H. (2001) *La inteligencia reformulada. Las Inteligencias Múltiples en el Siglo XXI*, España, Paidós.

Perkins, D. (1997) *La escuela inteligente*, España, Gedisa SA.

Pogré, P. y Lombardi, G. (2004) *Escuelas que enseñan a pensar. Enseñanza para la Comprensión. Un marco teórico para la acción*, Buenos Aires, Papers editores.

Sirvén, P. (2009) "Educación: Remedio social infalible" en *Diario La Nación, 19 de abril*, sec. 4, p. 4.

Una propuesta para mejorar la formación docente en matemática

Institución: Secretaría de Políticas Universitarias (SPU) y el Instituto Nacional de Formación docente Continua (INFD).
Ciudad, provincia y país: Argentina.
Curso: Proyecto de Mejora para la Formación Docente Inicial de Profesores para el Nivel Secundario en las áreas Biología, Física, Matemática y Química.
Carrera: Profesorados para el nivel Secundario en las áreas de Biología, Física, Matemática y Química de todo el país.
Autoras: Verónica Cambriglia; Silvia Caputo; Ana Ceccarini; Silvia Etchegaray; Pierina Lanza; Nélida Pérez; Mabel Rodríguez; María S. Serrano; Emilce Sinelli; Guillermina Vosahlo y Nora Zon.
Contacto: silcaputo@arnet.com.ar, anac@isparm.edu.ar, nperez@unsl.edu.ar.

En el marco del Proyecto de Mejora para la Formación Docente Inicial de Profesores para el Nivel Secundario en las áreas Biología, Física, Matemática y Química, trabajo articulado entre la Secretaría de Políticas Universitarias (SPU) y el Instituto Nacional de Formación Docente (INFD), se realizó una convocatoria a las instituciones formadoras (Universitarias e ISFD de todo el país) a que postulen especialistas disciplinares para conformar, por área, un equipo de trabajo que debería producir un documento que sería la base para la discusión y revisión de los diseños curriculares de la formación docente inicial.

Se consideraba que dicho documento debería "hacer foco en el proceso de aprendizaje de los futuros profesionales de la enseñanza, identificar las comprensiones necesarias y el tipo de experiencias formativas que es importante que transiten para construirlas, así como encontrar descriptores claros que permitan acompañar los procesos formativos".[14]

---

[14] Proyecto de Mejora para la formación inicial de profesores para el nivel secundario. Áreas: Biología, Física, Matemática y Química. Ministerio de

Lejos de prescribir un determinado plan de estudio, este documento debería presentar "como producto de un consenso, los saberes importantes a ser construidos y que, desde las políticas públicas, las instituciones formadoras deberían comprometerse a garantizar con diseños posiblemente diferentes en términos de los espacios curriculares que se consoliden en los planes de formación".[15]

En el caso de matemática, se seleccionó un equipo de diecisiete profesores[16], pertenecientes a distintas instituciones formadoras de profesores de matemática. La selección se realizó teniendo en cuenta no solo los antecedentes sino también tratando de asegurar que en cada comisión existiera pluralidad en cuanto al tipo de instituciones de origen, trayectorias y experiencias.

El primer encuentro del equipo se realizó en mayo de 2009, en un taller coordinado por Paula Pogré, en el cual se presentaron las características del trabajo a realizar y el marco teórico de la de Enseñanza para la Comprensión, desde el cual había sido concebido el trabajo.

Se plantearon entonces tres preguntas a las que el documento debía dar respuesta:

– ¿Qué debería comprender de Matemática un estudiante del Profesorado de Matemática?

Cultura y Educación de la Nación. Secretaría de Políticas Universitarias. Coordinadora del Proyecto: Dra. Paula Pogré. Coord. Área Matemática: Dra. Mabel Alicia Rodríguez.

[15] Ibidem

[16] Cambriglia, Verónica (UBA), Caputo, Silvia (ISFD "Dr. Juan Pujol", Corrientes), Carnelli, Gustavo (UNGS, Buenos Aires), Ceccarini, Ana (ISFD "Antonio Ruiz de Montoya", Misiones), Etchegaray, Silvia (UNRC, Córdoba), Ibarra, Lidia (UNSA, Salta), Lanza, Pierina (INSP "Joaquín V. González", CABA), Mántica, Ana María (UNL, Santa Fe), Marzoratti, Silvia (UNICEN, Buenos Aires), Nieva, Mirta (IES "Monteros", Tucumán), Pérez, Nélida (UNSL, San Luis) Rodríguez, Mabel (UNGS, Buenos Aires), Scaglia, Sara (UNL, Santa Fe), Serrano, María Selva (IES "Monteros", Tucumán), Sinelli, Guadalupe (ISFD N°14, Neuquén), Vosahlo, Guillermina (ISFD "Aguilares", Tucumán), Zon, Nora (UNRC, Córdoba)

- ¿Qué experiencias debería transitar durante su formación para asegurar la comprensión identificada?
- ¿Cómo sabrán, tanto los formadores de profesores de Matemática como los estudiantes del Profesorado, que están construyendo comprensión?

Durante el desarrollo del taller, quedó establecido que la consigna central de la tarea era pensar en las cuestiones que realmente importan que un futuro profesor de Matemática comprenda, teniendo como supuesto inicial que la comprensión en relación con un determinado tópico no se construye de una vez y para siempre, sino a través de múltiples y variados desempeños, de diferente complejidad, que permiten construir nuevos niveles de comprensión a partir de las comprensiones previas.

Por eso, no basta con pensar en qué debe comprender el futuro profesor, sino también qué oportunidades de aprendizajes, qué tipo de experiencias debería proveerle la institución formadora para que pueda construir niveles de comprensión cada vez más profundos. Este punto es especialmente importante si se tiene en cuenta que muchas buenas propuestas de formación fracasan después de formuladas porque las formas en que son llevadas a la práctica no coinciden con la forma en que se pensaron al diseñarlas.

Y, por último, pensar situaciones que requieran niveles de comprensión esperables en distintos momentos del proceso de formación, de tal manera que un nivel determinado sea satisfactorio para un determinado momento y habilite al estudiante para seguir comprendiendo.

Por eso, y en relación directa con las tres grandes preguntas, la consigna de trabajo presentada fue:

Elaborar un documento en el que se expliciten los grandes marcos conceptuales que debe integrar la formación disciplinar en cada profesorado articulándolos con las

experiencias que los futuros docentes deben transitar para apropiarse de ellos. Este documento contendrá:
- *Un conjunto de esquemas conceptuales que vertebran las decisiones de la enseñanza de la disciplina;*
- *el enunciado de metas de aprendizaje que establezcan el alcance y profundidad en el abordaje de los esquemas conceptuales abordados;*
- *un repertorio de desempeños posibles y de experiencias de aprendizajes que se propondrán a los estudiantes de profesorado para el logro de tales metas;*
- *matrices que expliciten criterios de evaluación y sus descriptores que permitan identificar mapas de progreso del aprendizaje de los estudiantes.*

Los puntos de partida

Cabe destacar aquí que los miembros del equipo no se conocían entre sí, ni conocían el mencionado marco teórico; por el contrario, tenían una gran diversidad de líneas y de enfoques, como resultado de las variadas trayectorias y experiencias de formación previas. Sin embargo, no existían entre ellos profundas divergencias y los conocimientos previos les permitieron fusionar esos diversos enfoques con el marco teórico propuesto.

En el primer encuentro, desarrollado a continuación de la finalización del taller, se inició un intercambio que permitió delinear tres puntos de partida para la elaboración del documento:

Tomar en consideración que quien aprende
es un futuro profesor de Matemática

El primer gran acuerdo: la formación de un profesor en Matemática debe ser muy diferente a la de un matemático.

Durante su formación inicial el estudiante debe comprender los conceptos centrales de la disciplina, sus aplicaciones y génesis, las formas como se construye el conocimiento disciplinar y los criterios de validación que le son propios, debe adquirir las formas del pensamiento disciplinar, con una fuerte base epistemológica y aproximarse al "hacer matemática" en la medida de sus posibilidades; pero como la enseñanza será su tarea principal, al considerar las respuestas a la primera pregunta hay que pensar necesariamente en lo que necesita saber el futuro docente para poder enseñar.

La relación que él establezca con la Matemática (sus prácticas) y con la clase de Matemática (las prácticas que proponga a sus alumnos) está imbuida de las experiencias que transite en su formación

El posicionamiento que el futuro docente sostenga ante el saber matemático, construido en su formación inicial, condicionará la manera en que lo acercará a los estudiantes del nivel secundario y por lo tanto condicionará la forma en que estos últimos se apropien de él. Entonces, los futuros profesores deben transitar en sus espacios de formación por prácticas y experiencias de producción matemática que, por un lado, creen las condiciones de emergencia de los objetos matemáticos y, por otro lado, generen buenas condiciones para la reflexión en torno a los modos de hacer, la relación con otros objetos, los argumentos posibles, no necesariamente los convencionales.

Es decir: es deseable un espacio de construcción, transformación y validación de los conocimientos en donde los docentes puedan construir una relación con la Matemática que les proporcione herramientas para cuestionar la naturalidad de los objetos de la matemática escolar y perseguir respuestas a estos cuestionamientos. Esto demanda una genuina revisión de las actividades de aprendizaje usuales en la formación docente.

La respuesta a la primera pregunta no podía consistir en un listado de contenidos

El trabajo no podía reducirse a una enunciación de contenidos matemáticos pensando en las distintas asignaturas que debían integrar el plan de estudio de la carrera, sino elaborarse desde una lógica diferente, desde el señalamiento de las grandes cuestiones con las que debería entrar en contacto un estudiante durante su formación inicial. Y ese señalamiento no podía dejar de tener en consideración que el profesor debe construir un cuidadoso entramado entre lo didáctico y lo disciplinar.

El desarrollo del trabajo

El equipo de trabajo mantuvo solo tres encuentros presenciales durante los seis meses que demandó la elaboración del documento (el inicial en mayo, otro en julio y el de cierre, en el mes de octubre) y desarrolló su tarea usando como medio de comunicación el correo electrónico y un campo virtual creado en la plataforma del Instituto Superior Antonio Ruiz de Montoya de Misiones, medio por el cual se intercambiaron ideas y propuestas, se establecieron las discusiones sobre ellas y se fueron alcanzando acuerdos, circunstancia que en sí misma representó una dificultad adicional al principio y se convirtió en un aprendizaje más que enriqueció la experiencia, después. En este aspecto, es importante destacar la excepcional tarea realizada por la Dra. Mabel Rodríguez, coordinadora del grupo, quien tuvo que enfrentar la difícil tarea de ir coordinando las discusiones, rescatando las conclusiones, redactando los acuerdos.

La primera producción fue individual: cada uno redactó un escrito con los aspectos centrales que, a su juicio, debían conformar el trayecto de formación de un profesor.

A partir de esas primeras producciones individuales se inició un intercambio que llevó a la necesidad de convenir qué significa comprender matemática para poder responder a la pregunta de *qué es lo que realmente importa que los futuros docentes en Matemática comprendan del campo disciplinar y* condujo al establecimiento de acuerdos sobre los que se basa la propuesta del documento:

1) Acuerdos epistemológicos (respecto de la Matemática)

La Matemática es una construcción cultural y social

Las verdades de la matemática no son absolutos, sino que han sido construidas en un proceso genético-histórico. Los estudiantes deberían tener oportunidad de construir los conceptos, desde la exploración o contactos primeros de tipo intuitivo anteriores a la formalización. Y de conocer los desarrollos históricos de las nociones, trabajar con los problemas que las originaron, con el objetivo de comprender esta característica fundamental de la disciplina.

La Matemática, en tanto actividad humana, implica el planteo y la búsqueda de soluciones de situaciones problemáticas

Muchos conceptos matemáticos se han gestado respondiendo a necesidades surgidas en contextos de resolver problemáticas del mundo natural o social; otros han nacido de intereses propios de la Matemática, con intención de lograr avances en ella. Pero es en la búsqueda de las soluciones a problemas o en el planteo de nuevos problemas donde se produce la construcción y el desarrollo de las nociones matemáticas.

La actividad matemática incluye desde las exploraciones y aproximaciones realizadas en el proceso de búsqueda de soluciones hasta la formalización y presentación de resultados como producto acabado; en ese marco, se reconoce como una de las actividades relevantes a la modelización, que incluye tanto el análisis, la adaptación y uso de modelos matemáticos conocidos como la creación de conocimientos matemáticos para simplificar, describir y manipular los sistemas en estudio.

El lenguaje simbólico tiene una función tanto representacional como comunicativa e instrumental

La particularidad del lenguaje matemático es su doble función: es una poderosa herramienta tanto para la producción de los saberes matemáticos (ya que su manipulación facilita generar nuevas relaciones) como para su comunicación (siguiendo las convenciones establecidas en la comunidad matemática). En tal sentido, poder comprender y utilizar el lenguaje convencional de la Matemática requiere la discusión sobre las diversas formas del lenguaje, sus potencialidades y limitaciones.

La Matemática, en tanto sistema conceptual, está lógicamente organizada y fundamentada mediante procesos deductivos

La lógica está presente en el razonamiento característico de la actividad matemática y en las formas legitimadas de validación del conocimiento matemático.

2) Acuerdos cognitivos (respecto del aprendizaje de la Matemática)

Comprender un objeto matemático significa haber transitado por diversas experiencias que le permitan al estudiante producir, organizar y re-organizar la red de relaciones que se deben establecer en la resolución de una situación problemática que "obliga" al funcionamiento del objeto, los procedimientos o técnicas que se despliegan para resolverla, las definiciones, propiedades, argumentos que validan las acciones realizadas, todas ellas soportadas y reguladas por el lenguaje simbólico, propio de la Matemática y la lengua natural.

3) Tres ejes reguladores del tipo de actividad matemática del profesor en formación

El razonamiento plausible o conjetural en la etapa de exploración de los problemas y en el proceso hacia la demostración matemática

Las actividades de enseñanza se deberían planificar contemplando la utilización de un razonamiento no-deductivo que permita elaborar, contrastar y transformar el conocimiento matemático y la toma de conciencia mediante la reflexión sobre lo que se dice y lo que se hace, como condición necesaria para comprender y otorgar significados a la construcción de un sistema conceptual organizado.

La dualidad exactitud-aproximación del trabajo matemático para observar, interpretar y leer la "realidad"

La búsqueda de resultados exactos a problemas matemáticos hace tiempo que se mostró insuficiente. La realidad que se pretende explicar se describe con modelos que, mayoritariamente, se resuelven por métodos numéricos computacionales que ofrecen soluciones aproximadas y cuya precisión, generalmente, se puede controlar. Sin embargo, esta dualidad epistémica no llega a las aulas, en las cuales prevalece la búsqueda de soluciones exactas.

El lugar de la modelización y la contextualización de los objetos matemáticos en la resolución de problemas internos de la matemática o de fuera de ella

La presencia de problemas como un aspecto característico de la Matemática y su potencia en el avance de la ciencia fundamenta la decisión de considerarlos al interior de las aulas del profesorado. Los futuros docentes deberían ser capaces de abordar problemas de distinta índole: con o sin solución, abiertos o no, de aplicación, de motivación, que dieron origen a conceptos, otros que mediante su desarrollo permiten construir nociones nuevas para ellos, etc. De este modo, se reconocería la utilidad de la Matemática y se comprendería que sus construcciones están contextualizadas en el tiempo y en las problemáticas que les dan lugar.

La respuesta a la primera pregunta planteada y la forma de presentarla fue motivo central de la discusión e intercambio establecido dentro del grupo durante todo el primer mes de trabajo.

Ninguno tenía claro en un primer momento qué eran los "esquemas conceptuales". La definición de dichos esquemas fue la parte más laboriosa del trabajo, con numerosas dudas y discusiones. Por ejemplo, opiniones acerca de que esos núcleos no debían identificarse con las distintas ramas de la matemática, a fin de no propiciar la desarticulación en los diseños curriculares que se elaborasen a partir del documento. O planteos como: ¿puede ser la demostración un núcleo? ¿Y estructuras?

Pronto se comenzó a pensarlos como grupos de *contenidos* matemáticos relacionados entre sí (una red de conceptos, definiciones, relaciones) y atravesados por distintas dimensiones, imprescindibles para trabajar sobre esos contenidos específicos, como: el *método*, es decir, los procesos particulares aceptados por la comunidad científica que requiere su producción o validación, o las formas de *comunicación* que les son propias o sus *propósitos*, es decir, las prácticas concretas, los intereses o necesidades a que responden.

Y se consensuó que los núcleos debían representar los objetos centrales que organizan la disciplina y desde los cuales se establecen conexiones al interior de la disciplina, es decir, conexiones entre los distintos núcleos que debían explicitarse. Se decidió que cada núcleo se estructuraría en torno de preguntas centrales, que expresaran cuáles son las principales cuestiones que debe comprender el alumno en relación con ese núcleo.

En un primer momento el grupo se dedicó exclusivamente a la elaboración de los esquemas o núcleos, posponiendo las demás cuestiones. Cuando, habiendo llegado a acuerdos provisorios con respecto a la primera cuestión, se inició el abordaje de las restantes, sucedió que nuevas aproximaciones a cada uno de los elementos generaba cambios y mejoras en los restantes. Por ejemplo, al analizar algún desempeño de comprensión se aclaraba la formulación de alguna de las preguntas planteadas inicialmente o se hacían explícitas nuevas metas de comprensión.

Otra cuestión que originó posturas diferentes e importantes discusiones fue la introducción en el documento de los aspectos relacionados con la enseñanza de la matemática. En un primer momento se pensó que "Matemática para la escuela media" debería ser un núcleo o una dimensión. Del intercambio de ideas se fue consolidando la idea de que los cuestionamientos que es de esperar que un docente se haga a la hora de preparar un proyecto de enseñanza sobre un tema forman parte de la disciplina y que el conocimiento disciplinar debe permitirle disponer de herramientas necesarias para tomar decisiones sobre la matemática a enseñar y para dar respuestas a cierto tipo de preguntas sobre objetos matemáticos a enseñar tales como:
- ¿Por qué son necesarios y se deben enseñar?

- ¿Qué tipo de problemas resuelven?
- ¿Con cuáles otros conceptos, operaciones, propiedades, definiciones, se lo asocian?
- ¿Qué tipo de argumentaciones se utilizan a propósito de los mismos?
- ¿Qué lenguaje representa y operativiza sus principales funciones y usos?
- ¿Qué contextos ayudan a comprender diferencias y similitudes entre los objetos y otros vinculados a ellos?
- ¿Cuáles situaciones provocan cambios y evolución de significados de los objetos?
- ¿En qué contexto histórico y cultural aparecen los conocimientos matemáticos en cuestión?
- ¿Cómo contribuyen a la construcción y organización del saber matemático?

Desde esa perspectiva es que el documento, focalizado en la formación disciplinar, compromete la formación didáctica, sin desconocer que lo didáctico exige un trabajo de construcción que excede a los aportes que desde lo disciplinar pueda abordarse. En realidad, la intención es contribuir a que se entienda la formación profesional como una problemática inmersa en una trama de relaciones entre lo matemático y lo didáctico sin perder la especificidad de ambos campos.

Los núcleos problematizadores

La definición de cada uno de los núcleos problematizadores se generó a partir de la reflexión sobre el conjunto de cuestionamientos específicos que dan sentido al quehacer matemático en el amplio contexto que involucra los aspectos relacionales de su naturaleza.

Bajo esta perspectiva, una mirada retrospectiva permite posicionar los orígenes de los saberes específicos de cada núcleo en el devenir histórico del trabajo matemático. Guzmán lo señala así:
- la complejidad proveniente de la cantidad (dando origen *al número, a la aritmética*)
- la complejidad que procede del espacio (dando lugar *a la Geometría*).
- más adelante, el mismo espíritu matemático se enfrenta con:
- la complejidad del símbolo (*lo algebraico*)
- la complejidad del cambio y del movimiento (*lo analítico*)
- la complejidad proveniente de la incertidumbre (*las probabilidades y la estadística*)
- la complejidad de la estructura formal del pensamiento (*lógica matemática*)

Cada una de estas complejidades es abordada en el documento a partir de un núcleo específico excepto la última, que no cuenta con un núcleo propio porque está presente en todos, en el abordaje de las relaciones formales que existen entre las proposiciones formuladas durante el estudio de los objetos matemáticos que los constituyen.

De este modo, los núcleos propuestos son:

Núcleo A: *Lo geométrico.*

Núcleo B: *Lo analítico* (nombre que hace referencia a aspectos del Análisis Matemático).

Núcleo C: *Lo numérico y lo aritmético* ("lo numérico" hace referencia a los diferentes conjuntos de números, no considerando en este núcleo los métodos computacionales que resuelven cálculos numéricos).

Núcleo E: *Lo probabilístico y lo estadístico.*

Cada uno de los núcleos se organiza alrededor de tres o cuatro "grandes motores" del avance en la comprensión y desarrollo de la actividad matemática de los temas del núcleo, que se expresan mediante preguntas, y que generan sub-núcleos.

A partir del reconocimiento de esos problemas, se presentan los contenidos mínimos relacionados con cada pregunta, los métodos y formas de comunicación propios del núcleo; de esta manera, los contenidos no son presentados como un fin en sí mismos, sino como medios para la comprensión y construcción de significados.

Por ejemplo, en el caso del núcleo "lo geométrico", se reconocieron como los grandes "motores" lo invariante, las construcciones, lo sintético y lo analítico, que determinan, respectivamente, tres sub-núcleos a partir de las preguntas:

- ¿Qué propiedades y/o elementos son invariantes bajo ciertas condiciones? ¿Qué invariancias o regularidades caracterizan los diferentes objetos?
- ¿Qué figuras y lugares geométricos son construibles a partir de distintos instrumentos?
- ¿Qué diferentes conocimientos geométricos (nociones, propiedades, representaciones) sobre los objetos proporciona el método analítico y el sintético?

Cada núcleo incluye:
1) Una breve *fundamentación*
En primer lugar, se presenta una fundamentación de las decisiones que han dado lugar a la existencia del núcleo, a la elección de los "motores" del mismo y la presentación de los sub-núcleos.

2) Un *esquema* que sintetiza las cuestiones principales del núcleo
En ese esquema se presentan las preguntas centrales que determinan cada sub-núcleo (presentadas en los rectángulos centrales), contenidos mínimos para la formación (presentados en óvalos periféricos) y un detalle breve de cómo se propone alcanzar la comprensión al poner de

manifiesto la metodología propia de trabajo de esa área, las formas de comunicación apropiadas y la finalidad que se persigue con el trabajo en el núcleo (este detalle se presenta en un cuadro a la izquierda del esquema).

En cada esquema se marcan con flechas las relaciones y conexiones entre los elementos incluidos en el núcleo, ya que ninguno puede considerarse sin tener en cuenta sus vinculaciones con los demás. Además, se mencionan explícitamente vínculos entre los núcleos que contemplen el tratamiento matemático integrado que se considera necesario durante la formación.

En el ANEXO I se incluyen los esquemas de los cinco núcleos.

3) *Objetivos* de aprendizaje

4) Un *conjunto de experiencias* sugeridas para desarrollar durante la formación

En un todo de acuerdo con lo expresado, antes de que el tipo de experiencias que transite un futuro profesor durante su formación determine las características de su desempeño profesional, se incluyen en este apartado una serie de prácticas consideradas indispensables para alcanzar la comprensión de los aspectos señalados en cada núcleo. Se trata de actividades que, en general, demandan a los estudiantes:

- Enfrentarse con la resolución de problemas para: explorar situaciones; identificar que los conocimientos disponibles no son suficientes para resolverlos; conjeturar propiedades y emplear la argumentación, la prueba, la refutación, el ejemplo y el contraejemplo para su validación o rechazo; confrontar, comunicar, argumentar, justificar y discutir procedimientos y soluciones; reflexionar sobre el lenguaje apropiado; analizar el tipo de actividad matemática puesta en juego.

- Abordar situaciones que "obliguen" a hacer funcionar distintas definiciones de un concepto, para reflexionar sobre la equivalencia lógica de las mismas y la diferencia de relaciones matemáticas puestas en juego en cada situación.
- Producir fórmulas, simular y estructurar a partir de datos intuitivos y empíricos, lo que asegura poner a funcionar el pensamiento conjetural, tanto inductivo como deductivo.
- Modelizar distintas situaciones y fenómenos empleando expresiones algebraicas y ecuaciones, interpretar los resultados obtenidos en el contexto en que surgen y analizar su validez atendiendo al dominio de definición y la factibilidad de los resultados.
- Reconocer diferentes métodos de demostración y utilizarlos apropiadamente.
- Realizar rastreos históricos de nociones matemáticas, identificando los problemas que les dieron origen y las distintas etapas de su evolución; con esa base, discutir las posibles dificultades que pueden encontrarse al abordarlas en la educación secundaria y formular o analizar propuestas de superación.
- Analizar ejemplos de procedimientos de resolución tomados de la historia de la matemática, interpretarlos usando las notaciones actuales y discutir las técnicas utilizadas y sus limitaciones.
- Buscar información en textos de nivel superior, sintetizarla, explicarla oralmente y por escrito.
- Analizar situaciones que permitan la resolución de un mismo problema desde diferentes marcos.
- Realizar investigaciones bibliográficas –sobre un tema en particular, sobre los problemas que dieron origen a un concepto, sobre desarrollos teóricos– y presentar la producción resultante en forma escrita y oral.

- Analizar producciones en las cuales puedan detectar errores; explicarlos y proponer actividades remediales.
- Utilizar recursos computacionales con distintos propósitos.

5) Un *ejemplo de consigna modelo*

Cada ejemplo pretende mostrar las características esenciales del tipo de experiencia propuesta y expresa un problema que permite el despliegue de los distintos desempeños mencionados en el primer ítem del punto anterior. Se formularon tratando de mostrar las conexiones que pueden establecerse entre núcleos y su presentación contempla no solo el trabajo matemático sino también las características del tratamiento didáctico, para mostrar las características peculiares que se espera tengan las actividades que se propongan, al aprender Matemática, a un futuro profesor de la disciplina.

6) *Criterios para reconocer avances en la comprensión* de los contenidos

Se presentan en una matriz que contiene descriptores que muestren el alcance de las comprensiones logradas por los docentes en formación en distintos momentos: al promediar la formación docente, al finalizar la misma y al iniciarse en el campo profesional. En el último caso, se intenta describir de qué manera es esperable que la apropiación disciplinar se evidencie en el desempeño profesional.

Consideramos que un estudiante, al finalizar su formación en el profesorado, debería haber desarrollado herramientas que le permitieran abordar con flexibilidad y autonomía las preguntas centrales de todos los núcleos.

En el ANEXO II figuran las matrices con los criterios para reconocer los avances en la comprensión de contenidos.

Conclusión

La intención fue sintetizar los ejes que significaran la comprensión en profundidad de la Matemática: fundamentalmente, cómo es el tipo de actividad matemática y cuáles son las formas de producción de ese conocimiento.

El documento logrado pretende ser una guía para ayudar a los formadores de profesores de Matemática a desarrollar sus propias respuestas promoviendo la práctica reflexiva.

Bibliografía

Chevallard, Y.; Bosch, M. y Gascón, J. (1997) *Estudiar matemáticas. El eslabón perdido entre enseñanza y aprendizaje*, Barcelona, Horsori.

Colacelli, S.; García, P.; García, A. M. y Zorzoli, G. (1997) "Propuesta didáctica: ¿dónde está el punto perdido?" en *Lápiz y papel*, EGB 3° Ciclo, en Lugares geométricos Matemática 2.

Colombano, V. y Rodríguez, M. (2009) "Una propuesta para atender la persistencia del modelo dinámico-práctico luego de la enseñanza de límite funcional" en *Memorias del 10° Simposio de Educación Matemática*, formato CD.

De Guzman, M. (2007) "Enseñanza de las Ciencias y la Matemática" en *Revista Iberoamericana de Educación*, N° 43, Abril, México, OEI, pp. 19-58.

Newman, J (1997) *El mundo de las matemáticas*, Tomo 4, Barcelona, Grijalbo.

Piaget, J. y García, R. (1984) *Psicogénesis e Historia de la Ciencia*, Madrid, Siglo XXI.

Puig, L. y Calderó, J. (1996) (eds.) *Investigación y didáctica de las matemáticas*, Madrid, Centro de Publicaciones de la Secretaría General Técnica.

Secretaría de Educación y Cultura, Dirección General de Planeamiento, Dirección de Curriculum (1998) *Matemática*, Documento de trabajo N°5. La enseñanza de la geometría en el segundo ciclo. Actualización curricular, Buenos Aires, Secretaría de Educación y Cultura.

Zon, N. (2004) *Un análisis pormenorizado de esta tarea para el nivel secundario*, Tesis de Maestría en Didáctica de la Matemática perteneciente, UNRC.

ENSEÑANZA PARA LA COMPRENSIÓN APLICADA AL TRATAMIENTO DE LA TIPOLOGÍA TEXTUAL NARRATIVA EN EL CONTEXTO DE LA FORMACIÓN DOCENTE UNIVERSITARIA

Institución: Facultad de Ciencias Humanas. Universidad Nacional de San Luis.
Ciudad, provincia y país: San Luis, San Luis. Argentina.
Curso: La Lengua y su Didáctica.
Carrera: Profesorado en Educación Especial.
Autoras: Brinia Guaycochea; Beatriz Suriani y Dora D. Luengo.
Contacto: briniaguaycochea@gmail.com, surianib@unsl.edu.ar, dluengo@unsl.edu.ar

Consideraciones preliminares sobre EpC

Se propone iniciar el proceso de incorporación del marco de la Enseñanza para la Comprensión (EpC) a partir de estudios de casos de prácticas docentes exitosas en relación con las actuales teorías de la cognición y la enseñanza. Desde esta perspectiva, la EpC es visualizada como un proceso activo que va más allá de lo meramente reproductivo al permitir la comprensión de un tema en forma flexible. Esto involucra que puede ser justificado, extrapolado, relacionado y aplicado en función del conocimiento de conceptos importantes, del razonamiento e indagación disciplinar.

El marco de la EpC contribuye en la práctica docente a focalizar temas que son núcleos de aprendizajes prioritarios teniendo en cuenta la accesibilidad y el interés para el alumno. El tratamiento de la tipología textual de base narrativa realizado en la asignatura asigna un valor primordial al texto como proceso, desde la distinción básica de función y estructura textual. Así, el hilo conductor de este diseño de EpC aplicada al texto narrativo prevé tópicos generativos conectados con múltiples ideas de la propia materia que pueden abordarse desde una variedad de ángulos, por lo que las metas de comprensión se relacionan con conceptos claves advertidos en los objetivos de corto plazo y en los de mayor generalidad.

EpC aplicada al tratamiento de la tipología textual narrativa

Como contenido disciplinar la tipología textual de base narrativa incluye la aplicación de conocimientos que recorren los distintos ejes temáticos de la asignatura y refleja los procesos de razonamiento e indagación, a través de las formas en que se expresa el proceso textual.

Tópicos generativos

- Conocimiento de tipologías textuales de base narrativa.
- Producción de textos narrativos adecuados a la situación comunicativa.
- Enseñanza de textos narrativos adecuados a la situación comunicativa.

Desempeño de comprensión

Se dirige hacia la enseñanza-aprendizaje de la narración caracterizada por comunicar hechos u acontecimientos dispuestos en una secuencia con jerarquía causal y cronológica: hay acontecimientos que necesariamente ocurren antes que otros; hay acontecimientos que son el efecto de sucesos anteriores. Además, estas acciones son atribuidas a sujetos que las realizan o sufren sus efectos. En tal sentido, como recursos lingüísticos se evidencian: sustantivos y sus modificadores (sujetos), uso predominante de verbos (hechos) y predicados de los sujetos, adverbios o construcciones equivalentes (tiempo, espacio y causa), uso de organizadores propios de este tipo de secuencia (tiempos y modos verbales, conectores de temporalidad y de relación causa-efecto). Con respecto a la función del lenguaje, esta se determina a través de las diversas maneras en que los textos se configuran. A grandes rasgos se advierte que la trama narrativa puede estar atravesada por la función informativa que se propone la acción "hacer saber", la función apelativa apunta a "hacer hacer" (influir sobre los interlocutores); la función literaria se caracteriza por la ficcionalización, la creación de universos autónomos, a través de una realidad lingüística que busca seducir al interlocutor con la evocación de aquello que está ligado a la esfera de lo estético y la función expresiva que comunica emotividad.

Meta de la unidad

Considera:
- el nivel gramatical, las conexiones sintáctico-semánticas entre oraciones, y la coherencia o formas de despliegue temático,
- el estudio de las tipologías textuales que plantea organizar de forma sistemática, aunque no unánime, la variedad de textos,
- el aspecto funcional-comunicativo, o sea la relación entre el significado y la intención comunicativa,
- el proceso de composición en tanto representación de un narrador que intenta, desde cómo es exhibido el contenido temático, transmitir ideas, hechos y actitudes.

Visión disciplinar y potencialidades

A nivel didáctico la tipología textual de base narrativa no se enseña en el aula como un contenido que haya que recordar y reproducir aisladamente sin tener en cuenta su uso. Lo que se enseña es el reconocimiento de los rasgos estructurales y gramaticales de un tipo de texto que sean útiles en el momento de la diferenciación, comprensión y producción de textos. No obstante, el docente debe tener sumamente afianzado ese conocimiento que surge de reconocer que los tipos textuales son abstracciones obtenidas del análisis de numerosos textos y que no emergen en estado puro, sino que para clasificar un texto hay que observar el predominio de una trama y de una función del lenguaje. La situación comunicativa que persigue la intencionalidad de narrar apela al conocimiento de los recursos estructurales (organización) y los recursos gramaticales que resulten adecuados para producir el texto elegido:

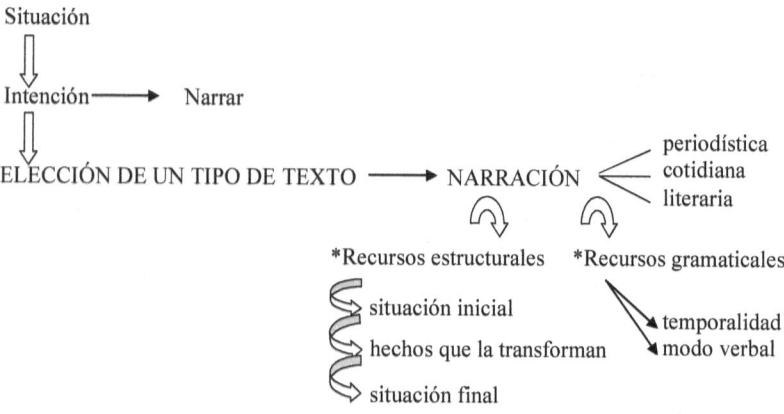

En síntesis, la importancia del abordaje de la tipología textual narrativa atañe fundamentalmente a la comprensión y a la producción de textos. En tal sentido, el hecho de reconocer la organización de un texto y su intencionalidad permite extraer con mayor facilidad la temática, generar hipótesis sobre el tratamiento de un determinado tema y establecer relaciones, a través de un proceso de modificación, entre lo conocido y la creación de ideas nuevas. Asimismo, el conocimiento de los tipos textuales en situación de producción de textos puede dar lugar a la enseñanza de la gramática desde un lugar significativo, esto es, al servicio de la producción e interpretación, y no como un conocimiento en sí mismo, desvinculado del lenguaje en uso.

Se selecciona la propuesta tipológica de Kauffman y Rodríguez (1993) que resulta de entrecruzar dos niveles de análisis para clasificar los textos de mayor circulación social: trama y función. La trama alude al tipo de secuencia en que se ordenan los componentes textuales y la función al énfasis puesto por el narrador.

EL TEXTO NARRATIVO SEGÚN LOS CRITERIOS DE TRAMA Y FUNCIÒN				
Función Trama	Informativa	Expresiva	Literaria	Apelativa
Narrativa	Noticia Biografía Relato histórico Carta	Carta	Cuento Novela Poema Historieta	Aviso Historieta

Fragmento de la tipología presentada por Kauffman y Rodríguez (1993)

Un texto puede contener diferentes tipos de secuencias vinculadas con las actividades cognitivas humanas, y así, por ejemplo, combinar narración y descripción, pero siempre es posible distinguir una secuencia textual dominante que representa el tema, a la que este autor denomina base textual. La base narrativa expresa el transcurso temporal y causal de las acciones mediante una estructura oracional con un verbo en pasado, un adverbio de lugar y otro de tiempo.

EpC y dimensiones de la práctica docente

La serie de actividades que se proponen funcionan como una guía para que los alumnos vayan reconociendo diversas alternativas de trabajo en el aula con una determinada temática. Es decir, que ellos, posicionados en el rol docente, deberán resolver las actividades teniendo en cuenta a sus posteriores destinatarios. Esto involucra un proceso de transposición didáctica que dé cuenta de los procesos que intervienen en la legitimación y transmisión de los conocimientos: "[...] remite al paso del saber sabio al saber enseñado, y por lo tanto a la distancia eventual, obligatoria que los separa [...]" [17].

Se considera que en los primeros años de escolaridad se privilegian los cuentos como exponentes de los textos narrativos, ya que tienen en sí un sentido especial. Seguramente, aún en los ambientes en los que los libros no circulan, la narración de leyendas lugareñas y de relatos está muy presente y forma parte de los conocimientos que los pequeños poseen sobre los cuentos y las estructuras narrativas.

La importancia de que los niños se familiaricen con la lectura y escucha de relatos radica en que se ponen en juego acciones humanas, conflictos, formas de resolución, visiones del mundo, personajes verosímiles o fantásticos, de manera accesible, atractiva y apropiada para su retención y recuperación. Las narraciones muestran modelos

---

[17] Chevallard, Y. (1997) *La transposición didáctica. Del saber sabio al saber enseñado,* Buenos Aires, Aiqué, p. 16.

de lengua escrita, favorecen la atención, el desarrollo de la lengua oral, la ampliación del caudal léxico y contribuyen al desarrollo de las relaciones temporales y de causa-efecto.

Por otra parte, la reconstrucción de las narraciones facilita la comprensión: al renarrar los diversos acontecimientos se ordenan las imágenes, se establece una secuencia, se construye una representación interna de lo narrado y se proporciona un modelo de cómo producir narraciones propias.

La EpC en el contexto de las relaciones entre contenido y método

Enseñar para la comprensión a futuros formadores sobre una planificación pensada para aquellos sujetos que se aproximan a conocer las características de los tipos textuales supone que los procesos de escritura y de lectura, aunque con características diferentes el uno del otro, se presentan indisolublemente complementarios. Por lo tanto aquí, los actos de lectura no deben descuidar el cumplimiento del objetivo del logro de la comprensión de la lengua escrita. De modo que se traslada esta motivación al futuro docente de establecer predicciones sobre el texto para que experimente la anticipación de lo narrado, esboce posibles ideas en base al tipo de información, actualice los conocimientos previos y brinde mayor atención a las particularidades textuales. Ante la prelectura se cuestiona sobre qué anticipaciones acerca del contenido del texto se pueden realizar a partir de la lectura del título; qué preguntas le formularía a sus alumnos para favorecer estas anticipaciones y qué otros recursos contribuirían a que sus alumnos realicen hipótesis sobre el contenido.

Se acuerda leer el cuento y durante la lectura se problematiza con respecto a qué alternativa propondría en el caso de que una parte de la clase no estuviera en condiciones de realizar un acto de lectura; y en relación con la hipótesis de lectura, qué posibilidades ofrece este primer acercamiento al texto.

Seguidamente, se plantea una instancia de relectura y de re narración para establecer las ventajas que se derivan de esta actividad. En función de la tipología textual se formulan interrogantes sobre cómo trabajaría con sus alumnos los componentes de la narración: personajes y sus relaciones con los hechos; orden de los hechos, conflicto, resolución, transcurso del tiempo, espacio y noción de narración y cuento. En este contexto, es propicio conducir el aprendizaje hacia el mensaje, ya que este puede hablar del mismo lenguaje y, de esta forma, inferir supuestos con relación al uso que se hace de las palabras, a cómo se escriben y a qué clase pertenecen. Además, se insta a generar estrategias, sin que por ello se pierda de vista al sujeto de aprendizaje, relativas a cómo es posible dirigir el reconocimiento de las acciones (verbos) que efectúan los personajes; a elaborar campos semánticos agrupando términos y expresiones que se vinculan conceptualmente o con el conocimiento del mundo objetivo, o con el universo ficcional y a construir la idea de al menos tres modelos de mundo: el de la realidad efectiva, el de lo ficcional verosímil y el de lo ficcional no verosímil a través de explicaciones sobre existencia de lo mágico como posible en el ámbito mental.

Después de la lectura se asume la interpretación y aparece el texto que crea el lector por lo que se asigna importancia a quién, por qué y para qué se escribe sin descuidar la esfera de lo temporal en lo textual. Visualizar y destacar, en el trabajo con los niños, que la lengua posee mecanismos para mostrar el antes, el hoy y el después, les lleva a comprender que, en el tiempo de la narración, el enunciador puede proyectarse a un pasado anterior a los hechos que narra, también puede hacerlo hacia el futuro, y que el presente se construye sobre la base de ese pasado inmediato en que ocurrieron las acciones.

Se procede, luego, a una integración que requiere posicionarse como docente a través del dominio conceptual y procedimental de los contenidos incluidos en el tratamiento de las tipologías textuales referidas a
- la articulación teórico-práctica sobre conceptualizaciones y procedimientos subyacentes.
- El trabajo interdisciplinario, o sea con qué otra/s área/s del espacio escolar se podría vincular y qué actividades reflejan un trabajo de este tipo.
- La inclusión de la evaluación continua, desde la visión metacognitiva de aprender a aprender estrategias que requieran una conciencia individual y la regulación de los procesos cognitivos utilizados. Esto admite llevar a cabo una revisión de las actividades que propuso a sus alumnos, registrar aciertos y dificultades surgidos en la propia intervención didáctica y volver sobre aquellos aspectos problemáticos.

Cambios operados

La identificación de lo inherente al lenguaje escrito, de las distintas formas de organizar la información amplia el universo cognoscitivo humano con respecto a sistematizar los saberes, conservarlos, compartirlos y transmitirlos. Se trata, en definitiva, de formar formadores en lectura y escritura, sin perder de vista el importante papel que juega la reflexión acerca de los procesos involucrados en la comprensión, a los fines de subjetivar los procedimientos, estrategias y conocimientos que intervienen en el aprendizaje.

En lo que respecta al campo de la Didáctica de la Lengua, se advierte que las propuestas innovadoras no siempre disminuyen las dificultades en el aprendizaje, pero el solo hecho de incorporarlas mejoran la calidad de la enseñanza sin dejar de ejercer una vigilancia epistemológica en lo referido a trivializar la naturaleza del objeto de estudio y el consiguiente proceso de enseñanza-aprendizaje.

Bibliografía

Alvarado, M. (2001) (Comp.) *Entre Líneas. Teorías y enfoques en la enseñanza de la escritura, la gramática y la literatura*, Buenos Aires, Manantial.

Chevallard, Y. (1997) *La transposición didáctica. Del saber sabio al saber enseñado*, Buenos Aires, Aiqué.

Ciapuscio, G. E. (1994) *Tipos textuales*, Buenos Aires, Eudeba.

Dijk, T. V. (1980) *Estructuras y funciones del discurso*, México, Siglo XXI.

Ferreiro, E. y Gómez Palacio, M. (1986) (Comp.) *Nuevas perspectivas sobre los procesos de lectura y escritura*, Buenos Aires, Siglo XXI.

Kauffman, A. M. y Rodríguez, M. E. (1993) *La escuela y los textos,* Buenos Aires, Santillana.

Litwin, E. (1995) (Comp.) *Tecnología Educativa. Política. Historia. Propuestas,* Buenos Aires, Paidós.

Marín, M. (2001) *Lingüística y enseñanza de la lengua*, Buenos Aires, Aiqué.

Stone Wiske, M. y otros (2006) *Enseñar para la comprensión con nuevas tecnologías,* Buenos Aires, Paidós.

El proyecto de aula en el marco de la enseñanza para la comprensión. Una experiencia en Didáctica General del Profesorado en Química

Institución: Facultad de Ciencias Humanas. Universidad Nacional de San Luis.
Ciudad, provincia y país: San Luis, San Luis. Argentina.
Curso: Didáctica General.
Carrera: Profesorado en Química.
Autora: María E. C. Italiano.
Contacto: meci@unsl.edu.ar

Introducción

¿Cómo realizar un Proyecto de Aula en el marco de la Enseñanza para la Comprensión con las nuevas tecnologías?, constituye el Tópico Generativo que nos planteamos para desarrollar esta temática en la asignatura "Didáctica General" del Profesorado en Química, de la Universidad Nacional de San Luis.

Desde el año 2000 se comienza a utilizar el marco conceptual de la Enseñanza para la Comprensión propuesto desde el Proyecto *Zero* de la Universidad de Harvard, particularmente, y sobre todo, en el desarrollo de la Unidad III La Práctica Docente en el aula, que hace referencia a la programación didáctica de los proyectos de aula, y a partir del año 2006 se incorpora a esta propuesta de Enseñanza para la Comprensión, el trabajo con las nuevas tecnologías, que permiten a los alumnos lograr comprensiones más profundas.

El hilo conductor de esta propuesta de enseñanza es trabajar básicamente con la comprensión, de manera de poder pensar y actuar flexiblemente con el conocimiento, es decir, con un conocimiento activo, que se recuerda siempre y que es transferible a nuevos contextos o situaciones.

El plantearnos cómo promover y desarrollar la comprensión en los alumnos nos lleva a trabajar con las ideas centrales y los elementos constitutivos del marco conceptual de la Enseñanza para la Comprensión.

Para comenzar a diseñar el Proyecto de Aula, dentro de este enfoque pedagógico-didáctico, es imprescindible pensar y reflexionar sobre las siguientes preguntas, de las cuales se desprenden las ideas clave de la Enseñanza para la Comprensión.

- *¿Qué* es lo que realmente se quiere que los alumnos comprendan?
- *¿Para qué* se quiere que comprendan ese tema o concepto?
- *¿Cómo* involucrar a los alumnos en estos temas que se desea que comprendan?
- *¿Cómo comprobar* –docentes y alumnos– que se está construyendo esa comprensión?

Estos interrogantes o preguntas formuladas encuentran respuesta en los componentes o elementos clave, que plantea el marco conceptual de la Enseñanza para la Comprensión, los que se enuncian a continuación:

- *Tópicos Generativos*
- *Metas de Comprensión*
- *Desempeños de Comprensión*
- *Evaluación Diagnóstica Continua*

Realizar un Proyecto de Aula, desde esta perspectiva, permite abordar los contenidos de la Química más relevantes y con múltiples conexiones, que demuestran su importancia para la vida humana, su relación con la vida cotidiana y su interrelación con otras disciplinas.

Asimismo, incorporar a esta propuesta de enseñanza las nuevas tecnologías significa pensar en Desempeños de Comprensión que pongan en juego esos recursos, que permitan lograr comprensiones más profundas.

En este momento de la elaboración de la Programación Didáctica se sugiere consultar en la página web del Ministerio de Educación de la Nación[18], el Programa Aportes para la Enseñanza en el Nivel Medio, particularmente el apartado referido a Núcleo de Herramientas: Propuestas y Materiales para la Enseñanza de la Química, que brindan sugerencias y diferentes propuestas que orientan y ayudan a elaborar los Desempeños de Comprensión.

Por otro lado, para evaluar la comprensión lograda por los alumnos, es necesario establecer criterios de evaluación, claros, explícitos, pertinentes y públicos, como así también proporcionar retroalimentación proveniente de diferentes perspectivas: del docente, de las reflexiones de los alumnos sobre su propio trabajo y de las reflexiones de los compañeros sobre el trabajo de otro.

Finalmente, es oportuno señalar que todos los elementos que componen el Proyecto de Aula, deben estar estrechamente relacionados entre sí. Cada elemento debe apoyar a los demás y necesita ser apoyado por ellos, los Desempeños de Comprensión deben servir de apoyo a las Metas de Comprensión, los Criterios para Evaluar esos Desempeños deben vincularse con las Metas, y así sucesivamente.

Se presenta a continuación la Programación Didáctica empleada en el año 2007, elaborada para desarrollar la Unidad III, a partir de la cual los alumnos realizan un Proyecto de Aula en el marco de la Enseñanza para la Comprensión empleando las nuevas tecnologías.

---

[18] www.me.gov.ar / educ.ar / En el Programa: Aportes para la enseñanza en el Nivel Medio / Química, el Núcleo de Herramientas: Propuestas y Materiales para la enseñanza.

Programación didáctica: ¿cómo realizar un proyecto de aula en el marco de la enseñanza para la comprensión con las nuevas tecnologías?[19]

Hilo Conductor:

¿Cómo puedo generar prácticas docentes en el aula que promuevan la enseñanza para la comprensión?

Tópico Generativo:

¿Cómo realizar un proyecto de aula en el marco de la enseñanza para la comprensión con las nuevas tecnologías?

Metas de Comprensión:
- ¿Qué significa comprender?
- ¿Qué significa comprender en Química?
- ¿En qué consiste el Marco de la Enseñanza para la Comprensión?
- ¿Cómo realizar la Programación Didáctica de un Proyecto de Aula para la Enseñanza de la Química que promueva la Comprensión utilizando las nuevas Tecnologías?

Desempeños de Comprensión y Evaluación Diagnóstica Continua:

Tarea 1: Iniciación de la Unidad
Presentación del tema Programación Didáctica. Proyectos Áulicos, en el contexto de la Unidad 3: La Práctica

---

[19] La Programación Didáctica ¿Cómo realizar un Proyecto de Aula en el marco de la Enseñanza para la Comprensión con las Nuevas Tecnologías?, es elaborada por la autora del presente trabajo como parte de la evaluación del Módulo 8: "Procesos Didácticos" de la Especialización en Educación Superior, en el año 2007 e implementada en el mismo año, en la Asignatura "Didáctica General" del Profesorado en Química de la Universidad Nacional de San Luis.

Docente en el aula. Introducción conceptual para el abordaje del mismo. Explicitación sobre las evidencias de comprensión esperadas al presentar el trabajo final:
- ➢ Elaborar un Proyecto de Aula, para Alumnos de EGB 3 o Polimodal, en temas referentes a las Ciencias Naturales, particularmente la Química, utilizando el marco de la Enseñanza para la Comprensión y las nuevas tecnologías.

Tarea 2: El juego del dado conector
En función de tema presentado, "La Programación Didáctica y los Proyectos Áulicos", elijan una respuesta de los seis desafíos de pensamiento que se detallan para compartir con todo el grupo.
1. Conecten este tema con otros aspectos de la vida.
2. Pídanle a cada uno de los participantes del grupo que nombre una actividad o trabajo donde resulte importante conocer ese tema.
3. Hagan una conexión entre ese tema y algo más que usted conozca.
4. Enumeren cuatro cosas que podría hacer para aprender sobre ese tema.
5. Imaginen que este tema no existe. Describan dos consecuencias de su inexistencia.
6. Hagan una comparación entre aprender sobre ese tema dentro o fuera de la institución educativa.

Tarea 3: Individual
Piensen sobre las siguientes preguntas y escriban sus respuestas para después compartir con sus compañeros del grupo.
- ¿Qué cree que comprende bien? (jardinería, cocina, conocimientos académicos, etc.)
- ¿Qué tuvo que hacer para llegar a esa comprensión?
- ¿Cómo sabe que lo comprende bien?

Tarea 4: Grupal
Lean a los integrantes de su grupo las respuestas de la tarea 3 y establezcan conjuntamente las similitudes y diferencias que encuentran.

Tarea 5: Individual o grupal
Lean el Capítulo 2 *"Comprender la comprensión"* en colaboración con David Perkins. En el libro: *La Enseñanza para la Comprensión. Guía para el docente* de Tina Blythe y colaboradores. Buenos Aires, Editorial Paidós, 1999.

Tarea 6: Extra clase. En pequeños grupos
Pregúntenle a un grupo de jóvenes de EGB3 o Polimodal
- ¿Qué significa para ellos comprender un tema?
- ¿Qué hacen ellos para comprender bien?
- ¿Cómo saben que lo comprenden bien?

Realicen un informe donde incluyan:
- ¿Qué dijeron los estudiantes? Hagan un resumen e incluyan uno o dos ejemplos.
- ¿Qué similitudes y diferencias encontraron entre las respuestas de los alumnos?
- ¿Les sorprendió, les interesó o les preocupó algo de lo dicho por los alumnos?

Tarea 7: Grupo grande (tarea de socialización)
Cada pequeño grupo presenta y comenta en clase los resultados obtenidos en la Tarea 6. Se analizan a partir de la lectura realizada en la Tarea 5.

Tarea 8: Individual o grupal
Lean el documento *"Las dimensiones y los niveles de la Comprensión"* adaptado por Patricia León y María Ximena Barrera, del libro "La enseñanza para la comprensión. Vinculaciones entre la investigación y la práctica" de Martha Stone Wiske (Comp.) Buenos Aires, Paidós, 1998.

Tarea 9: Grupal
Reflexionen sobre las dimensiones y niveles de la comprensión.
Traten de analizar desde sus propios conocimientos sobre distintos temas referidos a la Química, en qué dimensiones y niveles de la comprensión se ubican.

Tarea 10: Aportes teóricos
Presentación del Marco Conceptual de la Enseñanza para la Comprensión. Ideas centrales y elementos constitutivos de la enseñanza para la comprensión.

Tarea 11: Individual o grupal
Lean los siguientes capítulos: 3. Los tópicos generativo; 4. Las metas de comprensión; 5. Los desempeños de comprensión; y 6. La evaluación diagnóstica continua y las nuevas tecnologías, del Libro *Enseñar para la Comprensión con nuevas tecnologías*. STONE WISKE, Martha con la colaboración de Kristi Rennebohm Franz y Lisa Breit, Editorial Paidós, Buenos Aires, (2006).

Tarea 12: La enseñanza...Tres preguntas
Para comenzar a diseñar la programación didáctica, en pequeños grupos, y partiendo de la lectura realizada sobre las ideas clave y centrales de la enseñanza para la compresión, les proponemos pensar en las siguientes preguntas, de las cuales se desprenden los elementos del marco de trabajo:
➤ ¿Qué es lo que realmente quiero que mis estudiantes comprendan?
  - *hilos conductores*
  - *tópicos generativos*
  - *metas de comprensión*
➤ ¿Cómo sé que están construyendo comprensión?
➤ ¿Cómo saben ellos que comprenden?

- *desempeños de comprensión*
- *evaluación diagnóstica continua*

Tarea 13: En pequeños grupos

Este es el primer paso en el desarrollo de su Proyecto Áulico.

Identifiquen un tópico generativo y algunas metas de comprensión para su Proyecto Áulico.

Brevemente expliciten:
- ¿Por qué es un Tópico generativo?
- ¿Por qué consideran que es central a la disciplina o área curricular?
- ¿Qué recursos les ayudarán a lograr que el Tópico sea comprensible para sus alumnos?
- ¿Cuáles serían unas posibles Metas de Comprensión?
- ¿Qué quisieran tanto Ud. como sus alumnos comprender acerca de este Tópico?
- Tengan en cuenta que este es un primer borrador. Tendrán la posibilidad de revisarlo y reajustarlo.

Tarea 14: Grupal

Conversen con sus compañeros, acerca del Tópico Generativo y las Metas de Comprensión de su Proyecto final.
- ¿Qué les pareció interesante del Tópico Generativo?
- ¿Cómo pueden reestructurarlo para hacerlo más interesante?
- ¿Qué cosas quieren ellos comprender acerca del Tópico? (¿Son sus metas de comprensión?)
- ¿Es posible que deseen revisar su lista de Metas de Comprensión para incluir algunas ideas que hayan podido surgir de la conversación?

- Además, se sugiere que formulen preguntas, que hagan pensar a los alumnos, a cerca del Tópico Generativo, utilizando el Juego del Dado Pensante.[20]

Tarea 15: En pequeños grupos
Hagan un primer borrador de algunos posibles Desempeños de Comprensión para su Proyecto Áulico final.

Muestren cómo cada uno de los desempeños se relaciona al menos con una de las Metas de Comprensión.

En esta instancia pueden consultar la página web del Ministerio de Educación de la Nación, donde encontrarán sugerencias y diferentes propuestas que orienten la elaboración de los Desempeños de Comprensión: www.me.gov.ar / educ.ar / En el Programa: Aportes para la enseñanza en el Nivel Medio / Química, el Núcleo de Herramientas: Propuestas y Materiales para la enseñanza, como así también el Programa Recursos Educativos / Colección Propuestas para el aula / Ciencias Naturales / EGB 3 y Polimodal.[21]

Tarea 16: Grupal
Lean e intercambien ideas acerca del Capítulo 2 *Aplicar las nuevas tecnologías a la Enseñanza para la Comprensión* del Libro *Enseñar para la Comprensión con nuevas tecnologías*. Stone Wiske, Martha, con la colaboración de Kristi Rennebohm Franz y Lisa Breit, Editorial Paidós, Buenos Aires, (2006).

Tarea 17: En pequeños Grupos
Borrador del Proyecto áulico final.

---

[20] El Juego del Bloque Inicial. Tomado de *Crical Squares: games of Critical Thinking and Understanding. Copyright 1997.*
[21] El Programa Aportes para la Enseñanza en el Nivel Medio, está organizado por Disciplinas, y dentro de ellas dos Núcleo, uno Teórico y otro de Herramientas.

- Completen el borrador de su proyecto anotando al menos dos de los Desempeños de Comprensión centrales y establezcan el tipo de valoración continua.
- Definan los criterios que tendrán en cuenta para hacer dicha valoración y analicen su relación con las Metas de Comprensión.

Tarea 18: En pequeños Grupos
Organicen el borrador del Proyecto de Aula para que en la próxima clase puedan mostrarlo a sus compañeros del curso. Uds. también tendrán la oportunidad de leer los proyectos de los otros grupos. Pueden tener en cuenta el Organizador Gráfico de la Enseñanza para la comprensión que se presenta en el Capítulo 8 del libro *La Enseñanza para la Comprensión. Guía para el docente* de Tina Blythe y colaboradores. Buenos Aires, Editorial Paidós, 1999.

Tarea 19: Individual y grupal
➢ Intercambien entre los pequeños grupos los proyectos elaborados.
➢ Utilicen un *Protocolo de Retroalimentación* de acuerdo con los siguientes pasos:
  1. *Reconocer fortalezas:* identifiquen al menos una forma en la que sus compañeros han hecho un buen uso de uno de los elementos del marco de la Enseñanza para la Comprensión y expliquen por qué.
  2. *Formular preguntas:* realicen las preguntas que les gustaría formular a sus compañeros para clarificar su comprensión acerca de lo realizado por ellos.
  3. *Aportar sugerencias:* sugieran algunos pasos que el grupo pueda seguir para revisar su proyecto. Si conocen recursos, ya sean libros, artículos, sitios en Internet, aporten los datos que puedan servir a sus compañeros.

4. *Reflexionar:* esta reflexión es sobre su propia comprensión. Describan la forma en cómo el trabajo de los otros grupos los llevó a repensar su propio proyecto y la comprensión del marco utilizado.

Tarea 20: Grupal
Analizar en grupo la Matriz de Evaluación para la Programación Didáctica que se propone. Realizar los reajustes y modificaciones que consideren necesarios y pertinentes.

Tarea 21: Individual
Regreso al Hilo conductor y Metas de comprensión.
Escriba un breve párrafo en donde:
- Describa su comprensión actual acerca de dichas preguntas.
- Caracterice qué cambios se han producido.

Evidencias de las comprensiones logradas por los alumnos

Los alumnos de Didáctica General del Profesorado en Química, durante todos estos años, lograron niveles y desempeños de comprensión muy satisfactorios, tanto en las Programaciones Didácticas: Proyectos de Aula presentados, como en la realización de Prácticas Docentes en diferentes escuelas de la ciudad de San Luis, en el Polimodal y en 7º, 8º y 9º año de EGB.

Pusieron en evidencia excelentes logros en el manejo de herramientas que implican procesos racionales como así también superación en sus dificultades para expresarse oralmente y por escrito. Esto también se evidenció al tener una actitud de apertura, incorporando y trabajando activamente con las propuestas de la página web de Ministerio de Educación de la Nación, en cuanto al Programa Aportes para la Enseñanza de Nivel Medio, en la disciplina Química.

Por otro lado, debido a que estos alumnos poseen el conocimiento disciplinar, se logró trabajar en forma articulada, conjuntamente con el equipo docente, tanto los aspectos disciplinares, como los aspectos pedagógicos.

Además significó ponerse en contacto con ese conocimiento disciplinar desde otra mirada, de tal manera de lograr una comprensión más profunda de los mismos, ya que ellos tenían el desafío de enseñar al equipo docente a comprender los temas de Química.

También, a través de las programaciones y las experiencias concretas, pudieron relacionar los contenidos de Química con la vida cotidiana.

Quizás lo más destacado es que pudieron reflexionar sobre sus propios procesos de aprendizaje y el de sus compañeros. Además, se observó el esfuerzo por comunicar sus sentimientos, repercusiones afectivas y movilización de sus concepciones y procesos cognitivos, actitudinales y de habilidades y procedimientos.

Ejemplos de Proyectos de Aula

Se enuncian algunos ejemplos de los Proyectos de Aula, identificándolos por el "Tópico Generativo".
- ¿Cómo podemos ordenar de una forma práctica todos los elementos conocidos hasta ahora en la tierra? Educación General Básica 3º Ciclo, 8º Año.
- Es necesario para el estudio de la vida comprender la jerarquía de niveles estructurales desde la arquitectura molecular hasta la estructura del ecosistema. Educación General Básica 3º Ciclo, 8º Año. Espacio Curricular: Ciencias Naturales.

- ¿Qué sabemos acerca de los componentes inorgánicos? 1º Año de Polimodal, Química.
- Elaboración, producción y uso del papel. Educación General Básica 3º Ciclo, 9º Año.
- ¿Cómo nos alimentamos los seres humanos? Educación General Básica 3º Ciclo, 7º Año.
- Petróleo: ¿construir o quemar? 3º Año del Polimodal, Química.
- El agua: recurso fundamental para la vida. Educación General Básica 3º Ciclo, 9º Año.
- Los elementos de la tabla periódica, las reacciones químicas y el entorno. Educación General Básica 3º Ciclo, 9º Año.
- Los elementos químicos y su relación con la vida cotidiana. Educación General Básica 3º Ciclo, 9º Año.
- ¿Qué tiene que ver la Química con la vida cotidiana? Educación General Básica 3º Ciclo – 9º Año.

Cabe aclarar que en los tres últimos Proyectos de Aula citados los alumnos, futuros docentes, trabajaron principalmente con el sitio *web* del Ministerio de Educación y Ciencia de España, empleando Pantallas Didácticas que promueven la comprensión del Tópico Generativo "Las Reacciones Químicas", a través de representaciones gráficas, visor de experiencias, situaciones experimentales, etc., que pusieron en práctica en el taller realizado con alumnos del 9º Año de Educación General Básica, en la sala de computación con que cuenta la institución educativa.

Bibliografía

Blytle, T. y col. (1999) *La enseñanza para la Comprensión. Guía para el docente,* Buenos Aires, Argentina, Paidós.

Freire, P. (2002) *Pedagogía de la autonomía. Saberes necesarios para la práctica educativa*, Buenos Aires, Siglo XXI Editores, Argentina.

Giordano, M. F. (2000) "El lenguaje de las Prácticas. Un desafío para la formación de los docentes" en *Cuadernos Serie Latinoamericana de Educación*, Año II, N° 2, Universidad Pedagógica Nacional (Colombia)- Universidad Nacional de San Luis (Argentina)

Italiano, M. E. (2007) "Algunas ideas a tener en cuenta para la Programación Didáctica dentro del marco de la Enseñanza para la Comprensión", Documento de Cátedra Didáctica General, Profesorado en Química. Facultad de Ciencias Humanas, Universidad Nacional de San Luis.

Italiano, M. E. (2010) "Las prácticas docentes para la comprensión en la formación de profesores en Química", Trabajo Final de la Carrera de Postgrado de Especialización en Educación Superior, Facultad de Ciencias Humanas, Universidad Nacional de San Luis.

Pogré, P. (2002) "Enseñanza para la comprensión. Un marco para innovar en la intervención didáctica" en *Como planifican las escuelas que innovan*, Buenos Aires, Papers Editores.

Pogré, P. y Lombardi, G. (2004) *Escuelas que enseñan a pensar. Enseñanza para la comprensión. (EpC) Un marco teórico para la acción*, Buenos Aires, Papers Editores.

Stone Wiske, M. y col. (2006) *Enseñar para la Comprensión con nuevas tecnología*, Buenos Aires, Paidós.

La enseñanza de la educación artística y la propuesta de la enseñanza para la comprensión

Institución: Facultad de Ciencias Humanas. Universidad Nacional de San Luis.
Ciudad, provincia y país: San Luis, San Luis. Argentina.
Curso. Educación Artística.
Carrera: Profesorado de Educación Inicial.
Autora: Marta A. Moyano.
Contacto: martamoyano@unsl.edu.ar

"Una de las tareas más hermosas y gratificantes que tenemos por delante como profesores y profesoras es ayudar a los educandos a aprender, a comprender y comunicar esa comprensión a los otros".[22]

La cita del gran educador Paulo Freire nos introduce en el complejo concepto de la formación docente. Si bien es cierto que el término es relativamente nuevo dentro de la teoría educativa, su uso es frecuente en el discurso pedagógico. Cómo, desde dónde, con qué métodos, cuál técnica… Estos y otros varios interrogantes nos desafían permanentemente.

No obstante, el tema a tratar es la Educación Artística y su enseñanza. Y aquí es necesario destacar que en ambos términos se deben efectuar dos procesos básicos: uno de reconstrucción y otro de complementación.

Si consideramos el concepto de *educación*, se debe tener presente la ambigüedad y la polisemia del concepto mismo, ya que hace referencia tanto a la acción ejercida desde sí mismo, como a la instrucción, a los contenidos, a los resultados. Asimismo, es importante considerar que la educación acaece en el hombre, por lo tanto es un proceso inacabado, incompleto. Así la noción de *educación* desborda las nociones de instrucción, de aprendizaje, de

---

[22] Freire, P. (2003) *El grito manso,* Buenos Aires, Siglo XXI, p. 25.

enseñanza, de manera que al tiempo que se complejiza también suma multiplicidad.

Respecto al término *artística* vemos que hace referencia a una actitud o a una aptitud vinculándose a las nociones de talento, de temperamento, de carácter, de genialidad, y entonces la pregunta es ¿el artista nace o se hace? Esto nos demuestra que también el término posee una complejidad intrínseca, de lo que resulta que ambos términos conllevan complejidad, polisemia y ambigüedad.

Actualmente en nuestro país bajo estos conceptos, se incluyen diferentes disciplinas artísticas: Teatro, Música, Expresión Corporal y Plástica, ya que se considera que todas estas disciplinas contribuyen al proceso educativo del sujeto, en tanto que involucran a lo emocional, lo sensorial, lo afectivo y lo intelectual.

Si nos interrogamos acerca de por qué debemos hablar de Educación Artística en el nivel superior de la enseñanza, nuestra respuesta señalaría, en primer lugar, que los conocimientos del fenómeno artístico son básicos en los contenidos curriculares de la Educación Inicial. De igual manera diríamos que es un conocimiento que brinda herramientas a los futuros docentes del nivel porque les facilita el conocimiento del niño pequeño y le ofrece variadas estrategias didácticas acordes a la franja etaria, las cuales le permiten acceder a las distintas subjetividades y estimulan el trabajo con la sensibilidad y la creatividad.

Cabe preguntarse ¿cómo enseñar esta disciplina? Se impone una pregunta previa: ¿Cómo es este tipo de conocimiento? Veamos algunas características:

- El conocimiento artístico se caracteriza porque representa al contexto al cual pertenece el artista (lugar y tiempo).
- Es un conocimiento que permite anticiparse (a procesos, fenómenos, etc.) debido a que el artista posee

capacidad para percibir la esencia de las cosas y fenómenos.
- Es un conocimiento que implica asociaciones, transformaciones y ajustes con los cuales se construye parte del proceso, luego aparece o no, una reconstrucción.
- El artista va del caos al orden, de la creación a la destrucción hasta dar coherencia al diálogo entre forma y contenido, generando capacidad de expresión.
- Este conocimiento así presentado demanda por su naturaleza compleja una racionalidad que propicie no solo la comprensión intelectual, sino también la comprensión humana, esto es: afectiva, sensorial.
- La concepción de aprendizaje que trabajamos es la de un modelo que pone énfasis en el proceso, procurando formar sujetos reflexivos en los cuales la toma de conciencia fortalece la autonomía personal. En este modelo el sujeto formador-docente es quien propone y toma decisiones estratégicas que no solo implican reconstruir su propia formación, sino que también estimula una reflexión sobre la acción en el educando.

Retomando nuestro interrogante: ¿cómo enseñar la Educación Artística?

La Educación Artística, al igual que las disciplinas pertenecientes al campo de las Ciencias Sociales, tiene preocupaciones referidas a la enseñanza en general y en particular a la evaluación.

Con esta preocupación hemos estado abiertos y buscando teorías que nos permitieran respuestas a nuestros interrogantes. De esta manera, en el año 2000 tomamos contacto con el marco teórico de la Enseñanza para la Comprensión, debido a que, en Ciencias de la Educación se implementó un plan de estudios nuevo para el que debíamos organizar una nueva asignatura junto a la Esp. María F. Giordano, quien propuso el marco teórico de dicha teoría. Conocidos los elementos centrales de la misma, al apreciar los resultados alcanzados en la asignatura en cuestión, decidimos aplicarla en Educación Artística, ya que los instrumentos planteados para evaluar nos recordaron "el cuaderno de actores", que habíamos trabajado en los años 1974-75 en la carrera de Arte Dramático, y con los cuales habíamos obtenido como alumnos-actores resultados muy positivos.

David Perkins nos define claramente que los marcos de pensamiento constituyen "una representación que intenta guiar el proceso de pensamiento, organizándolo, apoyándolo y catalizando ese proceso".[23] Tina Blythe, una de las colaboradoras de Perkins, entiende que podemos discriminar entre saber y comprender.

> Todos tenemos una concepción razonable de lo que significa saber: cuando un alumno sabe algo, puede decirlo o manifestarlo toda vez que se le pida que lo haga; vale decir comunicarnos ese conocimiento o demostrarnos esa habilidad. Comprender es poder llevar a cabo una diversidad de acciones o desempeños que demuestre que uno entiende el tópico y al mismo tiempo lo amplía y ser capaz de asimilar un conocimiento y utilizarlo de una forma innovadora.[24]

Posteriormente Martha Stone Wiske en su libro *Enseñar para la comprensión con nuevas tecnologías* explicita un concepto formulado por Perkins:

> Comprender un tema es poder realizar una presentación flexible de él: explicarlo, justificarlo, extrapolarlo, relacionarlo y aplicarlo de manera que vaya más allá del conocimiento y la repetición rutinaria de habilidades. Comprender implica

---

[23] Perkins, D. (2002) "Marcos para pensar" en *Revista Alternativas. Serie Espacio Pedagógico*, Año VII, N° 29, noviembre, San Luis, Laboratorio de Alternativas Educativas, p. 116.

[24] Blythe, T. y otros (1999) *Enseñanza para la Comprensión. Guía para el docente*, Buenos Aires, Paidós.

poder pensar y actuar flexiblemente utilizando lo que uno sabe.[25]

Asimismo, sostiene que quien comprende algo es quien puede realizar una variedad de tareas que al mismo tiempo aumente la comprensión. A estas acciones se las denomina actividades de comprensión, las cuales deben propiciar básicamente la reflexión de quien las realiza.

Por otra parte, dentro del mismo marco teórico de la Enseñanza para la Comprensión, se plantea la necesidad de buscar evaluaciones alternativas que tiendan a revisar la propia tarea. Según Schneider

> Es una forma de reconsiderar el lugar que ocupa cada uno de los elementos del acto de educar. [...] El estudiante aprende a detectar y corregir sus propios errores, un alumno que aprende desde lo intrínseco a determinar cuáles fueron sus objetivos logrados, cuáles sus dificultades, qué puede o debe mejorar, qué le resultó más o menos significativo, cómo se vinculó con la tarea, con sus compañeros, con sus docentes.[26]

En este sentido, es importante rescatar el rol activo y autónomo que asume el estudiante.

Encontramos en esta concepción de evaluación el parecido entre el mencionado cuaderno de actor y la carpeta-proceso. Esta última fue entendida como una carpeta en la cual el alumno registra sus tareas diarias. Es una herramienta que nos permite reflexionar sobre los aprendizajes alcanzados en un tiempo y espacio determinados y que son producidas por las actividades de comprensión implementadas, en este caso, en Educación Artística.

Implica una producción escrita que favorece la toma de conciencia de quien la realiza ya que describe el trayecto

---

[25] Stone Wiske, M: (2005) *Enseñar para la comprensión con nuevas tecnologías*, Buenos Aires, Paidós, p. 44.
[26] Schneider, S. (2005) *Las inteligencias múltiples y el desarrollo personal*, Colombia, Cadiex, p. 283.

efectuado por cada persona durante un tiempo determinado (un cuatrimestre). Para la cual se deben tener presente la totalidad de los trabajos realizados en la asignatura, ya sean teóricos-prácticos o prácticos.

La consigna que se les suministró a los estudiantes se efectuó en los siguientes términos: "Es importante que usted trabaje sobre sus vivencias, los conocimientos previos y los que va adquiriendo, sus emociones, sensaciones y percepciones como así también todo aquello que considere relevante en su proceso de aprendizaje. En esta producción usted podrá mirar-se y analizar con claridad cada una de las situaciones de enseñanza ofrecidas por los docentes a fin de identificar dónde usted logró un verdadero aprendizaje. Y finalmente considere que a través de la carpeta-proceso, los docentes de la asignatura, logran evidencias de las actividades y contenidos que favorecieron o dificultaron el proceso de aprender".

Para ello es necesario que el alumno escriba cada experiencia vivida durante el dictado de la asignatura (sean positivas o negativas para su aprendizaje).

Los resultados han demostrado que los alumnos logran comprender que si bien confeccionar la carpeta, les significa un trabajo arduo ya que les demanda más tiempo, pues tienen que pensar-se, mirar-se y analizar-se, para lo cual no tienen entrenamiento, una vez concluida la tarea, la valoran como un instrumento que verdaderamente refleja su proceso de aprendizaje. Veamos un párrafo de un testimonio:

> En esta clase removí mis conocimientos previos acerca de la historia. Recordé los distintos períodos históricos vistos desde el punto de vista de la Arquitectura pero que mucho tienen que ver con lo que hoy estuvimos aprendiendo. Considero que la clase fue positiva porque logré completar algunos conceptos y resignificarlos a la luz de los nuevos contenidos de la Educación Artística. Por ejemplo en los Jardines de

Babilonia, si bien yo tenía conocimientos de su existencia y los diferentes planos de la construcción, cuando vimos las imágenes me enteré de la historia de su construcción, del contexto en el que surgieron y de las verdaderas imágenes (alumna cohorte 2007).
[...] lo primero que comprobé es lo difícil que resulta armar una bitácora que pueda incluir todos los sucesos...los logros que se alcanzaron, las fallas que se produjeron, los cambios que se introdujeron y los costos que ocasionaron...estoy convencida que esto sucede por lo complicado que se nos hace a los seres humanos, detenernos y pensar en lo que hicimos o hacemos, en los obstáculos y superaciones que vamos teniendo... (Alumna cohorte 2010).

Estos ejemplos nos ilustran la toma de conciencia que los estudiantes hacen en espacios de aprendizaje reflexionados y valorados como tal. Asimismo, cuando el alumno cuenta, narra presentando sus propios procesos de aprendizaje, puede autoevaluarse y explicitar elementos que le facilitan la evaluación al docente.

En las carpetas-proceso, el alumno analiza el propio proceso en el mismo momento en que se está produciendo. Esto requiere de una capacidad mayor puesto que necesitan "tomar distancia", razonar lo que les está ocurriendo para lo cual deben descentrarse y discriminar entre momentos de avances (verdaderos aprendizajes) y momentos de retroceso o inmovilidad (obstáculos) en su propio aprendizaje. Desde el punto de vista psicológico, se pueden apreciar que se ponen en juego procesos cognitivos como así también procesos meta-cognitivos.

Por otra parte, diremos que funcionan como facilitadores de nuestra propia práctica docente los siguientes:

Al saber cada alumno desde dónde y cómo se va a evaluar su trabajo, se produce un clima de tranquilidad, de confianza y de producción responsable ante cada propuesta didáctica.

La redacción de la carpeta-proceso le permite al alumno ir reflexionando sobre los contenidos, pero también sobre sus actitudes, sentimientos, temores y percepciones. Esto facilita la toma de conciencia.

A los docentes, la construcción de la carpeta-proceso les brinda información sobre la subjetividad de los alumnos, convirtiéndose en un instrumento básico para evaluar los procesos psicológicos que se movilizan al implementar contenidos, modalidades y estrategias de Educación Artística.

Para finalizar debemos destacar que entre los cambios operados en nuestra propia práctica docente mencionamos que aplicar este marco teórico nos permitió lograr una mayor organización y sistematización de las tareas. Asimismo, nos facilitó el trabajo interdisciplinario, permitió que se generara un vínculo basado en la confianza mutua en el que era posible aprender desde el error, sabiendo que no se valorarían los desempeños como negativos, sino que a partir de la mirada "del otro, de los otros", se facilitaba el aprendizaje.

Se debe puntualizar que en las reuniones del equipo de cátedra se han identificado situaciones, que si bien se pueden considerar obstáculos, no podemos considerarlas debilidades, puesto que se refieren más al contexto, por lo que se piensa en continuar aplicando este marco teórico.

Respecto de los cambios en la concepción disciplinar y su enseñanza, debemos señalar que también influyó el posicionarse fuertemente en la Teoría de las Inteligencias Múltiples. Creo que este marco teórico se puede aplicar a todos los niveles de enseñanza y por lo tanto les recomendaría a todos su uso.

Bibliografía

Blythe, T. y otros (1999) *Enseñanza para la Comprensión. Guía para el docente*, Buenos Aires, Paidós.
Freire, P. (2003) *El grito manso*, Buenos Aires, Siglo XXI.
Perkins, D. (2002) "Marcos para pensar" en *Revista Alternativas. Serie Espacio Pedagógico*, Año VII, N° 29, noviembre, San Luis, Laboratorio de Alternativas Educativas.
Schneider, S. (2005) *Las inteligencias múltiples y el desarrollo personal*, Colombia, Cadiex.
Stone Wiske, M: (2005) *Enseñar para la comprensión con nuevas tecnologías*, Buenos Aires, Paidós.

APRENDER A ENSEÑAR DESDE LA COMPRENSIÓN

Institución: Instituto de Formación Docente Continua - San Luis (IFDC-SL).
Ciudad, provincia y país: San Luis, San Luis. Argentina.
Curso: Didáctica.
Carrera: Profesorados de Historia, Inglés, Ciencia Política y Lengua.
Autora: Silvia L. Muñoz.
Contacto: silvialmunoz@gmail.com

Introducción

El Instituto de Formación Docente Continua-San Luis (IFDC-SL), fue creado en 1999 mediante el Decreto 3119/99 –MGyE– del Gobierno de la Provincia de San Luis. Su accionar se orientó desde entonces al cumplimiento de tres funciones articuladas entre sí: la formación inicial de profesores; la capacitación, perfeccionamiento y actualización docente y la investigación educativa.

En su proyecto educativo la enseñanza es entendida como una actividad compleja, condicionada por el contexto y los escenarios singulares en que se realiza y atravesada por situaciones en las que los conflictos y problemáticas que cotidianamente se plantean requieren de opciones pedagógicas, éticas y políticas. Desde esta perspectiva, la formación de profesores busca la autonomía profesional desarrollando su conocimiento pedagógico en el proceso de construcción y reconstrucción de reflexiones sobre situaciones prácticas reales.

Actualmente, la oferta educativa del IFDC-SL comprende las carreras de Profesorado de Educación Secundaria en Historia, Geografía, Ciencia Política, Lengua Inglesa, Lengua y Literatura y Profesorado en Educación Primaria.

La experiencia que a continuación se presenta da cuenta del trabajo realizado en el espacio curricular Didáctica correspondiente a 3° Año de los Profesorados de Historia, Inglés y Ciencia Política.

Proceso de incorporación del marco de la EpC

El marco de la EpC fue incorporado en el diseño de la propuesta pedagógica para Didáctica y como contenido del programa de la materia desde mi propia incorporación en el IFDC-SL como docente a cargo de la misma (2003).[27] Desde un principio este enfoque significó una oportunidad para salir de los lugares comunes pensados para docentes y alumnos –desde un modelo tradicional y bancario– pues, al concebir la comprensión desde un criterio del desempeño, las preocupaciones de quien tiene a cargo la tarea de enseñar se desplazan desde *lo que el docente hará* (explicar, motivar, etc.) hacia las prácticas y experiencias en las que involucrará a los alumnos para que comprendan el contenido que intenta enseñar (desempeños de comprensión).

Ciertamente, ese desplazamiento requiere sortear obstáculos vinculados con las matrices de aprendizaje de los estudiantes, sus representaciones y prácticas –construidas desde el lugar de alumnos– y la gramática escolar que opera en las instituciones educativas y en las aulas. No obstante, la coherencia entre los diferentes componentes del marco teórico y la claridad que la noción de comprensión (desde un criterio de desempeño) ofrece, al tomar decisiones y organizar la intervención didáctica, constituyen aspectos

---

[27] Probablemente, la experiencia vivida durante mi residencia docente en el Profesorado de Ciencias de la Educación (carrera cursada en la FCH de la UNSL) resultó fundante, pues este fue el marco teórico desde el cual realicé mi primera aproximación a la tarea de enseñar en el nivel medio.

centrales del enfoque que permiten ir sorteando muchas de las dificultades emergentes en la implementación de las propuestas diseñadas.

La definición del perfil de formación en términos de profesor crítico y reflexivo constituyó un punto de apoyo importante a nivel institucional, a la hora de gestionar los tiempos y recursos necesarios para la implementación del enfoque de la EpC en el espacio de Didáctica.

Respecto a las propuestas de enseñanza diseñadas en este contexto, es posible describirlas sintéticamente a partir de dos cuestiones: en primer lugar, señalando a modo de características su flexibilidad, situacionalidad, multirreferencialidad y apertura a la participación de los estudiantes en diversas situaciones e instancias de trabajo.

En segundo lugar, refiriendo a los tres ejes organizadores que se articulan espiraladamente, con el propósito de promover la comprensión del conocimiento didáctico –su valor, sentido y uso– en la formación inicial de los docentes. Estos ejes se expresan en los siguientes interrogantes o metas de comprensión:

a) ¿Qué implica enseñar, en tanto práctica social y acción situada de los docentes?
b) ¿Cómo se comparte y se construye el conocimiento en las aulas de escuelas secundarias?
c) ¿Cómo diseñar propuestas de enseñanza centradas en la comprensión?

Las tres temáticas enunciadas remiten a tópicos generativos vinculados con la complejidad y el carácter ético-político de la enseñanza (a), la problematización de la apropiación del conocimiento escolar en la escuela secundaria (b) y la comprensión como desafío en las prácticas de enseñanza y aprendizaje escolar (c).

Los desempeños de comprensión diseñados para abordarlos permitieron a los alumnos articular el conocimiento didáctico ofrecido, desde los marcos teóricos estudiados, con situaciones de enseñanza concretas, desde el análisis, la problematización, la construcción de propuestas de enseñanza y la reflexión sobre las prácticas.

Por su parte, el énfasis en el carácter público de la evaluación, la retroalimentación en cada instancia de trabajo, como modalidad de seguimiento orientada a apoyar y mejorar sus desempeños, y la implementación de prácticas de auto y co-evaluación, aportaron a la comprensión de la evaluación como parte del proceso de enseñanza y como oportunidad para ampliar sus niveles de autonomía como estudiantes.

Cambios operados

El enfoque de la EpC ha contribuido en mis prácticas pedagógicas en el campo de la formación inicial en múltiples sentidos, todos ellos vinculados con el diseño de las mismas, pero también con la necesaria reflexión en y sobre la acción que estas requieren desde una perspectiva crítica. Sin embargo, me interesa destacar que este marco teórico ha sido particularmente valioso para abordar uno de los problemas centrales de la formación inicial: la articulación teoría-práctica. Esta cuestión constituye un verdadero desafío para la clase de didáctica donde las expectativas de los estudiantes se centran en el *aprender a enseñar*, demandando, en muchos casos, respuestas armadas, claras, cerradas, *listas para usar*.

El propósito de ayudarlos a construir una posición reflexiva y comprometida con las propias prácticas, con los sujetos y los contextos en la que estas se configuran exige, entre otras cuestiones, comprender que la enseñanza no solo es la actividad que define el oficio docente (Diker y Terigi, 1997) sino que implica una forma de intervención en el mundo que exige una toma consciente de decisiones. (Freire, 2002).

Es precisamente en este sentido que la búsqueda de tópicos generativos en el campo de la didáctica, la definición de metas de comprensión claras, el diseño de desempeños de comprensión para los estudiantes de los profesorados y de prácticas de evaluación coherentes con las características implícitas en la concepción de evaluación diagnóstica y continua, se configuraron en *huellas* a seguir toda vez que me encuentro repensando mis propias prácticas de enseñanza en la clase de Didáctica.

Considero que la influencia del enfoque de la EpC se pone de manifiesto en los niveles de problematización alcanzado por los estudiantes, en los debates, reflexiones e interrogantes que plantean en relación con la enseñanza, como así también en las posibilidades de significar que, como ya lo señaló Paulo Freire (2005), enseñar no es transferir conocimientos, en tanto exige aprehensión de la realidad, curiosidad, una toma consciente de decisiones y convicción de que el cambio es posible.

Desde mi perspectiva, los elementos con mayor potencialidad innovadora son los desempeños de comprensión y la evaluación diagnóstica continua, en tanto interpelan representaciones, imágenes y supuestos acerca de lo que es ser profesor y ser alumno, lo que es enseñar y aprender. Asimismo, su potencialidad se vincula con la posibilidad de construir alternativas frente a prácticas tradicionales fuertemente arraigadas, que relegan a un segundo plano el papel de los alumnos y el lugar del conocimiento en los procesos de enseñanza-aprendizaje al ubicar al docente como centro y a la evaluación como mera instancia de control y acreditación.

Una tarea pendiente es lograr una mayor articulación con el área de prácticas (residencia docente) de manera que los estudiantes puedan integrar de manera efectiva el enfoque de la EpC en el diseño de sus propias propuestas de enseñanza al momento de iniciarse en la docencia.

En este sentido, me resulta interesante recuperar la imagen que Paulo Freire nos ofrece para pensar la formación docente y la práctica educativa-crítica. Dice el pedagogo brasileño:

> El acto de cocinar, por ejemplo, supone algunos saberes concernientes al uso de la estufa, cómo encenderla, cómo graduar para más o para menos la flama, cómo lidiar con ciertos riesgos aún remotos de incendio, cómo armonizar los diferentes condimentos en una síntesis sabrosa y atractiva. La práctica de cocinar va preparando al novato, ratificando algunos de aquellos saberes, rectificando otros, y posibilitando que se convierta en cocinero.[28]

Si la formación consiste en "encontrar formas para cumplir con ciertas tareas para ejercer un oficio, una profesión, un trabajo"[29] y las propuestas didácticas constituyen mediaciones para la formación que habilitan espacios y oportunidades para que uno se forme así mismo, entonces pensar la comprensión de la enseñanza demanda promover rupturas en la tradicional relación conocimiento didáctico-práctica docente, diseñando espacios y situaciones que posibiliten desarrollarla en la propia experiencia de formación. Dar un paso más allá de la propuesta de Didáctica promoviendo la incorporación de la EpC en las prácticas probablemente permitiría trascender el ámbito de la formación inicial y profundizar la comprensión de lo que implica enseñar en la escuela secundaria.

---

[28] Freire, P. (2002) *Pedagogía de la autonomía*, Argentina, Siglo XXI, pp. 23-24.
[29] Ferry, G. (1997) "Pedagogía de la formación" en *Serie Formación de Formadores,* Buenos Aires, Novedades Educativas, p. 55.

Bibliografía

Camilloni, A. (2007) *El saber didáctico*, Buenos Aires, Paidós.
Diker, G. y Terigi, F. (1997) *La formación de maestros y profesores. Hoja de ruta*, Buenos Aires, Paidós.
Ferry, G. (1997) "Pedagogía de la formación" en *Serie Formación de Formadores*, Buenos Aires, Novedades Educativas.
Freire, P. (2002) *Pedagogía de la autonomía*, Argentina, Siglo XXI.
Perkins, D. (1995) *La escuela inteligente*, Barcelona, Gedisa.
Stone Wiske, M. (199) (Comp.) *La Enseñanza para la Comprensión. Vinculación entre la investigación y la práctica*, Buenos Aries, Paidós.

Aportes para lograr la comprensión en matemática

Institución: Facultad de Ciencias Físico Matemáticas y Naturales. Dpto. de Matemática. Universidad Nacional de San Luis.
Ciudad, provincia y País: San Luis, San Luis. Argentina.
Curso: Laboratorio de Geometría, Didáctica y Práctica Docente en Matemática, Laboratorio de Aritmética y Algebra.
Carrera: Profesorado en Matemáticas.
Autoras: Nélida H. Pérez y Magdalena Pekolj.
Contacto: nperez@unsl.edu.ar, mpekolj@unsl.edu.ar

Proceso de incorporación de la EpC

El marco del EpC comienza en nuestro equipo bajo la dirección de nuestra colega y directora de línea del Proyecto de Investigación, Norma Cerizola. La bibliografía que nos motivó fue *Understanding in Mathematics* de Anna Sierpinska (1996).

Convencidas de que la formación de profesores de matemática posee requerimientos específicos, que implican entre otras habilidades una comprensión profunda de conceptos y principios de la matemática y de las conexiones entre conceptos y procedimientos a enseñar, propusimos desde la Comisión de Carrera del Profesorado un cambio de plan que introduce los laboratorios como motor de desarrollo de la enseñanza para la comprensión. La aprobación de este plan (2002) constituye un aporte importante para incorporar la EpC dentro de las asignaturas donde intervenía nuestro grupo. Presentaciones a congresos y publicaciones avalan nuestro trabajo en diferentes asignaturas y temas matemáticos dentro este marco. El apoyo institucional y los recursos estuvieron garantizados por los proyectos de investigación que integrábamos e integramos actualmente.

Un nuevo cambio curricular del plan de estudios del Profesorado en Matemática (en vigencia desde 2009) supera debilidades evidenciadas en el anterior. Aporta desde lo institucional el que la EpC se extienda a otras asignaturas, permitiendo el desarrollo de contenidos mediante actividades que posibiliten la comprensión de conceptos matemáticos, la enculturación matemática y un enriquecimiento progresivo de los futuros profesores en la forma de plantearse la actividad docente.

La evidencia se recoge cuando los futuros docentes cursan la asignatura Didáctica y Práctica Docente en Matemática. Se nota la influencia de esta forma de trabajar cuando los estudiantes realizan las planificaciones áulicas para sus prácticas, mostrando así que nuestro trabajo previo, en el marco del EpC, ha sido incorporado.

Marco Teórico

¿Qué es comprender?

Resulta importante aclarar qué entendemos por *comprender un concepto matemático*. En nuestra concepción no quiere decir conocer la definición de tal concepto. Adoptamos aquí la postura de Anna Sierpisnka (1996) –y otros como J. Locke, Dewey y Hoyles & Noss por ella referenciados– los cuales consideran que intervienen en la comprensión cuatro operaciones mentales fundamentales llamadas actos de comprensión:

Identificación. En el sentido de descubrimiento o reconocimiento. El resultado de este acto es que algo lejano, oculto, súbitamente surge como el objeto principal, como algo de valor, interés y estudio. Tiene un nombre y no es del lenguaje común y del cual se tiene la intención de comprender.

Discriminación. Se refiere a traer a nivel consciente la existencia de dos objetos distintos, notando no solo la diferencia entre ellos, sino también reconociendo sus propiedades relevantes.

Generalización. Este acto se refiere a la posibilidad de extender el rango de aplicaciones.

Síntesis. Es la percepción de enlaces entre hechos aislados: resultados, propiedades, relaciones, objetos, etc., que permite organizarlas en un todo consistente.

Para nosotros cualquier acto de comprensión concerniente a un concepto lo reduciremos al menos a una de estas categorías.

Este modelo comprende adicionalmente otra actividad: el *uso*. *Usar* no es un acto de comprensión, pero es ciertamente una condición *necesaria* para que un acto de comprensión ocurra. Usar, está dentro de la categoría de actividades, donde el estudiante puede utilizar el concepto con un propósito instrumental para arribar a una meta particular, por ejemplo, hacer una demostración o resolver un problema.

Sin embargo, hay condiciones adicionales necesarias para que se dé un acto de comprensión. Algunas de orden psicológico: atención, intención; y otras de carácter social como la comunicación.

El proceso de comprender puede considerarse como un reticulado de actos de comprensión relacionados por razonamientos. Se podría establecer que en un proceso de comprensión hay una variedad de bases para la comprensión, algunas constan de una serie de transformaciones a partir de un punto inicial.

Partimos de la concepción que el quehacer matemático es un acto de darle sentido a las ideas matemáticas, buscar patrones y relaciones, comunicar las ideas, usar métodos empíricos, demostrar y trabajar cooperativamente. En este contexto, consideramos importante que estas ideas se vean reflejadas en el salón de clases y que el contenido matemático sea un medio para que los estudiantes participen en la construcción de ideas matemáticas y les encuentren sentido. Así, el tipo de problemas juegan un papel importante en el aprendizaje de la disciplina y con este sentido se planifican las tareas matemáticas para formar a los futuros profesores.

El marco de la EpC (Tina Blythe, *¿Cuál es el marco teórico de la Enseñanza para la Comprensión?*) viene a complementar y organizar nuestro trabajo; de acuerdo con ello el aprender para la comprensión es aprender un desempeño flexible, aunque el conocimiento y las habilidades pueden traducirse en información y desempeños, la comprensión está más allá de estas normas. Este marco de la Enseñanza para la Comprensión incluye cuatro ideas claves: Tópicos Generativos, Metas de Comprensión, Desempeños de Comprensión y Valoración Continua.

Dado que las actividades que realizamos dentro del marco de la EpC son variadas y abarcan asignaturas y temas diferentes, nos limitaremos a relatar dos experiencias puntuales, que muestran las posibles diferencias entre clases de razonamientos involucrados en un proceso de comprensión.

Las Torres de Hanoi y un modelo matemático.

Atendiendo a las tendencias actuales en la enseñanza de la Matemática y ante la necesidad de la formación de los futuros docentes dentro de estas líneas, en la materia Didáctica y Práctica Docente en Matemática se usa al juego como un recurso muy útil para propender a la enculturación matemática y la comprensión.

Martín Gardner, experto en la presentación interesante y profunda de numerosos juegos, afirma que el mejor modo de despertar el interés en los estudiantes es ofrecerle un juego intrigante, una paradoja o un truco de magia, todos ellos basados en la Matemática.

Desde siempre la Matemática ha tenido un componente lúdico que ha permitido generar conocimientos y resultados muy importantes. Este aspecto, sumado a su concepción como ciencia de los modelos, permite realizar actividades interesantes que posibilitan, por un lado, mayor comprensión tanto de conceptos como de procesos y, por otro, romper con concepciones culturales tales como "la matemática es aburrida", "la matemática es solo para algunos", "la matemática es fría y muy difícil".

La propuesta que se hace a los alumnos del profesorado tiene entre sus objetivos el que ellos mismos "vivan" la situación y así puedan comprender lo que sienten sus alumnos frente a una situación similar. Está probado además que se tiende a enseñar de la forma en que se aprendió. Intentamos mostrar otras formas de trabajar, fuera de las tradicionales.

Así, se propone a los estudiantes una situación dada mediante un juego, Las Torres de Hanoi, relacionado con una leyenda hindú que fuera presentada por W. Ahrens en el libro *Mathematische Unterhaltungen un Spiele* de esta forma:

> *En el gran templo de Benarés, bajo la cúpula que señala el centro del mundo, reposa una bandeja de cobre en la que están plantadas tres agujas de diamante, más finas que el cuerpo de una abeja. En el momento de la creación, Dios colocó en una de las agujas 64 discos de oro puro, ordenados por tamaños, desde el mayor que reposa sobre la bandeja, hasta el más pequeño, en lo más alto del montón. Es la Torre de Brahma. Incansablemente día tras día, los sacerdotes del templo mueven los discos haciéndoles pasar de una aguja a*

otra, de acuerdo con las leyes fijas e inmutables de Brahma que dictan que el sacerdote en ejercicio no mueva más de un disco a la vez ni lo sitúe encima de un disco de menor tamaño. El día en que los sesenta y cuatro discos hayan sido trasladados de la aguja en la que Dios los puso al crear el mundo a otra aguja, la torre, el templo y todos los brahmanes se derrumbarán, quedando reducidos a cenizas y, con gran estruendo, el mundo desaparecerá.

A partir de esta situación, la pregunta que se propone a los alumnos es:

¿Cuál es el mínimo tiempo para que los monjes logren transferir los 64 discos de una aguja a otra?

El juego se presenta como un tablero con tres clavijas como muestra la figura y una cierta cantidad de discos de distintos tamaños que se ensartan en ellas.

Las Torres de Hanoi es un juego que se ubica entre los denominados *juegos de dinamismo racional* por las capacidades intelectuales que desarrolla y es un buen ejemplo de juego/problema que permite desarrollar actividades propias del quehacer matemático.

Se trata de un juego de optimización en el que se propicia el desarrollo de estrategias de pensamiento al tener que elaborar un plan de acción para lograr el objetivo que es, si bien está implícito, obtener el mínimo número de movimientos para así poder determinar el mínimo tiempo para mover los 64 discos de la leyenda.

El juego de Las Torres de Hanoi y el modelo matemático que oculta se convierten así en el *Tópico Generativo* que motiva a los alumnos. Además el juego es accesible por las estrategias que permiten abordarlo, de una manera tal vez ingenua inicialmente, pero con la necesidad posterior de buscar la mejor, la que dé la solución óptima al problema.

El *Hilo Conductor* es Funciones, íntimamente relacionado con la modelización matemática, es decir la construcción y uso de modelos matemáticos. En este caso, los alumnos deben pensar y actuar usando lo que saben y lo que la situación les provee para construir el modelo matemático que permite contestar la pregunta propuesta.

Las *Metas de Comprensión* se proponen desde el ámbito de la Matemática, por un lado, y desde la Didáctica por otro.

Desde la Matemática:
- Reconocer la importancia de las funciones para modelizar situaciones de la vida real o de ámbitos extramatemáticos.
- Valorar el lenguaje matemático, como también los procesos y habilidades en el trabajo matemático.

Desde la Didáctica:
- Reconocer la importancia de los juegos (en particular, las Torres de Hanoi) para introducir o desarrollar un tema de cierta complejidad matemática (Función exponencial).
- Reconocer que el acercamiento lúdico tiene la potencia de mostrar a los alumnos otra forma de enfrentar los problemas matemáticos.

Los *Desempeños de Comprensión* tienen relación con el "hacer matemática": *particularizar, reconocer la necesidad de obtener un modelo; si es un modelo conocido, usar lo que se sabe de él para resolver la cuestión planteada; en caso de tratarse de un nuevo modelo, hacer un estudio del mismo y en función de lo obtenido, responder a la cuestión planteada.*

En este caso, a partir de la experiencia con los alumnos, podemos hablar de las distintas fases por las que atraviesa el alumno en la búsqueda de la solución:

- Iniciando con una actividad de familiarización con el juego y sus normas, se hace manipulación de los discos siguiendo las reglas y sin contar la cantidad de movimientos.
- Conteo del número de movimientos en casos particulares. Construcción de tablas.
- Comparación de resultados obtenidos con los logrados por los compañeros. Búsqueda de la estrategia ganadora.
- Reconocimiento de la necesidad de modelizar la manipulación de más de 5 ó 6 discos se complica.
- Detección de un padrón de comportamiento de la situación. Obtención del modelo.

El siguiente cuadro muestra el tipo de tablas que construyen los alumnos, y el modelo que obtienen a partir de ella:

N° de discos	1	2	3	4	5	6	7	8
N° min. de mov	1	3	7	15	31	63	127	255
	$2^1 - 1$	$2^2 - 1$	$2^3 - 1$	$2^4 - 1$	$2^5 - 1$	$2^6 - 1$	$2^7 - 1$	$2^8 - 1$

El número mínimo de movimientos (N) para (n) discos es $N = 2^n - 1$.

Con ese modelo, para trasladar los 64 discos serán necesarios 18.446.744.073.709.551.615 movimientos.

A partir de este resultado y haciendo uso de equivalencias entre unidades de tiempo los alumnos afirman que, si los monjes demoran 1 segundo por cada movimiento, el traslado de todos los discos insumirá 500.000 millones de años, trabajando las 24 horas del día durante los 365 días del año. Un resultado tal vez, no esperado.

Durante el desarrollo del juego y su modelización, las interacciones entre el docente y los alumnos, como también entre los alumnos entre sí, permiten las valoraciones continuas y retroalimentaciones pertinentes.

La comprensión del modelo y de los procesos involucrados permite posteriormente que los alumnos puedan trabajar con el modelo asociado con la Leyenda del Ajedrez, que si bien, comparte el modelo con las Torres de Hanoi de alguna manera, tiene un ingrediente más que lo hace un poco más complejo.

Unidad de Semejanza de la asignatura Laboratorio de Geometría.

Partimos del *Tópico generativo*: Semejanza.

Considerando como temas concurrentes el paralelismo y la relación de semejanza de triángulos, en esta experiencia nos referiremos a las compresiones, habilidades o conceptos que emergen frecuentemente al planificar la enseñanza del Teorema Fundamental de las Proporciones, el Teorema de Thales y los criterios de semejanza.

El hilo conductor es ¿cómo usar lo que sabemos para calcular lo que no sabemos?

Desempeños de comprensión:
- Que los alumnos comprendan la esencia de las relaciones expresadas en los teoremas de la unidad y que puedan aplicarlas en la fundamentación de sus afirmaciones, argumentaciones, así como en la resolución de ejercicios y problemas intramatemáticos y extramatemáticos.

- Que comprendan, reproduzcan y realicen en forma independiente demostraciones.

De acuerdo con los desempeños que pretendemos lograr, estructuramos acciones dirigidas a la comprensión de cada teorema o demostración particular y a la aplicación de los teoremas.

Los criterios que nos ayudan a estimar cuánto comprenden nuestros estudiantes radican en la selección de tareas y problemas. La práctica relacionada con la comprensión de teoremas se realiza fundamentalmente a través de la solución de problemas de demostración.

Identificamos los problemas o ejercicios de demostración por su carácter eminentemente deductivo. Son de diferente grado de dificultad, algunos se acompañan de gráficos, otros requieren la determinación de una magnitud, pero poseen un acentuado carácter deductivo y en general requieren el uso apropiado de un conocimiento dado por un teorema o propiedad.

Para que los futuros profesores puedan involucrarse en un trabajo de producción de demostraciones no es suficiente con presentar buenos problemas, se necesita que se apropien de recursos y técnicas propios de los procesos de demostración en geometría.

La reflexión sobre las demostraciones genera condiciones para que los alumnos vayan logrando autonomía frente a la producción de demostraciones.

Realizar una figura de análisis con cuidado puede contribuir a identificar relaciones que pudieran conducir a la demostración.

Metas de Comprensión

- Aprender a ver, pero el ver está condicionado por el conocer, forma parte del desempeño a lograr.
- Captar la diferencia entre medir y demostrar, diferencia sustancial desde el punto de vista matemático. La respuesta de la medida a partir del establecimiento de relaciones pone en juego procedimiento anticipatorio, se infiere a partir de los datos y con el auxilio de propiedades, teoremas no explicitados en el enunciado.
- Obtener resultados independientes de la experimentación. ¿Qué recurso garantiza que se comparan segmentos sin medirlos?
- Búsqueda de relaciones equivalentes que prueben lo que se quiere demostrar. ¿Cuál es la información que tenemos si sabemos que dos triángulos son semejantes?

Desempeños de comprensión del tópico Semejanza

Medir la altura de un edificio o de un árbol muy alto sin treparse al mismo.

Calcular cuántos kilómetros cuadrados tendrá en realidad una superficie que en un mapa tiene un área de 15 centímetros cuadrados, sabiendo la escala del mapa.

Saber dividir un segmento dado en tantas partes iguales como quieras ¿con qué propiedad se justifica este método? Demostrar que el procedimiento es correcto.

Demostrar el teorema de Pitágoras usando semejanza.
Demostrar el teorema de la altura.
Calcular medidas de segmentos.
Generalizar cálculos de medida.

Ejemplos de Problemas y desafíos tendientes a lograr la metas de comprensión.

1) Sea *ABC* un triángulo cualquiera
$DE \; // \; BC$, $FE \; // \; DC$, $AF = 4$, y $FD = 6$
Calcular *DB*.

2) La medida de la base mayor de un trapecio es 97. La medida del segmento que une los puntos medios de las diagonales es 3. Determinar la medida de la base menor del trapecio.

Desafío: Encontrar una solución general aplicable a cualquier trapecio.

3) Comprobar usando algún *software* (por ejemplo, Ge*ómetra* o el Ge*ógebra*) que en un trapecio cualquiera siempre hay cuatro puntos que están alineados: el punto de intersección de las diagonales, los puntos medios de los lados paralelos y el punto de intersección de los lados no paralelos.

Demostrar lo verificado.

4) Exhibir una técnica para medir el ancho de un río sin necesidad de cruzarlo empleando conceptos de este capítulo.

5) Una botella de licor de 40 cm de altura se vende junto con una miniatura proporcional al envase grande de 8 cm de altura.

Si la botella grande contiene 960 cm³ de licor, ¿Cuánto contendrá la miniatura?

¿Se podrá establecer alguna relación entre la altura de las botellas y los volúmenes? Justificar.

6) En un triángulo ABC, D es un punto sobre el lado BA tal que $BD : DA = 1 : 2$.

E es un punto sobre el lado CB tal que $CE : EB = 1 : 4$. Los segmentos DC y AE se intersecan en el punto F. Expresar $CF : FD$ como cociente de dos enteros primos relativos.

Desafío: Demostrar que si $BD : DA = m : n$ y $CE : EB = r : s$, entonces $\dfrac{CF}{FD} = \left(\dfrac{r}{s}\right)\left(\dfrac{m+n}{n}\right)$.

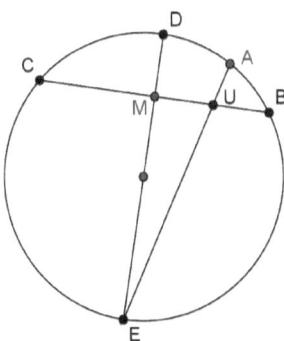

7) En la figura BC es una cuerda cualquiera, ED la mediatriz del segmento BC. Sea U un punto cualquiera

sobre la cuerda BC, se traza la semirrecta EU y se prolonga hasta cortar a la circunferencia en A.

Demostrar que $\dfrac{AE}{DE} = \dfrac{ME}{UE}$

Comentarios sobre producciones de los estudiantes:

Sobre el ejemplo 2: uno de los obstáculos que manifestaron los alumnos para abordar la solución de este problema, y otros del tipo, fue la presencia de datos numéricos, estos los orientó hacia procedimientos calculatorios, les costó ver la necesidad del uso de teoremas para determinar las medidas pedidas.

Sobre el ejemplo 7: presentamos las soluciones de dos estudiantes, en situación de evaluación individual. El buen uso de un criterio de semejanza y de los conceptos les permite establecer la validez de la proporción.

Solución de Gisella

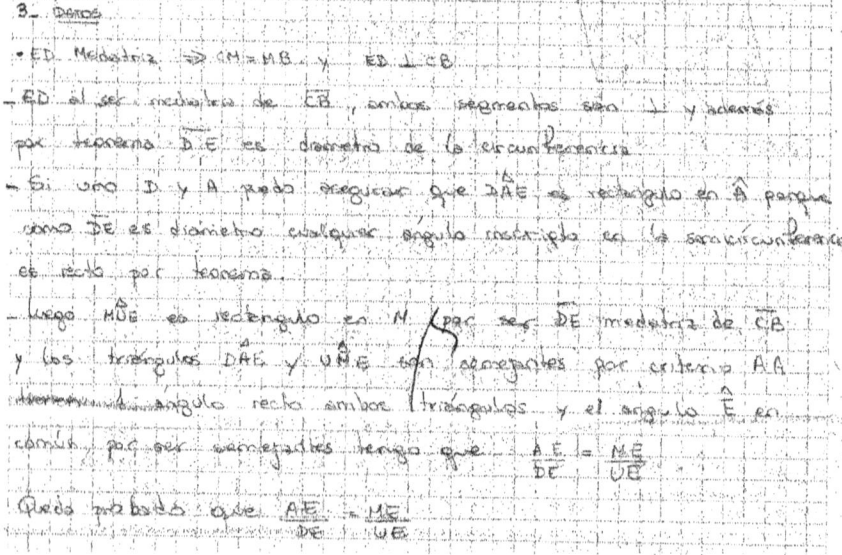

Solución de Cristian

> 3) Se forman los triángulos rectángulos
> $E\hat{D}A$ recto $\hat{A}$ y $I\hat{M}U$ recto $\hat{M}$ y estos
> son semejantes porque tienen 2 ángulos
> iguales $\hat{E}$ y $\hat{M}=\hat{A}$ ⟹ por propiedad de semejanza
> $\frac{AE}{DE}=\frac{ME}{UE}$ y un cateto sobre la hipotenusa.
>
> El triángulo $E\hat{D}A$ es rectángulo porque su hipotenusa
> es el diámetro y $\hat{M}$ es recto por ser $\overline{ED}$ perpendicular
> a $\overline{CB}$ y tienen el ángulo $\hat{E}$ en común.

Conclusiones

Las actividades que realizamos forman parte del compromiso de implementar un nuevo currículum para la formación del profesor de matemáticas que abarca otros aspectos: la integración de los contenidos con otras áreas, visualización del campo donde se aplica, competencia en relación con ese saber; en resumen: que la presentación de un contenido no se reduzca a técnicas, algoritmos y repetición de demostraciones sino a una profunda comprensión que permita relacionar lo disciplinar con lo didáctico.

Bibliografía

Cerizola, N. y Pérez, N. (1999) "La Resolución de Problemas, su relación con las prácticas docentes" en *Acta*

Latinoamericana de Matemática Educativa RELME, Vol. 14, México, Clame.

Cerizola, N. y Pérez, N. (2005) "Estrategias de pensamiento y actos de comprensión" en *Reunión de Ecuación Matemática*, UMA.

Cerizola, N.; Pérez, N. y Pekolj, M. (2006) "El laboratorio de geometría y la resolución de problemas" en *Acta Latinoamericana de Matemática Educativa RELME*, Vol. 19, México, Clame.

Gascón, J. (2001) "Incidencia del modelo epistemológico de las matemáticas sobre las prácticas docentes" en *Revista RELIME*, Vol. 4, N° 2, pp. 129-159.

Pérez, N. y Pekolj, M. (2008) "Los laboratorios de Geometría y Aritmética ¿Estimulan la pasión por hacer matemática?" en *Innovando la Enseñanza de las Matemáticas*, Libro Electrónico ISBN: 978-607-422-013-1, México, pp. 21-32.

Pérez, N. y Pekolj, M. (2009) "Propuesta de diseño curricular para la formación del profesor en Matemática", Congreso Internacional de Educación: Construcciones y perspectivas, miradas desde y hacia América Latina, Santa Fe, Universidad Nacional del Litoral.

Sierpisnka, A. (1996) *Understanding in Mathematics*, Oxon, The Falmer Press.

Stone Wiske, M. (2005) *La enseñanza para la Comprensión*, Buenos Aires, Paidós.

LOS APORTES DEL MARCO DE LA ENSEÑANZA PARA LA COMPRENSIÓN EN EL DISEÑO E IMPLEMENTACIÓN DE UNIDADES DIDÁCTICAS DE BIOLOGÍA Y FÍSICA EN LA PERSPECTIVA DE LOS PROFESORES PRINCIPIANTES DE CIENCIAS EGRESADOS DE LA UNIVERSIDAD

Institución: CEFIEC (Centro de Formación e Investigación en Enseñanza de las Ciencias), Facultad de Ciencias Exactas y Naturales, Universidad de Buenos Aires (UBA).
Ciudad, provincia y país: CABA. Buenos Aires, Argentina.
Curso: Didáctica General.
Carrera: Profesorado en Ciencias Biológicas y en Física.
Autores: Javier Simón; Sergio Cetraro; Sandra Demartis; María C. Kleid; Laura Levin; Francisco López Arriazu; Araceli Ramos; Débora Schneider y Sandra Ziegler.
Contacto: jvrsimon@yahoo.com

Introducción

A partir de los años setenta el interés de la investigación educativa sobre el profesor se fue desplazando hacia el estudio de su pensamiento y la búsqueda de una formación de grado pensada como un proceso constructivo que incida en la práctica docente. En los años noventa y actualmente se observa una significativa cantidad de estudios sobre lo que piensan los profesores acerca de la ciencia y su naturaleza (Porlán Ariza y otros, 1995; Porlán Ariza y otros, 1998; Adúriz-Bravo, 2001) y su enseñanza y aprendizaje (Lemke, 1997; Martínez Aznar y otros, 2001) orientados por preocupaciones semejantes. Las conclusiones de estos estudios continúan señalando la inadecuación del conocimiento de los profesores, en la formación inicial y en servicio, acerca del conocimiento científico y su enseñanza.[30]

---

[30] Por ejemplo, a pesar del avance en los debates sobre la naturaleza de la ciencia diversos estudios señalan, aun considerando cierta diver-

La formación de grado parece no modificar demasiado la permanencia de concepciones ingenuas, ritualistas, pobres conceptualmente o acríticas las cuales convivirían con concepciones más complejas o rigurosas aprendidas en el profesorado.

Esta combinación que algunos autores denominan *conocimiento profesional "de hecho"* establece una distancia y obstaculiza la apropiación de lo que denominaremos *conocimiento profesional deseable*. Siguiendo a Porlán Ariza (1998) se alude por *conocimiento profesional deseable* a las perspectivas constructivista, compleja y crítica que fundamentan gran parte de los contenidos de las asignaturas de los profesorados que se dictan en las asignaturas del CEFIEC.

En Argentina escasos estudios analizan intervenciones que busquen modificar el pensamiento del profesor de ciencias y sus prácticas de enseñanza. En ese sentido, este estudio puede ser un elemento crítico para evaluar las contribuciones que se realizan desde la universidad para mejorar la enseñanza de las ciencias.[31]

---

sidad de concepciones, que frecuentemente los profesores plantean visiones del conocimiento científico como superior, objetivo, neutral y descontextualizado evidenciando un nivel de comprensión ingenuo o de principiante.

[31] Como antecedente del presente trabajo, en el año 2003, y dentro del marco de un proyecto de investigación financiado por la Secretaría de Ciencia y Técnica de la Universidad de Buenos Aires, iniciamos un trabajo de colaboración entre el GEHyD del CEFIEC (un grupo de investigación en didáctica de las Cs. Naturales de la UBA) y el Colegio San Agustín (una institución educativa privada de la Ciudad Autónoma de Buenos Aires). Participamos del equipo un investigador en didáctica y formador de profesores, el director pedagógico del colegio (también investigador y formador) y una profesora de biología de la misma institución.

El trabajo conjunto se realizó en tres planos. Por un lado, buscábamos intervenir en la institución, y más concretamente en un aula de cuarto año, a través de la introducción de innovaciones didácticas diseñadas en conjunto en la práctica profesional de la profesora de biología; por otro lado, queríamos desarrollar una investigación de cariz evaluativo

Por otra parte, es importante señalar que a partir del año 1988, el Proyecto Cero de la Escuela de Graduados en Educación de la Universidad de Harvard inició un trabajo colaborativo entre investigadores y docentes que se

---

sobre el ensayo de desarrollos didácticos novedosos; y por último, nos proponíamos la reflexión teórica en equipo sobre las relaciones entre la didáctica de las ciencias con sus saberes específicos y la profesionalización del profesorado.

Desde los inicios el trabajo entre los miembros del equipo se planteó en forma colaborativa. El mismo se extendió a lo largo de un período de un año y se llevó adelante por medio de cuatro reuniones presenciales e intercambio continuo vía correo electrónico. En las reuniones presenciales, que tuvieron lugar en la escuela, se pautaron las características de la innovación didáctica que se pondría en marcha: la unidad, el tema, los contenidos específicos, el enfoque, las actividades, la metodología y los materiales. El tema elegido fue el de "sistema endocrino", tomando como tópico particular la secreción pancreática, por cuanto permite recuperar elementos valiosos de la epistemología y la historia de la ciencia. El propósito de nuestra investigación fue evaluar si la introducción explícita de elementos de la naturaleza de la ciencia (en adelante, NOS) en la enseñanza de la biología en secundaria podía contribuir a que los estudiantes comprendieran mejor los contenidos de la asignatura y construyeran una visión más rica sobre la ciencia.

Con la ayuda del marco de EpC diseñamos una secuencia de actividades sobre hormonas utilizando como núcleo el experimento crucial de Starling y Bayliss sobre la secreción del jugo pancreático (1902), que sentó las bases de la endocrinología. La secuencia NOS se implementó en un curso de cuarto año de secundaria, con treinta estudiantes de edades comprendidas entre los 16 y los 17 años, en la asignatura Biología 4: Fisiología y Anatomía Humanas, dentro de la unidad didáctica Sistema Neuroendocrino. La profesora del curso trabajó la secuencia durante cuatro clases de noventa minutos cada una; dichas clases fueron observadas por uno de los investigadores.

Al finalizar la unidad, evaluamos el rendimiento de los estudiantes en la comprensión de contenidos biológicos específicos (glándulas y hormonas), de algunos aspectos de la naturaleza de la ciencia (diseño de experimentos para contrastar hipótesis) y de elementos de la historia de la ciencia (experimento de Arnold Berthold de 1849).

Los resultados alentadores apoyaron nuestra hipótesis de partida y posteriormente continuamos con la introducción de elementos sobre la naturaleza de la ciencia en otras planificaciones de la asignatura para mejorar las comprensiones de estos alumnos. (Simón y otros, 2005)

desarrolló sistemáticamente hasta el año 1995, y que permitió diseñar lo que se conoce como el Marco de Enseñanza para la Comprensión (en adelante, EpC).[32] La EpC se concibe como un marco conceptual que permite revisar las prácticas docentes y a partir del mismo se pueden diseñar dispositivos de intervención con el objetivo de modificar las prácticas en el aula. Es, asimismo, una herramienta para el diálogo entre investigadores y docentes y una invitación a un proceso de indagación continua.[33]

En función de lo señalado, este estudio se propuso analizar el aporte de un dispositivo de acompañamiento

---

[32] El marco de EpC ha sido recreado y utilizado para la enseñanza en todos los niveles. Se está convirtiendo, además, en un interesante dispositivo que permite que los educadores reflexionen colaborativamente sobre la enseñanza (Wiske, 1999). Para los investigadores del Proyecto Cero la comprensión es entendida como la capacidad de desempeñarse flexiblemente. Además, es multidimensional y describieron cuatro dimensiones constitutivas de la comprensión, independientemente del campo de conocimiento de que se trate. La comprensión profunda entraña la capacidad de usar el conocimiento en todas las dimensiones. Es solo a través de una visión global de la comprensión que verdaderas comprensiones profundas y flexibles pueden ser desarrolladas. Si bien las cuatro dimensiones: contenido, método, propósito y comunicación, están íntimamente conectadas, su utilidad reside en que nos proveen una guía más detallada para orientar y evaluar la comprensión (Boix y Gardner, 1999); (Gray Wilson, 2002).
En cada una de las cuatro dimensiones presentadas Gardner y Boix Mansilla (1999) describen 4 niveles de comprensión: ingenua, de principiante (o novato), de aprendiz y de maestría. Estas cuatro dimensiones y los niveles, si bien han sido pensados inicialmente para describir el proceso de los estudiantes, bien pueden utilizarse como lente de mirada de las comprensiones de los propios docentes acerca de su práctica.

[33] Como señala Pogré (2007), en los últimos diez años muchos maestros y profesores de diversos países y contextos en América Latina (Argentina, Brasil, Paraguay, Perú, Colombia, Nicaragua, Guatemala, El Salvador, Costa Rica, Venezuela, y otros) se han "apropiado" del marco de EpC. Si bien en estos años se han hecho algunas investigaciones, en la mayoría de los casos a modo de estudio de casos y/o evaluación de programas, no existe aún una investigación que haya podido dar cuenta del impacto de esta apropiación ni de los modos singulares en que se ha producido.

que utilizó al marco de la EpC para promover la apropiación de algunos aspectos de lo que denominamos *conocimiento profesional deseable*, concentrándonos en este caso en la mejora del diseño de la enseñanza y en el desarrollo profesional de los graduados del profesorado.

Sobre el problema y la metodología empleada

Las inquietudes que orientaron este trabajo giraron alrededor de las siguientes *preguntas iniciales:*

¿Cuáles son las dimensiones de comprensión sobre la ciencia, su enseñanza y aprendizaje que los profesores egresados del CEFIEC alcanzan a construir?

¿Cuáles son, desde la perspectiva de los profesores, los aportes y contribuciones que el marco de la EpC brinda al desarrollo del conocimiento profesional deseable y a sus prácticas docentes?

¿Qué características debe tener una estrategia de formación continua para colaborar con los profesores de ciencias egresados del CEFIEC en la construcción de un conocimiento profesional deseable?

Por su parte, los *objetivos* del estudio fueron:
- Conocer las valoraciones de los profesores egresados del CEFIEC sobre los aportes del marco de Enseñanza para la Comprensión en relación con sus concepciones sobre la ciencia, la enseñanza y el aprendizaje.
- Evaluar los cambios en el conocimiento profesional que puede generar en dichos profesores el trabajo tutoriado de diseño y la implementación de unidades didácticas empleando el marco de Enseñanza para la Comprensión.

Respecto al *universo*, este se conformó por los profesores de ciencias recientemente egresados del CEFIEC

- FCEN - UBA que ejercían la docencia en escuelas de nivel medio en la Ciudad de Buenos Aires y sus alrededores. Este universo permitió conformar una selección de profesores de distintas disciplinas (aceptaron participar de la experiencia egresados de los profesorados de Biología y Física).

Por tratarse de un grupo de investigación en formación, el estudio se concibió como un primer acercamiento al problema. Por lo tanto, su *diseño* fue de tipo exploratorio en el cual se utilizó un conjunto de técnicas (conversaciones, entrevistas, observaciones, documentación de diseños, ateneo) que ayudó a realizar un análisis preferentemente cualitativo.

Los *ejes de indagación* giraron en torno a tres aspectos centrales del problema:
- El pensamiento del profesor de ciencias y sus prácticas de enseñanza.
- El proceso de apropiación del marco de EpC.
- El diseño tutoriado de unidades como estrategia de desarrollo profesional.

La *muestra* fue intencional y finalmente, se conformaron dos grupos y tres tríadas[34]:
- Docentes de Biología (2 egresados, dos tríadas)
- Docentes de Física (2 egresados, una tríada)

La participación de los egresados fue voluntaria y el equipo de investigación trabajó ad-honorem.

---

[34] Originalmente, estaba previsto armar tríadas para egresados de los profesorados de Biología, Física y Matemática. Después de la convocatoria realizada por mail no tuvimos interesados de Matemática y el grupo de egresados que se enlistó alcanzó el número de 7 (2 profesores de Física y 5 de Biología). Luego de explicarles el proyecto y las tareas a realizar el grupo se redujo a 6 egresados (la que desistió argumentó que no dispondría del tiempo suficiente). Finalmente, cuando empezamos con las reuniones de diseño tutoriado dos profesoras desistieron de seguir a la segunda reunión (una por motivos familiares y la otra porque percibió que no podría asumir el compromiso).

Descripción del dispositivo de diseño[35]

El trabajo de diseño tutoriado se organizó en *tríadas interdisciplinarias* conformadas por un especialista en didáctica general, un especialista en contenidos disciplinares y su didáctica y los profesores principiantes egresados del CEFIEC que integraron la muestra.[36]

Se organizó el trabajo en fases: codiseño de la unidad didáctica, implementación del diseño con observaciones de clase y reuniones de retroalimentación y, finalmente, un ateneo para presentar resultados y registrar lecciones aprendidas.

En la primera fase iniciamos el diseño de la unidad guiados por la pregunta "¿Qué deseas que tus estudiantes comprendan?" Eso derivó en el armado de los *Hilos Conductores* de la asignatura, del *Tópico Generativo* y de las *Metas de Comprensión*.

Para construir el Tópico Generativo se procedió al armado conjunto de una red conceptual alrededor de un contenido seleccionado por el egresado de las asignaturas a su cargo. Luego se discutió en la tríada cómo enriquecer la red considerando los cuatro criterios que caracterizan la generatividad (centralidad en la disciplina, accesibilidad y

---

[35] El dispositivo es entendido como un espacio para el aprendizaje y para promover la actitud de indagación crítica de los profesores noveles. Los dispositivos, en contextos pedagógicos, permiten conjugar clases variadas de experiencias, en ellos como sostiene Camilloni, (2009) se conjuga lo dicho y lo tácito; lo intelectual y lo afectivo; el pasado, el presente y el futuro. A su vez, la idea de dispositivo se referencia con un conjunto de actividades pedagógicas que se integran formando un conjunto coherente, aunque sus componentes puedan ser heterogéneos y que combinados intencionalmente guardan sentidos y facilitan aprendizajes.

[36] Como antecedentes de esta configuración podemos citar un trabajo de investigación previo (Simón y otros, 2005) y el programa de capacitación de la red L@titud "Fortaleciendo vínculos" realizado en Villa Constitución (Pogré, P., Simón, J. y otros, 2008).

movilización para el estudiante y el profesor, y conexión con recursos didácticos y el contexto donde se lo enseña) y las tres características centrales de un Tópico Generativo (poder relacional, poder desequilibrador y poder movilizador).

En la construcción de la generatividad del tópico se tuvo especial cuidado en no forzar a los egresados en la selección del mismo pues era muy importante que estuvieran ellos mismo interesados en enseñarlo y que formaran parte de los temas a enseñar en el segundo semestre de 2009.

Con la red conceptual revisada y reformulada se avanzó en la definición de las Metas de comprensión teniendo en consideración que al menos se incluyeran dos de las cuatro dimensiones de la comprensión (contenido, método, propósito y formas de comunicación). En relación con las dimensiones, se explicitó a los egresados que el equipo de investigación estaba interesado en incluir la dimensión de método para que los alumnos pudieran reflexionar algún contenido vinculado a la naturaleza de la ciencia (siempre cuidando de no imponer una mirada determinada).

En la tercera y cuarta reunión se comenzó a organizar la escritura de la unidad utilizando un "organizador gráfico" que facilitaba la redacción y la visualización de sus componentes. También se armó la primera versión de la secuencia de *Desempeños de comprensión* (considerando que se incluyeran desempeños exploratorios, de investigación guiada y de síntesis) y a conversar sobre la *Evaluación diagnóstica continua*.

Sin embargo, es importante aclarar que este orden en el diseño podía ser alterado y que fue frecuente al avanzar con un elemento luego revisar y redefinir los anteriores para ganar en coherencia interna o para privilegiar otros aspectos.

Otro aspecto que queremos destacar es el carácter de *trabajo colaborativo* en este dispositivo. En muchas ocasiones las reuniones consistieron en trabajar sobre las versiones "en borrador" de los diseños (p. e. sobre la secuencia de Desempeños de comprensión) que los egresados traían desarrollados con el organizador gráfico como base. Algunas de estas reuniones fueron grabadas y se hicieron copias de las diferentes versiones de los borradores de la unidad. Además, antes de finalizar cada reunión la tríada elaboraba un listado de las tareas pendientes y las tareas en proceso y se las distribuía entre los integrantes en función de la conveniencia e intereses del diseño en curso.

Finalmente, es relevante señalar el lugar de la *retroalimentación* en este dispositivo. Se emplearon protocolos en las conversaciones que cuidaron el intercambio con el egresado y favorecieron el hacer visible su pensamiento. Empleamos con frecuencia conversaciones generativas y el protocolo denominado *"Escalera de la Retroalimentación"* que establece momentos pautados en la valoración. Con las retroalimentaciones se buscó generar conversaciones genuinas a partir de preguntas que permitieran construir un diálogo que combinara el pensamiento convergente y divergente y se estimulara la visibilidad del pensamiento al diseñar. En definitiva, se trató de ajustar las metas y el contenido de nuestra intervención a partir de la comprensión de los intereses y posibilidades de cada profesor principiante entendiendo que actuaba en un contexto institucional que lo condicionaba.

Resultados: evidencias y conjeturas

A continuación se presentan las evidencias registradas en las distintas fases de la experiencia. Los resultados están presentados respetando los ejes de indagación del proyecto.

Eje 1. El pensamiento del profesor de ciencias y sus prácticas de enseñanza

Enriquecimiento de los diseños

Las reuniones de acompañamiento y el asesoramiento didáctico permitieron que los participantes realizaran progresivamente cambios significativos en las versiones de los diseños.[37] En ese sentido, los participantes valoraron que el dispositivo de acompañamiento colaboró directamente en la reflexión sobre *qué* querían que sus estudiantes aprendieran y, por ende, qué enseñar. Evidencia de ello fueron:

- El versionado de redes de ideas que produjeron donde las primeras versiones se fueron enriqueciendo con más conexiones conceptuales o dimensiones de la comprensión del tópico seleccionado. Las redes fueron ganando complejidad con la incorporación de más conceptos disciplinares centrales y sus relaciones, con nuevos elementos vinculados con lo que el propio profesor consideraba movilizador, con relaciones con otros temas que tradicionalmente no se estudian en la escuela o son de otras disciplinas, con problemas reales del contexto y con la inclusión de otras dimensiones de la comprensión.
- Las modificaciones que los egresados realizaron en la elaboración de:
  - los Tópicos Generativos;
  - los Hilos Conductores;
  - las Metas de comprensión;
  - las actividades y los recursos didácticos.

---

[37] En la mayoría de los casos se partió de programas que ya enseñaban y el nivel de diseño no alcanzaba la planificación de unidades didácticas, a veces se contaba con actividades y clases ya planificadas.

Para al menos tres de los cuatros casos, uno de los cambios principales del diseño se dio en los criterios de selección de contenidos. Este cambio implicó preguntarse sobre la centralidad del tópico en la disciplina y sobre el poder desequilibrador, movilizador y relacional que podía generarse relativizando los criterios administrativos (como el uso del tiempo o el cumplimiento rígido con el programa). Por ejemplo:
- En la unidad sobre *"Electricidad"* la profesora se planteó encararlo desde el interrogante movilizador y desequilibrador para ella y sus alumnos: "¿Cómo se produce un relámpago en una tormenta?";
- en la unidad sobre "Trabajo, Potencia y Energía", en lugar de presentar el tema en forma tradicional, se acordó hacerlo considerando los intereses y la accesibilidad para los estudiantes explorando: "¿*How does a rollercoaster work*?";
- en el unidad sobre "La célula: origen, estructura y funciones" se relacionó el tópico con la historia de la ciencia y los modos en que fue investigado el tema: "¿De qué manera se originó la enorme diversidad de los seres vivos?";
- en la unidad sobre dinámica de poblaciones se reformuló el tema bajo la forma "Sobre pingüinos y ballenas" tratando también de enseñar cómo se analizan esos fenómenos y cómo comunicar lo que sabemos a distintas audiencias.

Respecto a la formulación de los Hilos Conductores y las Metas de comprensión la invitación a introducir al menos dos dimensiones de la comprensión amplió los aspectos a aprender. En tres casos se pudieron elaborar metas orientadas a la dimensión de método y la de propósito, por ejemplo:

En la unidad sobre "La célula: origen, estructura y funciones" los Hilos Conductores eran:
- ¿En qué condiciones ambientales se formaron los primeros seres vivos y cuáles fueron las consecuencias?
- ¿Cuáles son las necesidades básicas para que exista vida?
- ¿Qué cambios en el ambiente y en los seres vivos primitivos permitieron la evolución hacia formas de vida más complejas?
- ¿De qué manera se construye el conocimiento científico?

Por su parte, en las Metas de comprensión de esta misma unidad se observó la inclusión de la dimensión de Método en la forma de analizar las distintas teorías sobre el origen de la vida:
- Que los estudiantes analicen la teoría científica de Oparín y Haldane acerca de las condiciones de la Tierra primitiva en que surgieron las primeras formas de vida y sus consecuencias sobre el ambiente (aparición de organismos autótrofos, revolución del oxígeno, etc.), reconociendo sus hipótesis, evidencias, predicciones que permiten realizar y limitaciones de dicha teoría.

Por otro lado, el acompañamiento favoreció la elaboración de actividades desafiantes y alineadas con las Metas de Comprensión. En la secuencia de actividades de la mayoría de los casos se pudo distinguir aproximaciones graduales a los objetos estudiados y variado tipo de desempeños (exploratorios, de investigación guiada y de síntesis). Por ejemplo, en la unidad sobre *"Trabajo, Potencia y Energía"* uno de los cambios principales se dio en la manera de plantear los ejercicios. Algunos pudieron ser modificados de manera de alejarlos de los típicos ejercicios de resolución mecánica o por "receta", y aproximarlos a problemas coherentes con las metas de comprensión planteadas.

El cambio de las actividades para aproximarlas al concepto de "desempeño" fue promovido por la reflexión sobre el papel activo de los estudiantes en la construcción de conocimiento y el papel del "error" en la enseñanza desde una perspectiva constructivista. Uno de los egresados lo definió como un enfoque de la enseñanza en el que se propicia una construcción del aprendizaje por parte del alumno con la ayuda de herramientas que el docente facilita. Señaló también que le resultó muy útil la idea de que los alumnos construyan sus saberes, fijándose estos sobre sus propias redes cognitivas, permitiéndole al alumno relacionar los contenidos con sus saberes previos, dejando abierta la posibilidad a nuevas conexiones.

Aun con ciertas resistencias, los cuatro egresados comenzaron a desechar algunas actividades tomadas de los libros o guías que empleaban usualmente y empezaron a imaginar nuevas, teniendo en mente las metas de comprensión y la necesidad de construir un puente entre lo que los alumnos saben y los conocimientos de la disciplina. Para una de las participantes la construcción por parte de los alumnos de gráficos relacionados con la dinámica de las poblaciones y su posterior análisis fue uno de los logros más relevantes de su planificación. Consideró que haber logrado que utilizaran una herramienta como la matemática y haber resuelto situaciones problemáticas desde la inducción fue un gran avance en su diseño y en la práctica en el aula. A su vez, el desempeño de comprensión que realizó con sus alumnos, en donde logró que cada grupo realizara un video y un tríptico de divulgación científica, lo consideró muy adecuado para mostrar lo que habían aprendido aun cuando no haya podido evaluar a sus alumnos en consonancia.

Respecto al material didáctico que empleaban, el acompañamiento permitió que los participantes se cuestionaran si esos recursos favorecían el alcanzar las metas de comprensión. Como consecuencia de ello se seleccionaron algunos materiales más accesibles e interesantes para los estudiantes (por ejemplo, se cambió la literatura incluyendo material de divulgación científica nuevo o se introdujeron prácticas y materiales audiovisuales más atractivos y desequilibradores). Por ejemplo, una de las participantes elaboró su propio CD con imágenes de diferentes células y estructuras para que en grupos esquematizaran las diferentes células, las describieran y relacionaran su estructura con su función.

Valoración del proceso de diseño para hacer visible la intencionalidad pedagógica

Si bien durante la formación de grado habían estudiado la idea de planificación como hipótesis de trabajo y como herramienta para orientar la práctica reflexiva, la mayoría de los participantes conservaba una imagen negativa de la planificación, como si se tratara de algo engorroso y burocrático disociado de las prácticas en el aula. Además, al inicio del proyecto tendían a reducir la planificación a las actividades en el aula.

A nuestro juicio, el proceso de acompañamiento colaboró en poner en valor los distintos elementos en los que se expresa la intencionalidad pedagógica en la enseñanza de las ciencias. Por ejemplo, las conversaciones en las tríadas alrededor de la generatividad del tópico ampliaron la visión de los egresados sobre qué vale la pena ser enseñado en la escuela y cuándo es accesible si consideramos la zona de desarrollo próximo. De alguna manera en las conversaciones se vieron enfrentados a sus representaciones del trabajo de planificación como algo repetitivo detrás del cumplimiento del currículum oficial o lo que por rutina o costumbre suele establecerse. Así pudieron animarse a pensar más flexible y creativamente sobre lo que realmente importa enseñar, algo que el marco de la EpC fomenta a cada paso con sus criterios y su forma colaborativa de trabajo.

Frente a la pregunta "en qué contribuyó el marco de la EpC en tu práctica docente" una de las participantes valoró el cambio de punto de vista acerca de la enseñanza que el proceso de diseño con el marco le ofreció. Afirmó: "Me permitió otro enfoque para llegar de otro lado al alumno. Me permitió reflexionar, buscar una vuelta para que el pibe aprenda, que lo vivencie él…Tuve que ir aprendiendo a medida que reformulaba la unidad."

En el mismo sentido, otra participante valoró que la planificación con el marco le permitió dar importancia a enunciar con claridad a la clase las metas de comprensión para poner foco en lo que importaba aprender y dar mayor sentido a las actividades: "Les comunique a los chicos antes de empezar el tema…vamos a tratar de contestarnos estas preguntas…Y se los recordaba más adelante, recuerden que lo que queremos responder es esto." Esta participante además expresó que la mayor utilidad de planificar con el marco fue que la ayudó a administrar su tiempo y determinar la "secuencia, profundidad, tiempo de aplicación y eficiencia del proceso", situaciones de las que antes de la aplicación del marco no tenía claridad. Es decir, el ordenamiento del proceso de enseñanza y la enunciación de metas fueron incorporaciones valiosas en su práctica docente, para ella el mayor logro fue "bajar el nivel de improvisación" en sus clases.

Otro de los participantes coincidió con las contribuciones de planificar con el marco:

Usar este marco me permite… no, me fuerza a hacer una reflexión más importante al principio, planteando objetivos más claramente. Permite que cuando yo llego a la clase, tener esos objetivos más pensados, poder tener estrategias más eficientes para facilitar el aprendizaje de los alumnos.

Eje 2. El proceso de apropiación del marco de EpC

A pesar de los cambios señalados, nuestra intervención enfrentó a los egresados a la toma de decisiones y esto disparó algunas resistencias. Conjeturamos que estas últimas se asocian a algunas representaciones sobre la enseñanza de la ciencia de los participantes basadas en el modelo académico (dominante en la formación de grado en la facultad de la que provienen).

El primer obstáculo se manifestó en si se animarían a implementar un nuevo diseño en un contexto institucional que no hubiera demandado la innovación. En ese sentido, desde el inicio de la experiencia varias de las propuestas en las tríadas quedaron "*ad referendum*" de la dirección de las escuelas y, en general, las nuevas unidades didácticas se implementaron en forma parcial.

En nuestra opinión, estas dificultades para asumir riesgos se vieron también alentadas por las concepciones de los participantes, que diferían de las propuestas que realizaba el equipo de investigación, entre ellos se destacaron:

- *Trabajar en profundidad los contenidos más que en extensión y superficialmente.*

  Aun cuando el equipo de investigación parecía persuadir a los egresados sobre la necesidad de poner foco en lo central de cada tópico y en abarcar menos temas para poder comprenderlos en profundidad, en la mayoría de los participantes encontramos reticencia a dejar de lado contenidos secundarios.

- *Enfoque multidimensional de la comprensión en el diseño, particularmente vinculado a aspectos de la "naturaleza de la ciencia".*
  En general, para nuestra sorpresa, identificamos limitaciones para incluir un enfoque multidimensional de la comprensión que permitiera enriquecer los contenidos y las metas, es decir, costó que algunos participantes fueran más allá de la estructura basada en la lógica disciplinar de contenidos clásica. Por ejemplo, una de las participantes –aunque valoró el haber incluido, por sugerencia de los especialistas, la historia de la ciencia permitiéndole de este modo un enfoque epistemológico ligado a la dimensión de método– aludió a su dificultad para comprender conceptos tales como metas y dimensiones de la comprensión. Afirmó: "no me terminó de cerrar...me cierran más los contenidos que estos conceptos". O bien, en otro participante, a pesar de valorar las conversaciones en la tríada sobre "naturaleza de la ciencia", encontramos un abierto rechazo a incluir tópicos de historia de la ciencia y de epistemología argumentando que no son temas de interés para sus estudiantes y que los mismos no agregarían valor para la comprensión del tópico.
- *Protagonismo de los estudiantes en la construcción de conocimiento en el aula.*
  En ocasiones la construcción de desempeños se vio condicionada por la representación de los participantes sobre lo que pueden o no pueden hacer los estudiantes en clase. Observamos en general bajas o moderadas expectativas de desempeño autónomo de sus estudiantes en el aula. Pareciera que en estos profesores noveles perdura el lugar tradicional del transmisor de conocimiento y le cuesta pensar sus prácticas en diálogo con lo que sus estudiantes sí comprenden.

Por ejemplo, una de las participantes cuestionando la viabilidad de implementar sus desempeños expresó:

Me pregunto cuánto incide la madurez de los chicos en relación con la autonomía que esperamos de ellos para este tipo de trabajos.

Después de la experiencia en el aula, sin embargo, dos de los participantes admitieron que los desempeños de comprensión les permitieron ver aprendizajes en estudiantes que antes de la experiencia no se interesaban por las ciencias, o bien, que ahora se sorprenden con lo que los chicos saben.

- *Los Desempeños de comprensión como formas de evaluación alternativas a las pruebas.*
Ningún participante aceptó evaluar y calificar a partir de los desempeños de comprensión aun cuando tuvieran criterios explícitos y alineados con las metas de compresión. También rechazaron la introducción de otro tipo de instrumentos de evaluación alternativos a las pruebas o que la retroalimentación de las producciones en el aula fuera compartida con los estudiantes y no solo del docente. Por ejemplo, una de las participantes había enseñado el tema *la célula* con una analogía (célula como fábrica). Reconoció que el desempeño empleado permitió que muchos de sus alumnos participaran activamente y que eso probablemente había contribuido a la comprensión pero de una forma que ella no pudo evaluar. Afirmó: "Pudo haber sido útil en una forma no prevista". Por lo tanto, para evaluar el desempeño de los alumnos, la profesora decidió tomar una prueba.

Terminé tomándole una evaluación como la que estaban acostumbrados. Si les tomaba algo distinto iban a responder poco y nada. Si uno no les toma una pruebita formal, ellos piensan que no tiene validez.

Quizás sea en este tema donde se perciba con más evidencia el peso de lo instituido. En las entrevistas se observó a los participantes ligados a lo que se hace siempre en la escuela y lo que demanda la institución (respeto al currículo oficial de la jurisdicción y/o a los exámenes internacionales) sin poder establecer puentes con la pequeña innovación que se proponía en la tríada.

En síntesis, la apropiación del marco de la EpC en esta experiencia ha sido parcial (hecho esperable por el equipo de investigación) y, en general, fue realizada en aquellos aspectos del marco que permiten dar más sentido al tópico o dinamizar las clases cuestionando representaciones pero sin modificar aún el núcleo de la gramática escolar que regula sus prácticas (la clase expositiva y la secuencia de ejercicios). Igualmente, la apropiación del marco dejó abiertas inquietudes en los participantes:

> Para mí es importante que aprendan el tema y por ahí las maneras en las que lo pueden aprender. Capaz que uno se queda con las cosas tradicionales de unas preguntitas, las analizamos, las respondemos, lo ponemos en común y punto. Y a veces, una especie de juego o una lectura que parecía muy tonta sobre el viaje al interior de la célula, uno la lee y le parece una tontería, pero en realidad a los chicos les sirvió. A veces lo que uno piensa que no les va a servir en realidad les resulta útil en una forma no pensada.

> Hay que desestructurarse para que el chico aprenda…Aunque me parecen importantes, [después de la experiencia] ya no me baso tanto en los contenidos como antes. Me dedico más al proceso de aprendizaje del pibe…me cuestiono más… estoy más atenta a lo que provoca.

Eje 3. El diseño tutoriado de unidades como estrategia de desarrollo profesional

Los participantes realizaron una valoración muy positiva del dispositivo de acompañamiento como parte de su proceso de desarrollo profesional. En las entrevistas se hallaron evidencias favorables a su inclusión en la dinámica escolar. Tanto los participantes como los miembros del equipo de investigación vieron la experiencia como una buena inversión de su tiempo y como una articulación deseable de la facultad con la problemática de la enseñanza de las ciencias.

> A mí me gustó mucho porque estaba medio desconectada de la facultad, entonces uno se queda en lo que aprendió. Entonces actualizarme o decirme "mirá que este dato ya no es, hay otra opción que ahora se sabe". Poder discutir con un colega que sabe del contenido me ayudó. Yo estudié Biología en la UBA. Se me ocurre que un profesor que no estudió aquí, que hizo solo un profesorado, le vendría mejor. Hay un montón de cosas que uno las va viviendo acá en la facultad que un profesorado [no universitario] no las tiene.
>
> En mi colegio nos juntamos y nos gusta trabajar en grupo para ver lo que enseñamos en 3ero. Nos juntamos con mi compañera. Y sería bárbaro que en esos encuentros tuviéramos a alguien del grupo de investigación que nos fuera guiando. Eso sería lo ideal. No solo nosotros, sino alguien de afuera que te haga ver. Además, sería importante que nos dejaran investigar sobre lo que estamos haciendo, hacer estadísticas, comparar años enseñando de una u otra forma, llevarlo hacia algo más sistemático, más científico."

Los encuentros de codiseño se valoraron porque significaron desempeños de comprensión genuinos (movilizadores, significativos y razonables) para los participantes:

> Recomendaría esta experiencia. De hecho ya lo hice en el colegio donde trabajo porque trabajás con una unidad tuya, con tu material y lo modificás. No es que te vienen a hablar de "sanata" y no lo podés aplicar en el aula. Estás trabajando con lo que vos trabajás cotidianamente y ves los resultados. Y después te ponés a trabajar sobre el diseño. Esto me salió mal lo volvemos a trabajar. Es reflexionar sobre tu propio trabajo y ves los resultados y los podés analizar vos. Acá los pedagogos acompañan y se meten en el aula y eso está buenísimo y por eso lo recomendé al colegio.

Yendo a los detalles, los participantes valoraron los aportes conceptuales y prácticos de los especialistas en los encuentros de codiseño y durante la fase de implementación en el aula. Las inquietudes y sugerencias de los especialistas al acompañar en las tareas de diseño orientadas por el marco generaron conflictos cognitivos importantes que fueron apreciados positivamente por los participantes:

> Al principio yo iba a los encuentros de codiseño rezongando. Yo sola me metí en esto y me decía "pero… ¡tengo que corregir todo! ¡Tengo que cambiar todo! ¿Quién me manda a hacer esto?" Y después, estaba contenta que lo había cambiado y que la había mejorado a la unidad. ¡Y yo estaba entusiasmada!

> A mí lo que más me sirvió fueron las reuniones porque ahí yo anotaba y después me tenía que poner a elaborar y a ver qué me habían dicho o para dónde tenía que ir y volver y hablar con ellos. Mi cabeza salía exprimida, ¿entendés? Y cuando volvía sola con los papeles decía "pero, no entiendo que quieren que haga". Renegaba y volvía. Eso me sirvió y también llevarlo al aula. Y ver en el aula que sirvió lo que hicimos. ¡Tuvo sentido! Los pibes se prendieron o aprendieron con esto.

Desde la perspectiva de los investigadores la práctica de acompañamiento funcionó como un espacio intenso de *trabajo colaborativo* que mejoró la disposición de los profesores principiantes a mostrar sus producciones, a tomar decisiones sobre el diseño considerando un punto de vista más amplio y a incorporar al planeamiento como una actividad de reflexión enriquecedora. Además, para los investigadores la mayoría de los egresados se mostraron muy dispuestos y reflexivos para comprender la dinámica de trabajo propuesta en las tríadas.[38] Con relación a este punto, una de las participantes expresó:

---

[38] En uno de los casos la egresada avanzó en reformulaciones generales de todo su programa, más allá de la unidad. Esta fue una iniciativa que

> Para mí es una buena valoración. Aparte yo los miraba a ellos y los analizaba a ellos. Por ejemplo, a veces Claudia quería aportar más porque era de Biología (y si bien Sergio también lo era se quedaba más callado). Y Sandra la hacía como callarse para que tratara de decirlo yo. Y Sandra como que me iba guiando y yo iba buscando. Estaba bueno porque yo me apoyaba en los de Biología para decir "esto es importante y esto no es importante" en los contenidos, en su relevancia. Pero necesitaba de Sandra, veía lo que decía porque lo otro lo conocía. A mí lo que hace falta trabajar es la parte de la didáctica. Entonces me preguntaba por lo que Sandra me decía. Por ejemplo, ella me preguntaba para que tratara de definir las metas, a dónde quería llegar, y esto cómo lo enseñarías. Como que me iba llevando para donde tenía que ir... ¡No sé cómo expresarlo!
> Era mi andamiaje, pero no me decía como hacerlo. Ella me ayudaba a modificarlo pero en base a la idea que yo tenía.

En suma, las reuniones estuvieron impregnadas del marco de EpC en el tipo de preguntas y cuestiones que se planteaban tenían como motor la promoción de la comprensión, y la reflexión personal acerca de la propia práctica docente y de cómo hacer el mejor acompañamiento en estas reuniones.

Respecto a la fase de implementación los participantes valoraron las retroalimentaciones posteriores que permitieron analizar procesos y tomar decisiones sobre la práctica:

> Creo que las discusiones concretamente sobre la planificación y después también lo que me decían en las observaciones. Por ejemplo, que una actividad se las facilitaba demasiado a los chicos. A veces son cosas que uno ya las sabe y trata de evitarlas pero se ve que uno cae nuevamente en la misma historia. Son cosas muy válidas para mí, especialmente porque uno a veces termina como encerrado en un círculo de auto convencerse de que está haciendo las cosas lo mejor posible y uno tiene más por aprender.

---

tomó por fuera de nuestro acompañamiento.

Conclusiones

Como se indicó, este estudio fue de carácter exploratorio y tuvo como objetivos conocer las valoraciones de los egresados sobre los aportes del marco de Enseñanza para la Comprensión y evaluar los cambios en el conocimiento profesional que puede generar el trabajo tutoriado de diseño y la implementación de unidades didácticas. En ese sentido, esta experiencia muestra que el dispositivo en tríadas tuvo un impacto significativo y tangible en los diseños (especialmente en la definición de qué es lo que importa enseñar y, en menor medida, en cómo enseñarlo) y fue muy valorada como estrategia de desarrollo profesional.

Sin embargo, en nuestra opinión este tipo de intervención es costosa considerando los recursos que demanda y que requiere de mayor recurrencia sostenida en un periodo de tiempo importante (conjeturamos unos dos o tres años de experiencia compartida en las tríadas) para poder impactar más profundamente en el centro de las concepciones de ciencia, enseñanza y aprendizaje de los profesores noveles.

Finalmente, entendemos que esta experiencia también dejó lecciones para la formación de grado en la facultad pues, aunque el enfoque de las asignaturas del bloque pedagógico sea "constructivista", "compleja" y "crítica" es evidente que en las representaciones de los egresados convive con el modelo académico y un sentido común poco propenso a la innovación. Esto deja abierta la necesidad de debatir más al interior del cuerpo de profesores sobre las experiencias de aprendizaje durante la formación de grado y en la formación continua.

Bibliografía

Adúriz Bravo, A. (2006) *¿Qué naturaleza de la ciencia hemos de saber los profesores de ciencias? Una cuestión actual de la investigación didáctica.* UNESCO.

Aisenstein, A.; Eder, L.; Simón, J. y Schneider D. (2003) "La "práctica" en el marco de la Didáctica general. Experiencias formativas en los profesorados de ciencias" en *Primeras Jornadas Cuyanas de Didáctica, Prácticas y Residencias en la Formación de Docentes Facultad Filosofía y Letras*, CD-Rom ISBN 987-1024-50-9, Universidad Nacional de Cuyo.

Camilloni, A. y otros (2007) *El saber didáctico*, Buenos Aires, Paidós.

Gardner, H. y Boix Mansilla, V. (1994) "Enseñar para la comprensión en las disciplinas - y más allá de ellas" en *Teachers College Record,* Vol. 96, N° 2, New York, Basic Books, pp. 65-77. Traducción Lion, Carina.

Gray Wilson, D. (2002) *Las Dimensiones de la Comprensión, Proyecto Zero.* Escuela de Graduados en Educación de la Universidad de Harvard. Traducido por Patricia León Agustí y María Ximena Barrera.

Lemke, J. (1997) *Aprender a hablar ciencia*, Barcelona, Paidós.

García, C. M. y Estebaranz García, A. (1998) "Modelos de colaboración entre la Universidad y las escuelas en la Formación Inicial del profesorado" en *Revista de Educación*, N° 317, Madrid, INCE/MEC, pp. 97-120.

Martínez Aznar, M. M.; Martín del Pozo, R. y Rodrigo Vega, M. (2001) "¿Qué pensamiento profesional y curricular tienen los futuros profesores de ciencias de secundaria?" en *Revista de Enseñanza de las ciencias,* N° 19, Barcelona, ICE de la Universidad Autónoma de Barcelona, pp. 67-87.

Perrenoud, P. (2004) *Desarrollar la práctica reflexiva en el oficio de enseñar*, Barcelona, Graó.
Porlán Ariza, R.; Rivero García, A. y Martín del Pozo, R. (1998) "Conocimiento profesional y epistemología de los profesores, II: Estudios empíricos y conclusiones" en *Revista Enseñanza de las Ciencias*, N° 16, Barcelona, ICE de la Universidad Autónoma de Barcelona, pp. 271-288.
Pogré, P. (2007) *Enseñar para la Comprensión en América Latina. Los aportes del marco de Enseñanza para la Comprensión desde la perspectiva de los propios docentes*, Proyecto de tesis de doctorado, Doctorado en Educación, Universidad de Sevilla.
Pogré, P.; Simón, J. y otros (2008) "El Programa fortaleciendo vínculos. Capacitación en Enseñanza para la Comprensión a profesores de nivel polimodal en Villa Constitución (2004-2007)" en *I Congreso Metropolitano de Formación Docente*, Facultad de Filosofía y Letras, Universidad de Buenos Aires, Buenos Aires.
Simón, J.; Aduriz Bravo, A. y Litterio, V. (2005) "Cuando la escuela media y la universidad dialogan. Diseño de una secuencia sobre sistema endócrino" en *Revista Novedades Educativas*, N° 172, ISSN N° 0328-3534, Buenos Aires, Ediciones Novedades Educativas.
Terhart, E. (1987) "Formas de saber pedagógico y acción educativa: Lo que forma en la formación del profesorado" en *Revista de Educación*, N° 284, Madrid, INCE/MEC, pp. 133-158.
Wiske, M. S. (1999), *La enseñanza para la comprensión-vinculación entre la investigación y la práctica*, Buenos Aires, Paidós.

PARTE II
EXPERIENCIAS Y PROPUESTAS CON EpC EN LA FORMACIÓN DOCENTE INICIAL DE OTROS PROFESIONALES

LA INCORPORACIÓN CONCEPTUAL DE LA EpC EN LA PROGRAMACIÓN DIDÁCTICA DE LOS CURSOS DEL ÁREA DE ZOOLOGÍA

Institución: Facultad de Química, Bioquímica y Farmacia (FQBF). Universidad Nacional de San Luis.
Ciudad, provincia y país: San Luis, San Luis. Argentina.
Curso: Morfología funcional de los Vertebrados.
Carrera: Licenciatura en Ciencias Biológicas.
Autora: Liliana E. Bozzolo.
Contacto: lbozzolo@unsl.edu.ar

Introducción

Entre los años 1998 y 2000, desde la Secretaría Académica de la UNSL se trabajó en la propuesta de flexibilización de los planes de estudio de todas las carreras de la institución, entre otras innovaciones, lo que se plasmó institucionalmente en la Ord. CS 20/01.

Entre los años 2000 y 2004 se produjeron cambios sustanciales en los planes de estudio de las carreras de grado de la FQBF, generados por la política de flexibilidad curricular, unida a las de evaluación de la calidad, de acreditación, etc.

La revisión de los planes de formación profesional, con el objeto de alcanzar los estándares previstos, permitió la reflexión de qué y cómo se enseñaba, especialmente en el espacio áulico.

La experiencia relatada intenta mostrar el camino recorrido a lo largo de cinco años de programaciones didácticas en el marco conceptual de la EpC, en uno de los ocho cursos obligatorios que se dictan en el área de zoología para la Licenciatura en Ciencias Biológicas, los logros alcanzados y los obstáculos para su aplicación general que permitiría la constitución de una verdadera área de integración curricular.

Proceso de incorporación del marco de la EpC

Conocí el marco conceptual de la EpC durante el dictado del Módulo Procesos Didácticos de la Maestría en Educación Superior dictada por la FCH de la UNSL en el año 2003. Dado que se trabajaba sobre la programación de un curso, la presentación del programa de Morfología Comparada de los Vertebrados, correspondiente al plan de estudio anterior, en ese entonces todavía en vigencia, para el año lectivo 2004, constituyó el trabajo final para la aprobación del módulo.

Introdujimos entonces los conceptos, hilo conductor, metas de comprensión y evaluación diagnóstica continua. Dado que pudieron ser encastrados en los casilleros que ofrece el formulario para la elevación del programa, el mismo no fue cuestionado en las distintas instancias de su aprobación (Área, Departamento, Comisión de Carrera).

A partir de cambios sustanciales en la estructura curricular de la Licenciatura en Ciencias Biológicas con el cambio de plan de estudio (Ord. 19/03 CD), que se reflejaron especialmente en la reducción de la carga horaria de las actividades presenciales del núcleo obligatorio, y la redistribución de contenidos en nuevos espacios curriculares, tanto obligatorios como optativos, surgió la necesidad de fundamentar tales cambios y repensar la articulación vertical, de manera de fortalecer el eje conceptual de la carrera.

El trabajo dio comienzo en un Seminario Taller sobre Procesos Didácticos propuesto por mí[39], del que participaron docentes de tres Áreas de Integración Curricular: una de formación básica (Biología) y dos (Ecología y Zoología) involucradas en el diseño y el dictado de los contenidos

---

[39] Zoóloga especialista en Docencia Universitaria. Miembro disciplinar del PROARQUIBI. Ex coordinadora de las Comisiones de Carreras en Ciencias Biológicas. Ex secretaria académica de la FQBF

disciplinares de la carrera. Esta actividad fue aprobada y protocolizada tanto por el Departamento de Bioquímica y Ciencias Biológicas como por el Consejo Directivo de la Facultad (Resol. 649-04 CD).

Como resultado de este Taller, algunos equipos docentes aplicaron los conceptos de la EpC en el diseño de sus Programas, respetando el formato estándar de presentación.

Un obstáculo que se detectó *a posteriori* es que los docentes no discriminaron entre los conceptos *metas de comprensión* y *objetivo,* por lo que les resultó fácil en el ejercicio de diseño cambiar una palabra por otra.

Conceptos como *tópico generativo* y *desempeños de comprensión*, fueron utilizados artificialmente, como parte del ejercicio, pero luego fueron dejados de lado (o mal utilizados) a la hora de la presentación del programa.

En el caso del curso de Morfología Funcional de los Vertebrados (ex Morfología Comparada), respecto de las fortalezas del diseño en el aula, podríamos calificarlo como: *novedoso, menos estructurado, explícito y participativo.*

Las debilidades resultan más difíciles de adjetivar, pero están relacionadas estrechamente con las fortalezas, ya que lo novedoso es visto con *desconfianza* por los estudiantes, acostumbrados a seguir un proceso donde se le brindan las explicaciones correctas y ellos alcanzan el éxito cuanto son más capaces de memorizar. Lo menos estructurado les obliga a hacerse *responsables* de sus propios aprendizajes, para lo que no están preparados; el recorte de contenidos y el desplazamiento del eje de la clase expositiva a los espacios de lectura y discusión los deja, especialmente a los mejores estudiantes, con una sensación de *"muy fácil y poco".* Por último, la sensación de seguridad que les dan las pruebas de evaluación más o menos objetivas y estructuradas los *confunde,* ya que deben enfrentarse a otra evaluación que discrimina la evaluación de los aprendizajes y la de acreditación de los conocimientos.

Sin embargo, después de cinco años de aplicar esta metodología a la programación didáctica del curso de manera dinámica, los principales cambios en los modos de apropiación de los estudiantes los observamos en las instancias de taller y en las producciones textuales que propusimos.

En el primer caso, reemplazamos los seminarios tradicionales, que consistían en la lectura de un trabajo y la presentación del mismo por el taller. Los talleres sobre tópicos disciplinares son propuestos cada año, y la elección temática ha recaído, hasta ahora, en el cuerpo docente. Es de esperar que, dado que el curso es de cuarto año, surjan en algún momento intereses temáticos en los estudiantes. El taller donde trabajamos los conceptos centrales de la disciplina, así como parte de su historia, se repite cada año. Hasta 2009 fue propuesto como el primer taller, pero dada su complejidad decidimos en 2010 que fuera el taller de cierre, de modo que no solo sirva para debatir las ideas que conformaron los conceptos centrales, sino también que puedan aplicarlas en la elaboración de las producciones textuales, que son utilizadas en la presentación de portafolio que, como instancia de evaluación integral, realizan en los casos de aprobación por promoción sin examen final.

Respecto de sus producciones textuales, hemos podido sacarlos del esquema "monografía", y al darles libertad, se han expresado mediante formatos tan disímiles como: publicación científica, divulgación, cuadros y tablas, y hasta encuestas de opinión.

Cambios operados en el grupo y en la institución

La aplicación del marco conceptual de la EpC en mi práctica docente contribuyó a entender mi trabajo de enseñar como una práctica intencional, y al aprendizaje como un proceso en el cual puedo intervenir facilitando el uso de estrategias flexibles y actitudes reflexivas por parte de los estudiantes en su abordaje disciplinar.

El marco de la EpC influyó, en primer lugar, en que me permití "elegir" el eje conceptual del curso, desviándolo del modelo tradicional de dictado de los diversos cursos de Morfología Comparada. La división del curso en módulos resultó coherente a la hora de explicitar los *hilos conductores* de cada uno de ellos.

A partir de estos, surgieron las preguntas, que fueron presentándose casi naturalmente como *metas de comprensión*. A partir de allí, fue mucho más fácil abandonar los textos como guías de contenidos a seguir y realizar la selección de contenidos (que sentía como un imperativo de la reducción horaria que había sufrido el curso con el cambio de plan de estudio), estableciendo así los *tópicos generativos*.

Como el curso está tipificado como teórico-práctico, se diseñaron las clases de manera de ver un tema por semana, incluidas las actividades presenciales y no presenciales, las que fueron propuestas en una guía de estudio.

El diseño de cada clase implicó la enunciación de las metas de comprensión, así como los *desempeños,* y la *evaluación continua* de los mismos.

Respecto de mi concepción de aprendizaje, en mi extensa carrera docente, esta fue variando de la naturalización de creer que si yo enseño el otro debe aprender, y que si no lo hace es por factores tales como: "no estudia lo suficiente", "vienen sin base", "no presta atención", "no le interesa la carrera", o "no le da la cabeza". Al comprender el sentido del concepto de aprendizaje significativo de Ausubel, me llevó a indagar en los conocimientos previos, en los obstáculos, y en cómo mi práctica debía actuar como facilitador o puente de las modificaciones en las representaciones que porta el estudiante. Por último, la EpC me permitió entender al aprendizaje como un acto volitivo y reflexivo, y me ofreció un método que nos permite (a los docentes del curso y a los estudiantes que lo toman) darle una estructura explícita y poder monitorear los procesos de enseñanza y aprendizaje, evaluándolos sobre la marcha, corrigiendo los errores, retomando caminos cuando nos desviamos, etc.

También sirvió para ubicarme en un lugar más dinámico como docente, abandonar el rol de transmisor para ubicarme en el de facilitador en la búsqueda de las respuestas.

Creo que lo más rico, desde mi perspectiva de docente, es la posibilidad de acercarlos no solo a la metodología o al objeto de la disciplina, sino a reflexionar sobre el desarrollo de la misma, la contextualización de los hallazgos, la posibilidad de que se cuestionen visiones, tesis, etc. La Morfología, como toda disciplina científica, es dinámica, no podemos verla solo como la "madre de la zoología", es importante que entiendan los cambios que sufrieron los métodos de estudio a medida que cambiaban las preguntas y los problemas.

La enseñanza académica de las disciplinas científicas adolece de falta de espacios para reflexionar respecto de los contextos de descubrimiento, de las luchas al interior del campo científico, sumado a que los libros de texto reproducen el conocimiento como saber validado ("explicación correcta, verosímil, autorizada").

Lo que me resultó más innovador en mi práctica fue la correspondencia entre *metas* y *desempeños de comprensión*, lo que facilitó saber qué estudiar, en qué detenerse, qué eliminar de la práctica, qué evaluar.

En el ámbito de la UNSL creo que el marco fue difundido ampliamente, teniendo en cuenta la cantidad de alumnos de postgrado que cursaron el Módulo de Procesos Didácticos.

Una razón/excusa para no aplicar nada que implique evaluación continua, actividades no presenciales, subjetividad, etc. es el número de alumnos por curso y la relación docente/alumno resultante. Siguiendo con este pensamiento, en la FQBF podría aplicarse fácilmente en los cursos de años superiores, en aquellas carreras de baja matrícula, donde los docentes tenemos un contacto fluido y permanente con un grupo de alumnos que no supera el número de 20.

El marco fue presentado en ocasión de diseñar las programaciones didácticas de nuevos cursos del plan de estudio Nº 19/03 de la Licenciatura en Ciencias Biológicas, con la participación de las tres áreas que participan del dictado de la carrera en cuestión, centrándome solo en mi área de pertenencia (Zoología).

Con relación a la misma, fue utilizado en el diseño de tres cursos obligatorios y uno optativo, pero en los hechos, en dos de los obligatorios solo se conservaron los títulos pero no fueron bajados a la práctica. En realidad creo que esto solo demuestra lo difícil que es abandonar las prácticas establecidas.

Usaré una imagen para explicar lo que sucedió en el grupo con la aplicación del marco de la EpC, y para responder el interrogante de qué traje y qué se modificó en relación con la aplicación de ese marco.

La disciplina es un armario de madera finísima, cerrado con un hermoso y antiguo candado de bronce. Nosotras (las docentes) éramos las celosas guardianas de la llave. Luego de explicar la historia del armario y de su contenido, aquellos estudiantes que prestaran atención se harían acreedores de la llave. Hoy, desde el primer día de clases, abrimos el armario, nos sentamos todos juntos en el suelo, y elegimos de su contenido aquellas piezas que nos llaman la atención y con ellas construimos cosas nuevas. Los que aprueban el curso, se las llevan a sus casas.

Bibliografía

Blythe, T. y otros (1999) *Enseñanza para la Comprensión. Guía para el docente*, Buenos Aires, Paidós.
Perkins, D. (2002) "Marcos para pensar" en *Revista Alternativas. Serie Espacio Pedagógico*, Año VII, N° 29, noviembre, San Luis, Laboratorio de Alternativas Educativas.
Pogré, P. y Lombardi, G. (2004) *Escuelas que enseñan a pensar. Enseñanza para la comprensión. (EpC) Un marco teórico para la acción*, Buenos Aires, Papers Editores.

Anexo. Presentación de diseños y experiencias

1. Hilos conductores de la materia

MÓDULO I
La formación del mesodermo, de las crestas neurales y de los placodes, explica a nivel embrionario la unidad del plan estructural y el aumento de complejidad de los vertebrados

MÓDULO II
¿Podemos explicar la evolución de los vertebrados a partir de la determinación de homologías y el reconocimiento de adaptaciones esqueletarias?

MÓDULO III
¿Podemos explicar la evolución compleja de los sistemas de mantenimiento como reflejo de la ocupación de los distintos nichos por parte de los vertebrados?

MÓDULO IV
La Morfología Comparada fue considerada la disciplina madre de la Zoología en el siglo XVIII, al poder explicar la evolución de los vertebrados a partir de la determinación de homologías.

2. Tópicos generativos

Los tópicos de este curso no están ligados a problemas sociales o culturales, por lo que no son de interés inmediato para los estudiantes. Es importante entonces buscar aquellos que constituyan conceptos básicos de la disciplina, así como cuestionadores de otros que pudieran haber aprehendido en cursos previos. De modo general, se seleccionaron tópicos relacionados con otras disciplinas, de modo de trabajarlos en las dos dimensiones que pretende el curso: desde el punto de vista evolutivo (determinación de homologías a partir de apomorfías) y funcional (determinación de modificaciones relacionadas con la ocupación de hábitats nuevos). Se articulan así con otras disciplinas: Embriología, Evolución, Ecología y Fisiología.

Se requiere permanentemente de la relación con los tópicos de cursos correlativos anteriores: Teorías Evolutivas, Biología Animal, Diversidad Animal II y Biofísica. Respecto de los aspectos que considero más relevantes, permiten analizar el contexto de descubrimiento y los aspectos epistemológicos de la disciplina, especialmente los Módulos I y IV.

MÓDULO I. SISTEMAS DE INTEGRACIÓN Y CONTROL. EMBRIOLOGÍA COMPARADA.

Organogénesis del sistema nervioso y de los principales órganos de los sentidos: El ojo y su formación como ejemplo de inducción. Sistemas sensoriales y nervios derivados de placodes neurogénicos. Organización básica de la cabeza de los vertebrados. Branquiómeros y organización faríngea. Organización de la cabeza en embriones de amniotas.

MODULO II. SISTEMAS DE SOSTÉN Y LOCOMOCIÓN

Cráneos cinéticos y acinéticos. El cráneo de los reptiliomorfos. Cambios craneanos relacionados con cambios en los órganos de los sentidos. Fenestración temporal y músculos mandibulares. Cambios en el oído medio. Fuerzas que actúan en la articulación mandibular. Evolución del esqueleto axial. Origen del miembro tetrápodo. Origen y desarrollo de los distintos grupos funcionales de músculos. Morfología funcional del soporte y la locomoción en los ambientes acuático, terrestre y aéreo.

MÓDULO III. SISTEMAS VEGETATIVOS DE MANTENIMIENTO INDIVIDUAL Y ESPECÍFICO

Sistema digestivo: origen. Cavidad oral: modos de alimentación. Anatomía funcional del tracto digestivo en los distintos regímenes alimentarios. Relaciones entre los cambios del sistema digestivo y la evolución de los cordados. Sistema respiratorio: origen. Evolución de los modelos respiratorios en los vertebrados de respiración aérea. Sistema circulatorio: origen. Circulación embrionaria. Evolución del corazón y los arcos aórticos en los tetrápodos. Sistema excretor: origen. Evolución del tubo renal. Desarrollo y evolución del riñón. El ambiente de los craneados ancestrales. El pasaje del ambiente acuático al terrestre.

MÓDULO IV. DELIMITACIÓN DEL CAMPO DISCIPLINAR

La zoología comparativa y el surgimiento de la zoología como ciencia. Métodos de estudio de la Morfología Comparada. Conceptos de: homología y homoplasia; crecimiento alométrico e isométrico. Integración con los sistemas de órganos estudiados. Un modelo clásico del estudio comparativo: la organización de la cabeza de los vertebrados.

3. Metas de comprensión

En la enunciación de las metas, se tuvieron en cuenta la *dimensión de contenido,* ya que muchas de ellas son las preguntas que se hacen los expertos para llevar a cabo sus investigaciones (por ejemplo, la redacción de la meta 2 del Módulo II), la *dimensión de método,* ya que casi todas las enunciaciones tienen como base la comparación, salvo aquellas de neto contenido epistemológico (por ejemplo, la meta 1 del Módulo I), y la *dimensión de propósito*, ya que se hace explícito a qué aspectos (evolutivos, fisiológicos, ecológicos) de los estudios morfofuncionales se está apelando (por ejemplo, meta 3 del Módulo III, meta 4 del Módulo III).

MÓDULO I

1. ¿Cuál fue el aporte del estudio de los nervios craneales a la comprensión de la evolución de la cabeza de los vertebrados?

2. ¿Qué relaciones observo entre el sistema nervioso autónomo, el sistema nervioso central y los restantes sistemas de órganos?

MÓDULO II

1. ¿Cuáles son los principales tipos locomotores que reconozco en los vertebrados, y cuáles los principales grupos musculares asociados a la locomoción?

2. ¿Qué relaciones (alométricas o de otro tipo) observo entre los principales músculos apendiculares y los elementos de estilopodio y zeugopodio?

3. ¿Cuál es la correspondencia entre estilo- zeugo- y autopodio, asociada a los distintos tipos locomotores?

MÓDULO III

1. ¿Cuáles son los principales tipos masticatorios que reconozco en los mamíferos, cuáles las morfologías de las coronas dentarias asociadas, y cómo integro lógicamente las morfologías dentarias, craneana y muscular cefálica?

2. ¿Qué relaciones (alométricas o de otro tipo) observo entre los principales músculos cefálicos y las principales regiones craneanas?

3. ¿Qué relaciones puedo establecer entre los cambios del sistema digestivo y la evolución de los cordados?

4. ¿Qué relaciones puedo establecer entre los sistemas respiratorio, circulatorio y excretor y el pasaje del ambiente acuático al terrestre?

MÓDULO IV

1. ¿Cuáles fueron las condiciones sociales e históricas que determinaron la delimitación de la Zoología como ciencia?

2. ¿Cuáles son las apomorfías más importantes que se reconocen en la determinación de los principales grupos de vertebrados?

3. ¿Cómo se produjeron los distintos cambios estructurales del cuerpo vertebrado en relación con la secuencia temporal?

4. Desempeños de comprensión

En el diseño de los desempeños, solo se tuvieron en cuenta las dimensiones de contenido y de método.

En todos los trabajos prácticos de aula, las Actividades 1 y 2 responden a las siguientes consignas:

La Actividad 1 (presencial) consiste en una serie de preguntas que tienen como objetivo indagar en los conocimientos previos del estudiante, y constituye una actividad individual.

La Actividad 2 (no presencial) consiste en la lectura de la bibliografía indicada, a partir de la cual se sugiere la elaboración de un glosario con los términos desconocidos o que el estudiante considere importante definir precisamente.

Otras actividades consisten en:

TRABAJO PRÁCTICO DE AULA Nº 1. RECONSTRUCCIÓN DE LA FILOGENIA DE LOS AMNIOTAS
Meta de comprensión

¿Cuáles son las apomorfías más importantes que se reconocen en la determinación de los principales grupos de vertebrados?

Desempeños

La Actividad 3 (presencial) es la instancia donde se ponen en juego los desempeños de comprensión; mediante la aplicación de datos de la Morfología Comparada, el estudiante completará una matriz de datos, y posteriormente diseñará un cladograma donde se expliciten las relaciones filogenéticas a partir del uso de las apomorfías.

TRABAJO PRÁCTICO DE AULA N° 2. SISTEMAS DE INTEGRACIÓN Y CONTROL: SISTEMA NERVIOSO

Meta de comprensión

¿Qué relaciones observo entre el sistema nervioso autónomo, el sistema nervioso central y los restantes sistemas de órganos?

Desempeños

La Actividad 3 (individual o grupal) consiste en el trabajo sobre un diagrama, en donde el estudiante ubique los elementos anatómicos, señalando su procedencia embrionaria, así como los circuitos neuronales que responden a situaciones problemáticas, fisiológicas y/o de comportamiento, propuestas por él o por los docentes.

TRABAJO PRÁCTICO DE AULA N° 3. SISTEMAS DE INTEGRACIÓN Y CONTROL: ÓRGANOS DE LOS SENTIDOS

Meta de comprensión

Los receptores sensoriales captan los cambios en los ambientes interno y externo. ¿Puedo explicar la evolución de los vertebrados en relación con el desarrollo del oído y del ojo formador de imágenes?

Desempeños

La Actividad 3 (individual o grupal) consiste en el trabajo sobre diagramas, a partir de los cuales el estudiante relate el origen y la formación del oído interno y del ojo formador de imágenes, y lo relacione con el aumento de la complejidad en los modos en que el individuo aprehende el exterior y aumenta la capacidad de recibir, discriminar y almacenar información.

Los trabajos prácticos de aula 4 al 7 incluyen actividades sobre material esqueletario conservado.

TRABAJO PRÁCTICO DE AULA N° 4. MORFOLOGÍA FUNCIONAL DEL CRÁNEO EN NO MAMÍFEROS

Metas de comprensión

¿Cómo se relacionan forma y función en el cráneo?

¿Qué relaciones (alométricas o no) puedo establecer entre los principales músculos cefálicos y las regiones craneanas?

Desempeños

A lo largo de seis actividades, el estudiante: 1. determinará modos de suspensión mandibular; 2. lo relacionará con los modos de alimentación, 3. comparará distintos cráneos, 4. distinguirá similitudes y diferencias, 5. discutirá con sus compañeros las relaciones de parentesco y de función, 6. completará esquemas, 7. observará estadios de desarrollo embrionario del cráneo al microscopio.

TRABAJO PRÁCTICO DE AULA N° 5. MORFOLOGÍA FUNCIONAL DEL CRÁNEO EN MAMÍFEROS

Metas de comprensión

¿Cuáles son los principales tipos masticatorios que reconozco en los mamíferos, y cuáles son las morfologías de las coronas dentarias asociadas a ellos?

¿Cómo integro lógicamente las morfologías dentaria, craneana y muscular cefálica?

Desempeños

Actividad 1 (modalidad no presencial): el estudiante leerá un trabajo sugerido, haciendo especial hincapié en la musculatura masticatoria.

Actividad 2 (modalidad presencial): el estudiante: 1. observará cráneos de mamíferos correspondientes a los distintos órdenes, 2. los agrupará según el modo de alimentación, 3. enumerará las características morfológicas craneodentarias que los distinguen, 4. deducirá la musculatura asociada, y 5. relacionará todo lo anterior filogenética y funcionalmente.

TRABAJO PRÁCTICO DE AULA N° 6. MORFOLOGÍA FUNCIONAL DEL ESQUELETO AXIAL POST CRANEANO.
Metas de comprensión
¿Cómo se relacionan forma y función en las vértebras?
¿Cómo se relaciona la estructura de la columna vertebral con los principales tipos locomotrices?
Desempeños
Actividad 3 (modalidad presencial y grupal): el estudiante observará y determinará sobre el material entregado si las vértebras son, según las caras articulares del cuerpo, anficélicas, procélicas, opistocélicas, heterocélicas, o anfiplanas.

Actividad 4 (modalidad presencial y grupal): el estudiante observará y determinará sobre el material entregado a qué región de la columna vertebral corresponde.

Actividad 5 (modalidad presencial y grupal): con los datos anteriores, determinará a qué grupo pertenecen, y qué relación tienen las distintas morfologías con el tipo locomotor.

TRABAJO PRÁCTICO DE AULA N° 7. MORFOLOGÍA FUNCIONAL DEL ESQUELETO APENDICULAR
Metas de comprensión
¿Cómo se relacionan forma y función en el esqueleto?
¿Cómo se explica la diversidad de tipos esqueletarios y la unidad del plan estructural?

¿Cuáles son los principales tipos locomotores que reconozco en los mamíferos, y los principales grupos musculares asociados a ellos?

Desempeños

Actividad 3: sobre material conservado de peces, el estudiante: 1. observará los elementos del esqueleto apendicular. En forma grupal, 2. explicarán la relación de los mismos con el modo de locomoción.

Actividad 4: sobre el esqueleto preparado de anuro, 1. observará los elementos del esqueleto apendicular. En forma grupal, 2. explicarán la relación de los mismos con el modo de locomoción.

Actividad 5: sobre el esqueleto preparado de ave, 1. observará los elementos del esqueleto apendicular. En forma grupal, 2. explicarán la relación de los mismos con el modo de locomoción.

Actividad 6: sobre el material entregado, 1. reconstruirán en forma grupal, las fórmulas falangianas de los distintos órdenes de tetrápodos.

Actividad 7: 1. a partir de la lectura de la bibliografía indicada de las adaptaciones del miembro quiridio a los distintos tipos de locomoción, y en forma grupal, 2. intentarán inscribir el material entregado en alguna de las categorías locomotrices. Una vez revisadas las descripciones con el docente, 3. realizarán esquemas.

TRABAJO PRÁCTICO DE AULA N° 8. SISTEMAS VEGETATIVOS DE MANTENIMIENTO INDIVIDUAL Y ESPECÍFICO: SISTEMAS DIGESTIVO Y RESPIRATORIO

Metas de comprensión

¿Cómo se asocian los mecanismos de alimentación con los mecanismos respiratorios en los peces?

¿Qué relaciones observo entre la estructura del sistema digestivo, la dieta, la tasa metabólica y el tamaño corporal?

Desempeños

Actividad 3 (presencial): el estudiante explicará, a partir de los esquemas entregados, los movimientos respiratorios y su relación con la alimentación en los vertebrados acuáticos.

Actividad 4 (no presencial): a partir de la bibliografía entregada, el estudiante presentará una producción textual donde discutirá, a elección, los problemas a los que se enfrentan y las estrategias que despliegan: a) los herbívoros de pequeño tamaño, b) los herbívoros de gran tamaño, o c) los granívoros.

TRABAJO PRÁCTICO DE AULA Nº 9. SISTEMAS VEGETATIVOS DE MANTENIMIENTO INDIVIDUAL Y ESPECÍFICO: SISTEMA CIRCULATORIO

Meta de comprensión

¿Cómo relaciono la estructura del corazón y los circuitos sanguíneos de los vertebrados con las adaptaciones a los distintos ambientes que estos ocupan?

¿Qué relación guarda la estructura del corazón y de los principales circuitos sanguíneos con la historia filogenética de los distintos grupos?

Desempeños

Actividad 3 (presencial): el estudiante explicará, a partir de los esquemas entregados, la estructura de los corazones de pisciformes, anuros y reptiles, y los relacionará con el modo de respiración y los ambientes que ocupan.

Actividad 4 (presencial): el estudiante deducirá, a partir de los esquemas entregados, las relaciones filogenéticas que pueden inferirse a partir de la estructura del corazón y los arcos aórticos asociados.

TRABAJO PRÁCTICO DE AULA Nº 10. SISTEMAS VEGETATIVOS DE MANTENIMIENTO INDIVIDUAL Y ESPECÍFICO: SISTEMAS URINARIO Y GENITAL

Metas de comprensión

¿Cuáles fueron los principales cambios morfofuncionales referidos a la osmorregulación y la excreción que ocurrieron cuando los vertebrados ocuparon el ambiente terrestre y eventualmente se volvieron endotérmicos?

¿Cuáles fueron los principales cambios morfofuncionales en las estrategias reproductivas que permitieron a los vertebrados ocupar el ambiente terrestre y eventualmente independizarse de las restricciones climático- ambientales?

Actividad 3 (presencial): El estudiante explicará, a partir de los esquemas entregados y de la lectura de la bibliografía sugerida, la importancia de la nefrona en los cambios de ambiente sufridos a lo largo de la evolución de los vertebrados.

Actividad 4 (presencial): a partir de los esquemas presentados, el estudiante explicará 1. las relaciones ontogenéticas entre los sistemas urinario y genital y 2. las estrategias reproductivas que despliegan, según el sexo: a) los anamniotas acuáticos, b) los anamniotas terrestres y c) los amniotas.

Taller: LOS GRANDES TEMAS DE LA MORFOLOGÍA COMPARADA: HOMOLOGÍA; FORMA- FUNCIÓN; ARQUETIPO

Meta de comprensión

¿Cuáles fueron las condiciones sociales e históricas que determinaron la delimitación de la Zoología como ciencia?

Desempeños

Actividad 1 (modalidad no presencial): el estudiante realizará la lectura de los trabajos sugeridos en forma individual o grupal. Luego elaborará un informe comentado sobre los mismos. Si la lectura fuera grupal, cada uno elegirá un autor, de manera de defender y discutir los distintos enfoques.

En caso de usarse este taller para la evaluación de portafolio

Actividad 2 (modalidad no presencial, individual): el estudiante extraerá conceptos y tratará de enmarcarlos en el contexto socio-histórico del autor. En una producción textual, donde detallará los modos, las dificultades, los hallazgos, etc. que se aplicaron o surgieron durante su elaboración, aplicará esos conceptos integrándolos a algún sistema de órganos estudiado.

Actividad 3 (modalidad presencial): consiste en la puesta en común, para su discusión y evaluación, de los distintos informes.

5. Evaluación diagnóstica continua

El curso consta de clases teórico-prácticas, las cuales pueden incluir a) trabajo individual, con uso de bibliografía, con actividades presenciales y no presenciales; b) trabajo grupal, con modalidades de taller, seminario, con actividades presenciales y no presenciales; c) estudio de casos, que constituye una actividad presencial en la que se pretende que el alumno, no solo sea capaz de "hacer algo", sino que pueda obtener cierto conocimiento, articularlo con otros y utilizarlo en contextos diferentes o que pueda recurrir a él para la adquisición de nuevos conocimientos, en este caso se prioriza el desarrollo del intercambio, la clarificación de ideas, la discusión y la argumentación vinculada con aspectos controvertidos o poco claros, supone la capacidad de aclarar y desarrollar la propia perspectiva y de confrontarla con la de otros; d) exposición por parte de los docentes; y e) actividades convencionales de mostración-observación. Cada trabajo práctico de aula está diseñado para ser desarrollado durante una semana y cuenta con actividades presenciales y no presenciales.

Dada la modalidad del curso y el número de estudiantes, la evaluación del mismo se realiza en forma continua, al cierre de cada clase, con la puesta en común y discusión de lo producido en las distintas actividades propuestas, mediante el registro en una grilla de evaluación que se adjunta de los siguientes ítems: los reportes orales o escritos, teniendo en cuenta el uso de la información (recibida en clase, obtenida a partir de bibliografía, buscada en Internet), la referencia a las fuentes, la construcción de conceptos y/o descripciones, el grado de elaboración propia, y de participación.

Después de cada módulo se evalúa si se han alcanzado las metas de comprensión que constan en el programa, mediante un seminario en el cual los alumnos explican en forma oral problemas funcionales que se les plantean utilizando los contenidos aprendidos. La aprobación del curso por promoción sin examen final resulta de la suma de las evaluaciones de las distintas instancias propuestas y la presentación de un portafolio (Camilloni - 1998) mediante el cual el alumno realice el proceso de integración final, analizando algún tópico del programa sobre la base conceptual de lo discutido en el taller: "Los grandes temas de la Morfología Comparada: Homología; Forma-Función; Arquetipo".

Los alumnos que aprueban el curso por promoción sin examen son generalmente los mismos que, y en relación con *las dimensiones de contenido, de método* y *de propósito*, fueron capaces de modificar las creencias intuitivas y de trabajar flexiblemente con los conceptos, trabajar de manera crítica con la bibliografía, argumentar y deducir racionalmente en el debate con pares y docentes, y en referencia a la *dimensión de comunicación*, mostrar cierto grado de creatividad a la hora de elaborar y divulgar sus producciones.

Grilla de evaluación continua

Participación	Activa 4	Responde 3	Escasa 1	Nula 0
Trabajo	Voluntario 4	A requerimiento 3	Exigido 1	Nulo 0
Como estudiante	Concentrado 4	Disperso 2	Muy disperso 1	
Como compañero	Solidario 2	Egoísta -2		
Actitud	Positiva 1	Neutra 0	Negativa -1	
Uso de material	Bueno 4	Regular 2	Malo 0	
Informe oral	Correcto 4	Regular 2	Malo 0	
Informe escrito	Muy bueno 4	Bueno 3	Regular 2	Malo 0
Explicación	Hipotetiza 4	Explica 3	Repite 1	
Uso de bibliografía	Pertinente y variada +2	Inadecuada -2		

Pensar-sentir-actuar.
La relación docente-alumno-conocimiento en el marco de la enseñanza para la comprensión

Institución: Facultad de Ciencias Humanas. Universidad Nacional de San Luis.
Ciudad, provincia y país: San Luis, San Luis. Argentina.
Curso: Psicología Educacional (línea cognitiva).
Carrera: Licenciatura en Psicología.
Autora: Selva B. Candás.
Contacto: selvacandas@gmail.com

Introducción

La presente experiencia se realizó en la Facultad de Ciencias Humanas de la Universidad Nacional de San Luis, en la asignatura Psicología Educacional para el Profesorado y Licenciatura en Psicología con alumnos/as que cursan el quinto año de dichas carreras.

Desde esta propuesta se pretende generar un espacio de reflexión sobre la construcción del proceso de enseñar y aprender a través de un proceso de cambio que compromete al ser humano desde un enfoque holístico, paralelamente a la construcción de nuevas formas de pensar, de sentir y de actuar para acceder al conocimiento.

Enseñar desde este enfoque implica favorecer la construcción de conocimientos y el desarrollo de la motivación intrínseca de los alumnos, propiciando habilidades a partir de la praxis que les permita actuar con lo que saben, frente a situaciones similares de aprendizaje.

La Enseñanza para la Comprensión es el marco utilizado para esta innovación pedagógica. Proporciona a los docentes un lenguaje y una estrategia en pos de mejorar la enseñanza logrando una mejor comprensión por parte de los alumnos.

Fundamentación

Nuevas propuestas, nuevos paradigmas invitan a pensar de qué manera van a realizarse los cambios en personales docentes y profesionales para dar respuesta a la sociedad, a la comunidad educativa que demanda atención, cuidado y revaloración.

Poder pensar significa entre otras cosas, ser capaz de establecer relaciones entre conceptos y para ello es necesaria una comprensión de cada uno de ellos. *Comprender es mucho más que aprender, es pensar y actuar flexiblemente, en cualquier circunstancia a partir de lo que uno sabe acerca de algo.* El aprendizaje requiere aprender en la acción, produciéndose por medio de un compromiso reflexivo con desempeños de comprensión que se presentan como un desafío.

Pogré y Lombardi (2004) expresan qué es pensar y actuar a partir de conocimientos previos que el individuo tiene, y de la nueva información y experiencias propuestas por el contexto institucional y social.

En esta permanente búsqueda con una nueva mirada, lo que se le presenta al alumno en el aula debe comprometerlo *desde cómo piensa, siente y actúa el conocimiento que va adquiriendo.* Es convertirse en protagonista de su propio proceso de aprendizaje viviéndolo desde adentro hacia fuera. Es un camino de a*utoconocimiento* que le permite conocer sus fortalezas y debilidades y poder actuar con seguridad y placer.

Enseñar, por lo tanto, no solo es construir conocimiento, sino que es un aprendizaje para la vida que se va cimentando a través de promover el diálogo, una conversación entre todos los integrantes del proceso de enseñar y aprender. Allí surgen creencias, emociones, conflictos, que afianzan al alumno desde su crecimiento personal a través del autoconocimiento.

Marco teórico conceptual

Investigadores como Piaget, Vigotsky, Perkins, Gardner y Goleman proporcionan herramientas importantes para contrarrestar las viejas concepciones enciclopedistas y contactar con una pedagogía que enseñe a pensar y reflexionar.

De la teoría de Piaget interesa, entre otros conceptos, el conflicto cognitivo a través del cual los alumnos pueden modificar sus esquemas mentales a partir de lo que traen y el error constructivo desde donde los alumnos pueden resignificar sus aprendizajes, sabiendo que a través del análisis y reflexión pueden modificar la respuesta buscando la correcta.

Desde la teoría socio histórica que plantea Vigotsky el aprendizaje tiene una doble función: una interpersonal y otra intrapersonal. En el contacto con el otro a través de distintas actividades el conocimiento es construido en grupo, donde todos aportan lo que saben según su historia personal o escolar vivida, aceptando los puntos de vista de cada uno. El alumno necesita su propia interiorización para procesar la información recibida y poder realizar los cambios necesarios que le permita la comprensión desde todas las áreas de su vida. El pensamiento de orden superior, según Vigotsky, tiene determinadas características: en la etapa de autorregulación el individuo comienza a regular su propio proceso de aprendizaje; el sujeto es consciente de su actividad cognitiva; reflexiona acerca de lo que está haciendo. *Por lo tanto aprender es transformar las estructuras de conocimiento en nuevas estructuras de aprendizaje.*

Maturana (1990) concibe la escuela y la educación como una conversación, como una relación entre lenguaje y emociones. La idea de educación como conversación supone que no solo se intercambian contenidos, ideas, conceptos a través de las palabras, sino que la conversación genera emociones y son estas las que modulan el significado que portan los contenidos lingüísticos. Son las emociones que mueven a los seres humanos a la acción, a actuar de uno u otro modo. El modo en que se establezca la conversación entre docentes y alumnos es lo que facilitará a través del afecto la acción de los alumnos, que es la llave de la enseñanza.

Siguiendo a David Perkins, puede sostenerse que el aprendizaje es una consecuencia del pensamiento y también de la atención y el cuidado del "otro", por lo tanto es necesario que en las experiencias de aprendizaje, los alumnos reflexionen con los docentes acerca de qué están aprendiendo y puedan establecer múltiples relaciones pues *"conectar es pensar".*

En cuanto al marco de Enseñanza para la Comprensión, el cual enmarca esta experiencia, recupera el sentido de las preguntas:
- ¿Qué es lo que quiero que los alumnos comprendan?
- ¿Cómo sé que comprenden?
- ¿Cómo saben ellos que comprenden?

Un elemento importante a tener en cuenta en este marco, es que *la comprensión es un desempeño,* y que *el aprendizaje es una apropiación instrumental de la realidad para reconfigurarla.*

En cuanto a los elementos más importantes que forman parte del Marco Teórico de Enseñanza para la Comprensión son: *Hilos Conductores, Tópicos Generativos, Metas de Comprensión, Desempeños de Comprensión y Evaluación Diagnóstica Continua.*

Desarrollo

Componentes del Marco de Enseñanza para la Comprensión. Su aplicación en la experiencia

- *Hilo Conductor:*
Surge de la interacción entre docentes y alumnos a la luz de una nueva propuesta de enseñanza y aprendizaje que contextualiza las prácticas docentes en la asignatura Psicología Educacional. El *Hilo Conductor* se refiere a la *Formación Profesional de los educandos: aprendizaje, cambio, inteligencia emocional, autoconocimiento, autoevaluación.*

- *Metas de comprensión*:
    - Reflexionar sobre la teoría y la práctica que reciben en la universidad preparándolos como docentes/profesionales.
    - Pensar-sentir y actuar el conocimiento incursionando en la teoría de la Enseñanza para la Comprensión.
    - Generar un espacio de reflexión dando la oportunidad para el crecimiento y desarrollo personal.

- *Tópicos Generativos:*
    - Relación entre Aprendizaje y Cambio
    - Respiración consciente
    - Motivación
    - Comunicación
    - Inteligencia Emocional
    - Teorías del Aprendizaje: Piaget, Ausubel, Vigotsky.

Debido a que la temática es muy amplia, se eligió como Tópico Generativo para analizar con los alumnos el concepto de aprendizaje-cambio y la relación de ambos en el concepto de aprendizaje.

Se profundizó el mismo a través de distintas expresiones que los alumnos fueron dando a través de la técnica denominada "lluvia de ideas".

Verbalizaron que aprendizaje y cambio permiten reflexionar sobre la formación y posterior desempeño profesional desde una mirada diferente.

Aprendizaje y cambio lleva implícito un proceso de autoconocimiento (fortalezas, debilidades, creencias, valores) que interviene en el proceso de aprendizaje del alumno; como una construcción activa, comprometida, responsable, que le permite reflexionar sobre la formación y posterior desempeño profesional; como una importante oportunidad para observar/me, sentir/me, pensar/me en un análisis y permanente reflexión sobre la tarea dentro del ámbito áulico, que permita a docentes y alumnos construir "puentes" y acceder al conocimiento de manera dinámica, comprensiva y creativa.

- *Desempeños de Comprensión:*

Para favorecer esta relación y los posibles enlaces con los demás contenidos de la asignatura, se eligió como actividad de desempeño la elaboración de mapas, redes conceptuales, esquemas, que facilitaron la comprensión de las distintas relaciones efectuadas.

Se señala la importancia de poder "unir" este adentro y afuera y expresar el "sentir" cada vez que nos conectamos para reflexionar sobre algún concepto o vivencia.

A continuación, se desarrolla otro desempeño logrado. Se convocó a los alumnos a la lectura y posterior reflexión del libro "El caballero de la Armadura Oxidada" de Robert Fisher para trabajar la autoestima. Estas "armaduras" muchas veces se construyen para defenderse de algo o de alguien, para que nos sirva de refugio de la realidad. Se realizaron trabajos grupales donde cada uno habló de su propia "armadura" y por qué creía que la había construido.

Expresaban que "a veces no me permiten disfrutar", soy muy racional y me defiendo sin saber de qué, sin poder disfrutar". "El conocimiento de uno mismo es lo más importante, es lo que nos mantiene fuertes y seguros porque nos conecta con nuestras capacidades, nuestras posibilidades".

Otro de los tópicos trabajados fue el de Respiración Consciente con la finalidad de que los alumnos aprendieran a conectarse con su cuerpo, con las tensiones del mismo, con ese poder "soltar" reconociendo que es una técnica que deben ir logrando desde una práctica permanente. Se explicaron los beneficios de la misma en la oxigenación, concentración, en la claridad mental tan necesaria a la hora de dar un examen, por ejemplo (situaciones conflictivas, estresantes). Se realizaron desempeños que consistieron en visualizarse en situaciones como profesionales, tarea que luego comentaron con sus compañeros. Algunos expresaron que fue difícil imaginarse en un futuro profesional, y otros agregaron que si bien les resultó más fácil, no se "veían" desempeñándose en un área determinada del campo disciplinar.

Se programaron talleres que se realizaron con alumnos de nivel secundario, con el fin de desarrollar temas inherentes a los tópicos abordados por ellos desde la asignatura.

Posteriormente, a modo de desempeño de integración de los distintos temas analizados durante el cursado, se solicitó la presentación de un Esquema Integrador de la materia y en un coloquio posterior, analizar su propio proceso de aprendizaje fundamentando las opciones teóricas y metodológicas realizadas, así como sugiriendo cambios oportunos para mejorar la reflexión sobre el pensar, sentir y actuar del futuro desempeño profesional.

- *Evaluación Diagnóstica Continua*

Los alumnos debieron realizar para promocionar la asignatura una autobiografía que incluyera la mayor cantidad de tópicos generativos dados en clase, como así también narraciones acerca de su proceso de aprendizaje, lo que era entregado al equipo de trabajo para su lectura y posterior aprobación (con sugerencias en la devolución, aportes a tener en cuenta, etc.).

También desarrollaron un esquema integrador de la asignatura para su defensa, análisis de textos e informes escritos para devolución a las instituciones escolares donde concurrieron, con la finalidad de ser expuestos ante el docente. Esta exposición, presentada y defendida, fue llevada a cabo ante los compañeros, con los que lograron una autoevaluación y evaluación entre pares; lo que permitió la retroalimentación de la práctica, la resignificación del conocimiento y la autorreflexión, como así también consolidar las habilidades que le permitan actuar en situaciones nuevas de aprendizaje.

Testimonios de los alumnos que cursaron el 1º cuatrimestre de la asignatura durante en el año 2010

Alumna 1
Cursar Psicología Educacional con esta modalidad me sorprendió gratamente, ya que me posibilitó romper con las "estructuras" a las cuales me había acostumbrado a lo largo de la carrera. En este sentido, tengo que decir que al principio me resultó difícil esta propuesta y tuve miedo de no poder responder.

Personalmente, considero importante para el alumno que el profesor se salga por un momento del dictado estructural de la materia y se focalice en él, en sus intereses, ideas, pensamientos, y lograr de esta manera que afloren en el estudiante sus recursos, fortalezas, haciendo hincapié en estas y no solo en sus déficit. Además en la cursada asistí a experiencias que nunca pensé que se podrían dar en el aula: el tema de la respiración y relajación. Tengo que decir que esta experiencia permitió focalizarme en mí, darme un tiempo, un espacio para saber qué me está pasando y además tomar contacto con mis fortalezas y limitaciones. Psicología Educacional me permitió darme cuenta de que no debo poner todas las energías en alcanzar las metas, sino disfrutar el camino que estoy transitando. La verdad que nunca pensé que una profesora fuera a "perder el tiempo" con la respiración en clase y nos diera tiempo para armonizarnos, para relajarnos. Los profesores siempre están apurados y resulta difícil hacerlo.

Me di cuenta al final de la cursada esto de pensar, sentir y actuar el conocimiento y pensarse, sentirse cada vez que accedíamos al conocimiento, de saber qué nos pasaba cada vez que se nos preguntaba, o cuando hacíamos una actividad, qué sentíamos con respecto a nosotros y a los demás. El poder conectarme con los miedos, inseguridades, tristezas y saber el porqué fue un verdadero cambio realizado en mi vida. La comprensión de los temas fue una "masa" ¡Gracias por vuestra compañía!

Alumna 2
Un aprendizaje orientado al cambio hace referencia al constructivismo (Piaget, Ausubel, Vigotsky) Este paradigma hace especial hincapié a la interacción entre docente-alumno-conocimiento, que se construye desde una aprendizaje significativo. Desde este paradigma de aprendizaje se considera al alumno no como mero receptor, sino como una construcción propia que se va produciendo día a día como resultado de la interacción entre los 3 factores (D-A-C).Se concibe al conocimiento como una construcción del ser humano, que se realiza a través de los esquemas que ya posee. Es una construcción personal, porque cada uno tiene acceso al conocimiento de una manera diferente....

Una de las cosas más lindas que me brindó esta materia es la necesidad de romper con los esquemas. Yo soy consciente de que soy muy estructurada y me cuesta muchísimo salir de los esquemas... Pero justamente es la apertura y la flexibilidad que fui logrando lo que me permitió crecer mucho, conocer otras perspectivas, otros puntos de vida, otras realidades y enriquecer mi propio conocimiento.

El tema del autoconocimiento me permitió darme cuenta de cuál era mi aquí y ahora y hacia dónde tengo que ir, valorando mis fortalezas, lo que tengo, qué tengo que cambiar.

Quiero compartir con ustedes este pensamiento de Martín Luther King "hemos aprendido a volar como pájaros, a nadar como peces. Pero no hemos aprendido aún a vivir como hermanos".

Psicología Educacional me permitió repensarme desde lo personal y profesional. Crecer desde mi propio ser. Gracias por ayudarme a enriquecer mi vida.

Alumno 3

Fue muy fructífero el paso por esta cátedra, ya que me brindó un aprendizaje con apertura y crecimiento interior. Fue muy importante todo lo aprendido porque lo he podido implementar en todos los aspectos de mi vida, ayudándome a madurar, pensando en positivo y logrando mayor concreción en mis proyectos. Además el aprendizaje de la respiración consciente me ayudó a pensar y sentir que la fuerza está en uno mismo y es importante la capacidad de conectarnos con nuestro interior. También me gustó la cordialidad del trato que recibí de ustedes, que permitió que nos expresáramos libremente fomentando la reflexión y el espíritu crítico.

Conclusiones

En lo personal me he permitido reflexionar sobre mi práctica profesional, disfrutar del rol docente intercambiando con alumnos y colegas ideas, ocurrencias, propuestas y sobre todo construir un clima agradable donde todos puedan expresarse y comprometerse con la tarea diaria.

Es construir "puentes" donde docentes y alumnos puedan convivir con alegría, responsabilidad y protagonismo este proceso de enseñar y aprender. Es comprender al ser humano como un ser holístico y co-creador de su propio proceso de crecimiento personal.

> *Caminante no hay camino, se hace camino al andar... Al andar se hace camino y al volver la vista atrás, se ve la senda que nunca se ha de volver a pisar.*
>
> Antonio Machado

Bibliografía

Blythe, T. (1999) *La Enseñanza para la Comprensión. Guía para el docente*, Buenos Aires, Paidós.

Freire, P. (1986) *Hacia una pedagogía de la pregunta*, Buenos Aires, La Aurora.

Gardner, H. (1987) *La nueva ciencia de la mente. Historia de la revolución cognitiva*, Barcelona, Paidós.

Pogré, P. (2001) "Enseñanza para la Comprensión. Un marco para innovar en la intervención didáctica" en Aguerrondo, I. y otros, *La escuela del futuro. Cómo piensan y que hacen las escuelas que innovan*, Buenos Aires, Troquel.

Pogré, P. y Lombardi, G. (2004) *Escuelas que enseñan a Pensar. Enseñanza para la Comprensión*, Buenos Aires, Papers editores.

Stone Wiske, M. (1999) *La enseñanza para la comprensión. Vinculación entre la investigación y la práctica*, Buenos Aires, Paidós.

Schon, D. (1992) *La formación de profesionales reflexivos. Hacia un nuevo diseño de la enseñanza y el aprendizaje en las profesiones*, Barcelona, Paidós.

La enseñanza para la comprensión del álgebra en alumnos de ingeniería

Institución: Facultad de Ingeniería y Ciencias Económico Sociales. Universidad Nacional de San Luis.
Ciudad, provincia y país: Villa Mercedes, San Luis. Argentina.
Curso: Álgebra I.
Carreras: Ingenierías Química, en Alimentos, Electromecánica, Industrial y Electrónica.
Autores: Marcela Carranza; Gabriela Andino; Fernando Quiroga Villegas y Marcela Baracco.
Contacto: marcarr@fices.unsl.edu.ar, gandino@fices.unsl.edu.ar, javierqv@fices.unsl.edu.ar, mbaracco@fices.unsl.edu.ar

Marco teórico introductorio

El aprendizaje conceptual de la matemática es un requisito primordial en las carreras de ingeniería en un escenario donde la tecnología avanza rápidamente, y si este aprendizaje se alcanza posibilita su trasposición a otros contextos. Debido a esto, nuestras prácticas deben imbuirse de conceptos comprendidos, entendiendo que "comprender es poder llevar a cabo una diversidad de acciones o 'desempeños' que demuestran que uno entiende el tópico y al mismo tiempo lo amplía, y ser capaz de asimilar un conocimiento y utilizarlo en forma innovadora."[40]

Las estrategias metodológicas para evaluar qué se aprende, cómo se aprende lo enseñado y, particularmente, si lo aprendido está comprendido y en qué medida, no siempre están claras ni reflejan el sinnúmero de elecciones pedagógicas que se efectúan, más allá de que como docentes ponemos todo nuestro empeño para que el alumno comprenda el conocimiento impartido.

---

[40] Blythe, T. y col. (2006) (2° reimp) *La enseñanza para la comprensión. Guía para el docente*, Buenos Aires, Paidós, p. 68.

De esta manera, consideramos que la práctica profesional depende, desde luego, de decisiones individuales, pero dentro de normas colectivas adoptadas por otros profesores y en el seno de marcos organizativos muy reales que regulan de alguna forma las actuaciones (Sacristán, 1995).

La elección de qué se debe enseñar tendría que empalmarse con lo disciplinar; actualmente, los alumnos que cursan la asignatura provienen de una escuela media que –a nuestro juicio– ha degradado un tanto la ciencia matemática, asociándola más a un contenido vulgar en un intento de hacerla más comprensible y significativa, lo que conduce a serias dificultades para el aprendizaje conceptual y, por ende, a la resolución de problemas, actividad esencial del saber de esta disciplina.

En este contexto, se agrega que a quienes enseñamos en los primeros años en carreras de ingeniería la selección de contenidos nos viene dada desde normativas vinculadas a estándares de calidad de las carreras y su correspondiente acreditación. O sea, no intervenimos directamente en la selección, pero sí podemos planificar la enseñanza de los mismos teniendo en cuenta esquemas apropiados que aseguren niveles de calidad de esos aprendizajes.

El marco de la Enseñanza para la Comprensión (EpC), teoría desarrollada a partir de 1990 por un grupo de la Escuela de Graduados de Harvard en el que se destacan H. Gardner, D. Perkins y V. Perrone, proporciona a los profesores un esquema que los induce a reflexionar sobre sus propias prácticas y a producir mejoras en ellas, teniendo en cuenta un replanteo sobre sus cuatro ideas clave, a saber:

- *Tópicos generativos*: aquellos tópicos, temas, conceptos, ideas, teorías, etc., que nos proporcionan significatividad, profundidad, conexiones y una variedad de perspectivas suficientes para apoyar el desarrollo de comprensiones por parte de los alumnos. Son centrales para la disciplina y resultan accesibles para los alumnos.

- *Metas de comprensión*: se tienen metas de comprensión *abarcadoras:* las que identifican conceptos, procesos y habilidades alrededor de las cuales deseamos que los alumnos comprendan durante el desarrollo del curso. Atraviesan el tópico generativo y se suelen llamar *hilos conductores*. Y, las metas de comprensión propiamente dichas, que son aquellas que identifican conceptos, habilidades, procesos alrededor de los cuales queremos que los alumnos desarrollen la comprensión.
- *Desempeños de comprensión*: son las actividades que se proponen al alumno para que use el conocimiento que se está desarrollando, y deben ayudar a demostrar su comprensión.
- *Evaluación diagnóstica continua*: el proceso continuo de dar respuesta clara a los alumnos sobre el trabajo que realizan y posibilita tanto a los docentes como a los alumnos ver qué es lo que se comprende y, por lo tanto, iniciar acciones de cómo afrontar los futuros aprendizajes.

Consideramos que el alumno de ingeniería debe desarrollar ciertas competencias y habilidades a la luz del conocimiento disciplinar. Por esta razón, los desempeños de comprensión de los alumnos deben tener estos propósitos.

Es de gran utilidad conocer el nivel académico con el cual ingresan los alumnos con la finalidad de determinar el punto de partida para la adquisición de los nuevos conocimientos y la posibilidad de comprenderlos.

Las cuatro ideas de la EpC en torno a un tópico generativo seleccionado

A efectos de situarnos en la programación didáctica, la misma corresponde al curso Algebra I, asignatura que se encuentra a cargo de Área de Matemática del Departamento de Ciencias Básicas de la Facultad de Ingeniería y Ciencias Económico Sociales de la Universidad Nacional de San Luis. Esta asignatura se dicta para las Carreras de Ingeniería (Electromecánica, Industrial, Electrónica, Química y en Alimentos). Se desarrolla con crédito horario de 7 horas semanales, es de modalidad cuatrimestral, y está ubicada curricularmente en el primer año (primer cuatrimestre) de las carreras mencionadas. El número de alumnos aproximado es de 250.

Las unidades didácticas a desarrollar en el curso comprenden: lógica proposicional, álgebra de números complejos, álgebra de polinomios y ecuaciones algebraicas de una variable, álgebra vectorial y geometría analítica en el plano y en el espacio.

Este curso puede aprobarse mediante régimen de promoción sin examen final. Los alumnos que promocionan el curso deben, además de cumplimentar los requisitos de los alumnos regulares, aprobar satisfactoriamente un coloquio integrador previo al primer turno de exámenes generales. Este coloquio consiste en la elaboración de un mapa conceptual de la asignatura, a elaborarse en grupo de no más de 4 alumnos.

Se propicia el aprendizaje con sus pares, lo cual permite realizar una mejor integración por la discusión que se establece entre ellos. Se cuenta con instancias de consultas previas que permite repensar la actividad (a las cuales deben asistir todos los integrantes del grupo); a través de preguntas el docente atiende fundamentalmente el contexto de la justificación haciendo hincapié en la jerarquía de los conceptos y la conexión entre ellos. Se considera que esta actividad es la que más permite profundizar en la evaluación de la comprensión, aunque solo es llevada a cabo por alumnos que promocionan.

Tópico generativo: secciones cónicas

El *hilo conductor* de este curso se desarrolla en base a la idea de qué es un álgebra como sistema matemático (álgebra proposicional, álgebra de vectores, álgebra de polinomios, álgebra de números complejos) y cuál es su aporte significativo en el estudio de curvas y superficies en el plano y el espacio ordinario (geometría analítica).

Todo ello conlleva a que continuamente deban efectuarse lo que llamamos cambios de registros (gráfico, analítico, coloquial).

Se entiende que una buena enseñanza debe apuntar a que el alumno pueda distinguir claramente entre un objeto y su representación. Si está confusa la distinción –el objeto con su registro–, difícilmente podrá aplicarse fuera del contexto donde ha sido generado, teniendo como consecuencias que no podrá transferirse al campo de las aplicaciones.

El *tópico generativo* ha sido seleccionado a partir de la elaboración del mapa conceptual dado en la figura 1, considerando que es un tema importante por la cantidad de relaciones que se concentran en él. Además de las vinculaciones señaladas en el mapa conceptual que se presenta, existen otras asociadas a su propio estudio. Estas son: movimientos en el plano: rotación y traslación, cambios de coordenadas y parametrización de las mismas, estudio analítico de propiedades geométricas tales como simetría y extensión de una curva, resolución de ecuaciones.

Este tópico está planificado para ser trabajado en 6 clases de 3 horas.

Figura 1

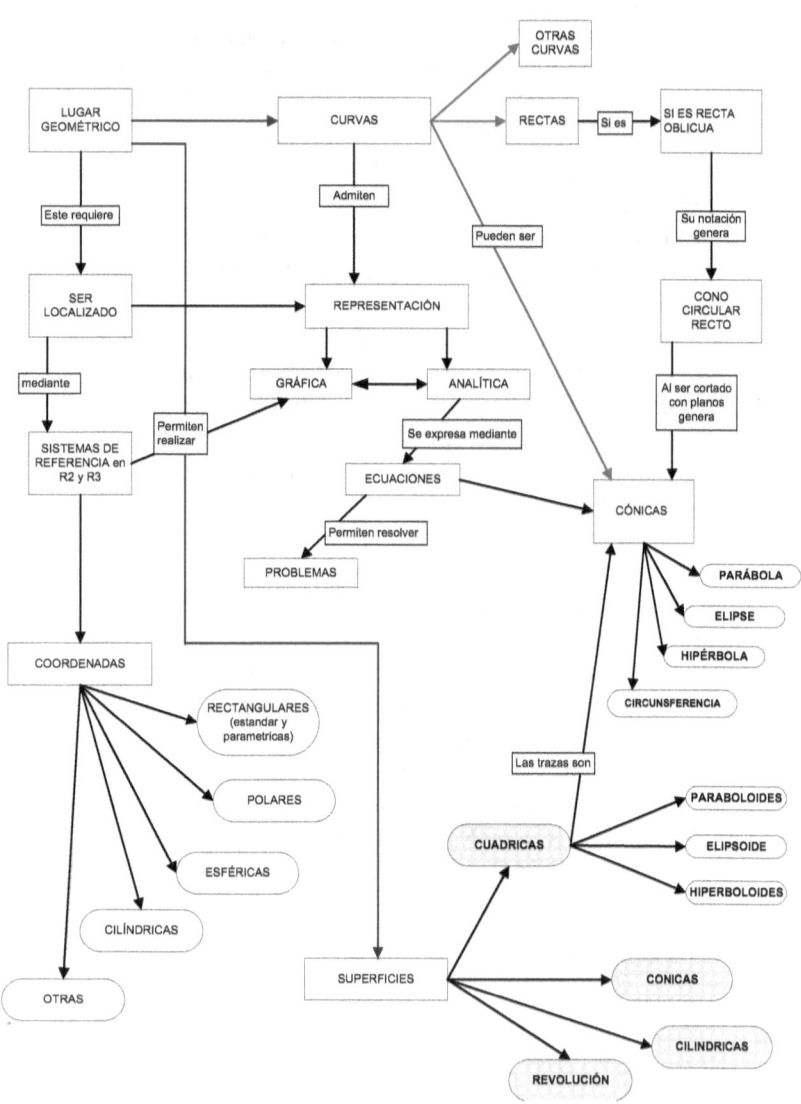

Metas de comprensión

Las metas de comprensión son aquellas que expresan las expectativas en relación con lo que se llegue a comprender de este tópico, por lo que se espera que al finalizar este tópico comprenda:

Meta abarcativa: cuál es el valor de la geometría como instrumento gráfico-analítico para la resolución de problemas.

Metas especificas:

M.1.-Por qué es necesario efectuar un cambio de registro y de coordenadas para representar una cónica y por qué es necesario poseer más recursos analíticos como el uso de parámetros auxiliares para describir trayectorias.

M.2.-Cuáles son las similitudes y las diferencias que caracterizan a cada una de las cónicas que se definen.

M.3.-Por qué facilita la discusión analítica de un lugar geométrico estudiar sus propiedades de simetría o no del mismo.

M.4.-Qué elementos son suficientes y cuáles necesarios para definir una cónica.

M.5.-Cuáles son las propiedades interesantes de las cónicas que las hacen ser curvas especiales en la ingeniería.

Desempeños de comprensión

Para cumplir con esas metas de comprensión se establecen los siguientes desempeños en los cuales se hace hincapié en el desarrollo de procesos del pensamiento (Ortiz Ocaña, 1997) y de habilidades lógicas o intelectuales propias de esta disciplina. Obviamente también se hacen actividades rutinarias de cálculo pero para luego poner en juego esas otras. Para ello se les da actividades que tienden a: observar, describir, explicar, comparar, definir conceptos, identificar, ejemplificar, argumentar, demostrar. Así, se tienen:

D1) Presentación de Guía de Aprendizaje la cual contiene la Programación Didáctica del curso que incluye: programa analítico, metodología de trabajo en el curso, criterios para la aprobación de la asignatura, y una guía de aprendizaje teórico-práctica en la cual constan desarrollos teóricos y prácticos propuestos.

D2) Evaluación Diagnóstica: al comenzar a desarrollar el tópico se tomará una evaluación diagnóstica que permita conocer algunas ideas previas de los estudiantes en relación con el tópico a desarrollar. Esto ayudará a reconocer algunas concepciones erróneas que pudieran tener al respecto y que obstaculicen su comprensión.

Se hará una devolución en clase de los resultados y también se reflexionará sobre ellos al finalizar el desarrollo del mismo.

Los siguientes desempeños: D3 y D4 (corresponden a la metas de comprensión M.5.) se califican como desempeños de comprensión preliminares, entendiendo que estos desempeños intentan establecer un vínculo entre los estudiantes y el tópico a enseñar. Así:

D3) Lectura grupal de artículos de un libro. Para comenzar a introducir este tópico se les pedirá a los alumnos que lean en grupo diferentes capítulos del libro (uno por grupo) *La Constante: Diálogos sobre estructura y espacio en arquitectura* de Eduardo Catalano. Este libro, publicado en 1996, tiene la virtud de usar un lenguaje coloquial para revelar a través de imágenes mentales y visuales un mundo de creatividad vinculado a la arquitectura y las artes, la ciencia y la tecnología que resulta muy accesible. En estos diálogos se da lugar al estrecho vínculo que existe entre la física, la matemática y el arte, lo cual es muy importante señalar para su futuro desempeño profesional en el cual la matemática no es sino una herramienta que se debe conocer para ser aplicada en otros contextos. La idea es entonces que se comprendan los aportes actuales de la Geometría como método de representación de las formas y como metodología científica con las que se plantean numerosos problemas suscitados por la creación arquitectónica, problemas que hoy están asociados a la ingeniería en términos generales y con cada especialidad en particular.

Luego de la lectura se les pedirá reflexiones sobre los mismos las cuales deberán presentar en forma escrita y exponerlas en la misma clase.

D.4) Se dará una introducción histórica al estudio de las cónicas de modo de justificar cuáles fueron los problemas de la humanidad que generaron el estudio de este tópico. Quizás las propiedades más interesantes y útiles que descubrió Apolonio sobre las cónicas son las llamadas propiedades de reflexión. Particularmente se señalarán las propiedades vinculadas a la astronomía y física, y su gran aplicación en el arte de la pintura.

Asimismo, a modo de comprender la importancia que estas curvas tienen en el contexto actual, se proyectarán imágenes de la realidad vinculadas a las secciones cónicas: luminarias, trayectorias de satélites, antenas parabólicas, etc.

Las siguientes se entienden que corresponden a actividades de investigación guiada:

D.5) Resolución de actividades. Luego de definir cada una de las cónicas y encontrar su expresión analítica, en términos de resolver un problema, se les solicitará resolver las actividades que se presentan en cada caso. Esta resolución será en clases individuales o en grupo de no más de 3 (porque demasiado bullicio impide la concentración). Posteriormente, y antes de terminar la clase, se efectuará un repaso para controlar los posibles resultados y corregir errores, tanto de interpretación, como de aplicación de los conceptos. Se señala en este punto que es muy importante indicar cuál es el propósito de cada actividad (ejercicios rutinarios que les permitan otros aprendizajes, situaciones-problema, reflexiones sobre los resultados obtenidos, etc.) para poder vincularlas a las metas de comprensión, ya que suele pasar que tienden a resolver y calcular sin pensar en el para qué ni el por qué. Por ejemplo, se les solicita que con tres determinados puntos encuentren la ecuación de una parábola y después se les pregunta si ellos pueden asegurar que con tres puntos cualesquiera podrían obtener una cónica determinada. Luego todo esto se pone en común en el aula.

Así, en cada guía se señalan las actividades que deben cumplimentar los estudiantes. Estas tienen carácter teórico, de aplicación rutinaria y de aplicación en contextos reales(corresponden a las metas de comprensión: M.1., M.2., M.3., M.4.).

D.6) Trabajo en el laboratorio de Matemática. Se entiende que a los fines pedagógicos el uso de nuevas tecnologías es apropiado en este curso ya que en los últimos años, a la luz de análisis teóricos y de investigaciones, se ha consolidado la línea que ha revalorizado el papel del uso de la computadora en la matemática en particular. Tanto es así, que se encuentra en debate que el efecto del uso de la TICs en la enseñanza de las matemáticas, ya que podría representar un factor de cambio de los paradigmas clásicos de la educación.

En el caso de esta temática, debido a que un hilo conductor es la coherencia entre el trabajo analítico y sus modos de representación grafica, es necesario ayudarse de graficadores para comprender mejor el rol de diferentes parámetros en diferentes cónicas. Para ello se usará el *software Derive* y el programa Descartes (que es interactivo).

Estas tareas serán realizadas en parejas y controladas por el equipo auxiliar afectado al curso. Siempre habrá puesta en común de las actividades realizadas como mecanismo de control en la realización de dichas actividades (corresponden a las metas M.2., M.3 y M.4.).

D.7) Búsqueda bibliográfica. Se solicitará a los alumnos que realicen búsqueda bibliográfica del uso de las cónicas por el medio que tengan a su alcance, respecto de las aplicaciones actuales en Ingeniería, Arte, Medicina.

Se entiende que toda información que posean los alumnos respecto de para qué estudian esta temática es importante siempre en su vinculación con el conocimiento. Pero como esta actividad se dará ya habiendo desarrollando el tópico, deberán explicar las propiedades geométricas que fundamentan la aplicación seleccionada. Algunas de esas aplicaciones pueden ser: puentes de piedra o concreto que tienen la forma de arcos semielípticos, dispositivos elípticos que se utilizan cuando en mecánica se necesita una velocidad variable, método del ultrasonido para disolver cálculos renales, etc. (corresponden a las metas de comprensión: M.1. y M.5.). Luego de esa búsqueda cada grupo expondrá el material encontrado y deberán justificar la pertinencia del mismo.

Evaluación diagnóstica continua

Los alumnos necesitan a lo largo del desarrollo del tema una evaluación con criterios públicamente explicitados, retroalimentación regular y reflexión durante el proceso, y así se pasa al paso siguiente.

D.8) Autoevaluación. Al finalizar el desarrollo de este tópico, se les dará a los alumnos una guía de autoevaluación en correspondencia con las metas de comprensión establecidas para el mismo, la cual tiene al menos dos finalidades: a) prepararlos mejor para su evaluación y b) ayudar al docente a pensar criterios de evaluación, y cuando esta autoevaluación sea discutida en clases de consulta, saber cuál ha sido el nivel de comprensión de los estudiantes, de modo que se puedan producir ajustes en la enseñanza antes de la evaluación

Luego de haberlos evaluados se les solicitará algunas reflexiones sobre lo que ellos creen que comprendieron mejor en función de las metas socializadas y sobre lo que consideran que podría mejorarse. Todo esto para apuntar a la mejora continua de la propuesta didáctica.

Conclusiones

La enseñanza de las ciencias básicas en carreras de ingeniería posee facetas distintivas, puesto que comprendiendo el pensamiento científico se logrará comprender su propio entorno y, por lo tanto, el contexto de su aplicación y de su apropiación comprensiva, se obtendrá la ayuda necesaria para resolver exitosamente los problemas que se le presenten.

Como se dijo al principio, la EpC ha resultado un instrumento muy interesante para la reflexión y para la acción educativa, ya que no solo posibilitó repensar los contenidos a la luz de los tópicos generativos, sino también producir cambios importantes en la metodología de enseñanza, particularmente en cómo se asegura que los conceptos han sido comprendidos y pensar los desempeños de los estudiantes en función de las metas de comprensión.

Comprendiendo la propuesta que nos brinda la EpC como docentes abrimos nuestra mente a un escenario más amplio con estrategias didácticas diferentes, innovadoras que nos permiten desarrollar habilidades y capacidades de nuestros alumnos requeridas en las carreras de ingeniería.

El desafío futuro radica en cómo los estudiantes pueden aprender habilidades y un conjunto de conocimientos que les posibilite saber hacer en un contexto, en un aprendizaje continuo, como competencia básica de un profesional de estas características, y en qué medida la variedad y la complejidad de los desempeños podrán aportar a ello.

Bibliografía

Ausubel, D. P. (1980) *Significado y aprendizaje significativo en Psicología educativa. Un punto de vista cognoscitivo*, Academia Press, New York.

Bertoni, A. y Poggi, M. T. (199) "Evaluación" en *Nuevos significados para una práctica compleja*, Buenos Aires, Kapelusz editora.

Blythe, T. y col. (2006) (2º reimp) *La enseñanza para la comprensión. Guía para el docente*, Buenos Aires, Paidós.

Giordano, M. F.; Bentolila, S. y otros (1991) *Enseñar y aprender Ciencias Naturales. Reflexión y Práctica en la Escuela Media*, Buenos Aires, Troquel.

Gómez, P. (2000) "Una comprensión de la comprensión en matemáticas" en Revista EMA, Vol. 2, Universidad de los Andes.

Stone Wiske, M. (2005) (2º reimp) *La enseñanza para la comprensión. Vinculación entre la investigación y la práctica*, Buenos Aires, Paidós.

Nuevas prácticas áulicas a partir de la EpC en la cátedra de Economía y Política Agraria

Institución: Universidad Nacional de Chilecito. Escuela de Agronomía. Departamento Académico de Ciencias Sociales, Jurídicas y Económicas.
Ciudad, provincia y país: Chilecito, La Rioja. Argentina.
Curso: Materia de Economía y Política Agraria.
Carrera: Ingeniería Agronómica.
Autor: Alejandro R. Carrizo
Contacto: dnalejo71@gmail.com, acarrizo@undec.edu.ar

Introducción

Los alumnos que asisten a la Universidad Nacional de Chilecito (UNdeC) son en su mayoría egresados de escuelas estatales, viven en ámbitos rurales-urbanos y más del noventa por ciento no tienen familiares con formación universitaria.

El grupo de estudiantes que asisten al curso de Economía y Política Agraria en su mayor parte son alumnos de segundo año de la carrera de Ingeniería Agronómica, aunque asisten alumnos de otros años que no cursaron la materia antes o que empezaron y abandonaron sin realizar ninguna actividad evaluativa. La matrícula anual en el curso de Economía y Política Agraria es de una media de 25 alumnos por año.

La característica más sobresaliente de los estudiantes de Ingeniería Agronómica es su organización y comportamiento grupal, se los puede ver siempre estudiando con compañeros y moviéndose en grupo. Esto puede deberse principalmente a que pasan muchas horas diarias trabajando en el campo o en laboratorios, y es notable encontrarlos en los pasillos, en las aulas, en los espacios recreativos, agrupados en más o menos 5 o 6 integrantes. Estos alumnos son bastante estudiosos, se ayudan mutuamente y están vigilándose respecto del cumplimiento de sus obligaciones académicas. Es habitual que si alguno de ellos no asiste a clases, los demás integrantes de "su grupo" se acerquen al docente a justificar o explicar la situación. Además se evidencia un comportamiento corporativo en instancias evaluativas, casi siempre conteniéndose y apoyándose entre ellos, se trate de actividades individuales o grupales.

Los profesores de la cátedra son dos, uno de formación básica de grado en Ciencias Económicas y el otro ingeniero agrónomo, ambos con formaciones posgraduales disciplinares en el campo de la Economía y uno de ellos, además, en Educación. La conformación del equipo de cátedra es relativamente reciente (no excede los cinco años). Lo importante a destacar es la complementariedad disciplinar que permite el dictado de la materia Economía y Política Agraria a partir de la conjunción entre las herramientas y metodologías propias de la microeconomía, aplicadas en objetos de estudio o ámbitos rurales productivos, principalmente de zonas áridas. Esto permitió el estudio económico y político de la realidad productiva de la región donde está inserta la UNdeC y de sus alumnos, desde un doble enfoque económico y agronómico.

La Universidad Nacional de Chilecito (UNdeC) fue creada en el año 2004 sobre la base de la Sede Universitaria Chilecito de la Universidad Nacional de La Rioja. La UNdeC es una universidad pequeña y ubicada en un ámbito primordialmente rural y urbano rural, en una región árida y pre-cordillerana, pero al mismo tiempo es la zona de mayor producción agroindustrial de la provincia de La Rioja. La región es un valle donde habitan aproximadamente 52.000 personas, con un centro urbano que concentra unos 42.000 habitantes y el resto se encuentra disperso en pueblos satélites a la ciudad, con actividades netamente agrícolas (vitivinícola, olivícola y nogalera).

La UNdeC inició su proceso de normalización en diciembre de 2008 y adoptó una estructura matricial. Esta matriz está compuesta por escuelas y departamentos académicos. Hay hasta el momento cinco escuelas y tres departamentos, que se ocupan de cuestiones curriculares y académicas y de la provisión de los recursos humanos a las carreras, agrupados por áreas disciplinares afines, respectivamente.

La materia de Economía y Política Agraria tiene dependencia de la Escuela de Agronomía y el personal docente es provisto por el área de Economía del Departamento Académico de Ciencias Sociales, Jurídicas y Económicas.

Finalmente en la UNdeC, las funciones básicas de las instituciones universitarias a saber, de gestión académica, ciencia y tecnología, de extensión, de investigación y de posgrado están centralizadas y son únicas para todos los departamentos académicos y escuelas, así como otras funciones propias del Rectorado.

Proceso de incorporación del marco de la EpC

La incorporación de la EpC en el equipo fue al principio unilateral por parte del profesor a cargo de la materia. El actual equipo de cátedra es pequeño, está conformado por un profesor adjunto a cargo y un ayudante de primera recién graduado. La agregación del otro miembro del equipo permitió potenciar y consolidar las posibilidades de cambio de las prácticas educativas.

La incomodidad de un aula silenciosa, el abordaje de contenidos abstractos y descontextualizados, la repetición acrítica de teorías y la consecuente obligatoriedad de acreditar saberes a cambio de discursos memorísticos de alumnos, sirvieron de motivadores y detonantes para la búsqueda de un cambio en las prácticas educativas.

La necesidad de dotar de significado a los contenidos y al mismo tiempo de alcanzar el objetivo de enseñar para la comprensión, contando al menos mínima evidencia de esa comprensión, se constituyeron en el objetivo principal a alcanzar, a partir de la introducción de cambios en la forma de enseñanza en la cátedra de Economía y Política Agraria.

Movilizar tradicionales estructuras de los procesos de enseñanza y aprendizaje, mudar desde la repetición de teorías abstractas hasta conceptos dotados de significados, desde la repetición memorística hasta un desempeño de comprensión, entre otros, hicieron que el desafío y el trabajo necesario para realizarlo se mostraran complejos y al mismo tiempo se constituyeron en el atractor y motivador principales. Los obstáculos a enfrentar se evidenciaban desde lo metodológico en el sentido de elaborar un diseño, una planificación, que incluyera tópicos generativos, hilos conductores, metas y desempeños de comprensión y, por supuesto, una evaluación diagnóstica continua. A esto debimos sumar un problema empírico imposible de pasar por alto: alumnos bancarios (en términos freirianos), alumnos amantes de los exámenes parciales, con preguntas estándar, teóricas, memorizables y perfectamente medibles cuantitativamente.

Desde lo epistemológico, la problemática del cambio se presentaba vinculada a la re estructuración de los contenidos, sin perder la lógica disciplinar. La búsqueda de los tópicos, la selección de los contenidos más importantes a comprender y su correspondiente desempeño en el sentido más práctico, "un saber hacer", focalizada en una práctica real, requirieron de una vigilancia epistémica constante y de una reflexión profunda para evitar caer en reduccionismos ingenuos.

La experiencia de la EpC fue desde el principio prácticamente inadvertida por el resto de los colegas de la carrera. Las mismas palabras *"Enseñar para la Comprensión"* refieren a algo que todos los docentes "afirman" que hacen en sus aulas. Si nuestras prácticas están focalizadas en la comprensión, dicen nuestros colegas, y además logramos que los alumnos comprendan, no hay necesidad de cambio, tampoco de reflexión y mucho menos de autocrítica. No obstante, en este último tiempo han empezado a cuestionar sus prácticas y se evidencia tímidamente la necesidad de contar con un marco de pensamiento y actuación pedagógico-didáctico.

La primera experiencia de llevar adelante nuestra planificación de EpC en la cátedra fue caótica, movilizadora, transgresora y definitivamente, en palabras de los asistentes al curso, un abuso de la capacidad intelectual de los alumnos. Creemos que la fortaleza del cambio al adoptar el marco de la EpC se evidenció en las molestias que provocó la misma propuesta. Los "desempeños de comprensión" pusieron en evidencia una provocación, un riesgo a mostrar ante pares y docentes la posibilidad real de crear, expandir, extrapolar, desarrollar, construir, etc.

Desde el primer intento por adoptar efectivamente el marco de la EpC en la cátedra de Economía y Política Agraria, fuimos cambiando e incorporando constantemente herramientas, estrategias y recursos didácticos que nos sirvieron para mejorar el proceso de transición. A modo de ejemplo, algunos de los cambios introducidos fueron acompañados por normas sobre condiciones formales para realizar textos de propia autoría, la construcción de un *blog* de la cátedra, el uso de *WebQuest* para ciertas actividades de investigación sobre las que se requería elaborar informes posteriores, juegos lúdicos con los que representamos el comportamiento de los mercados, charlas debates extra clase con otros docentes de otras asignaturas y otras instituciones, el uso de materiales multimediales, *dossiers* y visitas al campo.

La mejor devolución que obtuvimos respecto del cambio producido en los estudiantes a partir de incorporar el marco de la EpC fue que elaboraran textos de propia autoría donde podían narrar y describir sus propias realidades. Estaban demostrando sus capacidades narrativas para contar sobre el mundo que les es propio, es decir, despertar y develar otras formas de ver y de mirar, que permiten devolvernos sobre nosotros mismos con posturas más críticas y reflexivas.

La mejor devolución del proceso de cambio de los alumnos estuvo vinculada a la apertura de canales de diálogo, a la concertación, el intercambio entre pares y no pares, el establecimiento de una confianza mutua, que nos permitió desempeñarnos con menos condicionamiento ante la posibilidad real de hacer, crear, expandir, desarrollar, etc.

La principal debilidad del proceso de incorporación del marco de la EpC estuvo focalizada en un principio en la metodología de la implementación. Habíamos planificado con un importante grado de detalle en lo procedimental, en lo disciplinar, los cronogramas de entrega, metas y desempeños de comprensión, pero no habíamos reflexionado sobre las posibilidades de operativizarlas por parte de los alumnos en un aula real y habíamos obviado la posibilidad de que los alumnos ofrecieran cierta resistencia al cambio en la forma de enseñanza.

Cambios operados en el grupo y en la institución

Pensamos que el marco de la EpC contribuyó, en partes iguales para docentes y alumnos, a construir una nueva imagen de uno mismo, de las clases universitarias y del proceso de enseñanza-aprendizaje. En suma, fue un proceso activador del pensamiento, entendido este último como una actividad que se ejerce para elaborar un producto intelectual específico.

Que los alumnos pudieran redactar textos de propia autoría, y que esas narraciones estuvieran focalizadas en una realidad que les es propia, les permitió darse cuenta de su potencial y sus reales posibilidades para hacer con un contenido científico o tecnológico e intervenir activamente en la construcción de observaciones críticas sobre la realidad circundante.

La influencia del marco de la EpC en las práctica educativas se evidencia empíricamente al momento de llevar a cabo los desempeños de comprensión, un saber hacer que hasta ese momento está como una potencialidad que el alumno descubre y que el docente comparte. Los estudiantes en las entrevistas finales se dieron cuenta que disponen de recursos y competencias que les son eficientes para desarrollar una actividad intelectual. Además reconocieron la importancia de asumir su rol de aprendiz, el proceso de aprendizaje se evidencia como una responsabilidad personal y se ajusta a los requerimientos del nivel universitario propio del contexto real donde está inserta la UNdeC.

El proceso de enseñanza-aprendizaje se expande y se flexibiliza en dos aspectos fundamentales. Adoptar el marco de la EpC, principalmente con la necesidad de sostener un sistema de evaluación diagnóstica continua, hizo necesaria la introducción de nuevas tecnologías de información y comunicación (TICs). Usamos correo electrónico, subimos un *blog* de la cátedra, de tal forma de generar canales de comunicación permanente y al mismo tiempo ofrecer a los alumnos los materiales de estudio, de referencia y de guía en su totalidad y en tiempo real, accesibles permanentemente desde la *web*. Lo más importante fue generar la posibilidad de una retroalimentación personalizada y anónima, que brinde la posibilidad de preguntar, de observar y de reclamar respecto de la enseñanza ofrecida en la cátedra.

Los cambios vinculados al uso de TICs, a la apertura de canales de comunicación bidireccionales se sostuvieron luego de un cambio sobre la concepción de aprendizaje, en el sentido que se evidencia y declara al estudiante como responsable y único posibilitador del mismo. En este sentido los portafolios educativos sirvieron para que el alumno pueda dar cuenta de sus producciones académicas y requerir en base a ellas una entrevista donde pueda dialogar sobre los resultados de una evaluación acreditadora.

Un cambio también en la concepción de la enseñanza, ampliando el concepto de la enseñanza que se brinda en un espacio áulico y de manera presencial, a ofrecer otras herramientas para aprender (textos electrónicos, páginas *web*, etc.) y extender los ámbitos más allá de la presencia real de un profesor, logrando un aprendizaje mezclado entre lo real y lo virtual.

La visión sobre la disciplina se modificó también a partir de descubrir la posibilidad de otorgar significatividad a conceptos principalmente teóricos desde una realidad conocida y experimentada por los actores del proceso de enseñanza aprendizaje.

Los alumnos reconocieron que la experiencia de aprendizaje en el marco de EpC ha sido más satisfactoria que otras experiencias tradicionales y son quienes van generando un reconocimiento a escala institucional. Las prácticas en este marco son más dinámicas, alumnos que se mueven dentro del aula, la pérdida de la hegemonía de la palabra docente, la relativización de la verdad científica y de la excesiva formalidad con que se abordan las teorías, permiten modificar la forma de estudio en el sentido que desbloquea viejas concepciones de un saber aséptico y de acceso restringido, vinculado o acortando las brechas entre el mundo cotidiano y el mundo científico-tecnológico en las aulas.

Finalmente, los elementos que utilizamos como innovadores en el marco de EpC y que evidencian con mayor potencialidad de cambio estuvieron vinculados con el uso de TICs, el aprendizaje mezclado (*blended learning*), los portafolios electrónicos de desempeños de alumnos y los desempeños de comprensión y fue imposible prescindir de una evaluación diagnóstica continua, en el sentido de una devolución permanente de las producciones de los alumnos y de las acciones de los docentes.

La adopción del marco de la EpC a escala institucional en la Universidad Nacional de Chilecito está condicionada por dos aspectos fundamentales: en primer lugar, la carga horaria disponible por parte de los docentes, es decir, la proporción de docentes con dedicaciones exclusivas o parciales y las de docentes con dedicación simple. El marco de EpC requiere de atención y la disponibilidad de tiempo suficiente para realizar todas las actividades que se hacen necesarias para adoptarlo.

En segundo lugar, nos parece importante atender algunas características de la población docente, en el sentido que en la UNdeC posee dos subgrupos poblacionales bien definidos: docentes jóvenes (con una trayectoria de enseñanza menor a 10 años) y docentes con una antigüedad superior a 10 años, lo que limita en cierta medida la postura ante los cambios. Muchos docentes con mayor antigüedad son reacios a iniciar procesos de capacitación en lo pedagógico y más aún a la introducción de nuevas tecnologías y enfoques como los requeridos en el marco de la EpC.

Bibliografía

Calsamiglia Blancafort, H. y Tusson Valls, A. (2004) *Las cosas del decir*, Barcelona, Ariel.

Giordano, M. F. y Moyano, M. A. (2003) "La enseñanza para la comprensión en la formación universitaria" en *Revista Alternativas. Serie Espacio Pedagógico,* Año VIII, N° 33, San Luis, LAE, pp. 61-70.

Perkins, D. (2002) "Marcos para pensar" en *Revista Alternativas. Serie Espacio Pedagógico*, AñoVII, N° 29, San Luis, LAE, pp. 111-122.

Schneider, S. (2005) *Las inteligencias múltiples y el desarrollo personal*, Colombia, Cadiex.

Stone Wiske, M. (2006) *Enseñar para la comprensión con nuevas tecnologías*, Buenos Aires, Paidós.

PROGRAMACIÓN DIDÁCTICA PARA LA ENSEÑANZA-APRENDIZAJE DE PROPIEDADES COLIGATIVAS EN DISOLUCIONES QUÍMICAS, EN EL MARCO DE LA ENSEÑANZA PARA LA COMPRENSIÓN

Institución: Facultad de Ingeniería y Ciencias Económico Sociales (FICES). Universidad Nacional de San Luis.
Ciudad, provincia y país: Villa Mercedes, San Luis. Argentina.
Curso: Química General Aplicada.
Carreras: Ingenierías Electromecánica, Industrial y Electrónica.
Autora: Odil N. Fernández
Contacto: ofernand@fices.unsl.edu.ar

Introducción

Atendiendo a la demanda de modelos didácticos que favorezcan la enseñanza de conocimientos, que por su característica disciplinar presentan dificultades para una eficaz comprensión, y con la finalidad de mejorar la calidad de la educación, se ha reflexionado y analizado desde una propuesta innovadora que se enmarca en la Teoría de la Enseñanza para la Comprensión desarrollada por el Proyecto *Zero* de la Universidad de Harvard.

El presente trabajo propone una programación didáctica basada en el soporte teórico de la Enseñanza para la Comprensión para la enseñanza del tema: "Propiedades Coligativas de las soluciones", que se incluye en la Unidad 6 del programa de la Asignatura Química General Aplicada, correspondiente al 1º año de las Ingenierías Electromecánica, Industrial y Electrónica.

Las Propiedades Coligativas conforman un tema de la Unidad: "Líquidos puros y Soluciones", del programa de la asignatura. La importancia de su estudio y adecuada comprensión radica en su relación, por un lado, con prácticas inherentes a la actividad del ingeniero; y por el otro, con temas del programa que se estudian a posteriori.

La propuesta didáctica plantea:

HILO CONDUCTOR
¿Qué es una solución química?

TÓPICO GENERATIVO
¿Cuáles son las aplicaciones de las propiedades coligativas en el trabajo en un laboratorio químico, en procesos industriales y en situaciones de la vida cotidiana?

Desde este marco, se fijan una serie de desempeños de comprensión, generados a partir de los tópicos correspondientes a tres metas de comprensión, planificados para ser desarrollados en tres clases de prácticos de aula y dos prácticos de laboratorio

En este capítulo se presentan además, las matrices de evaluación que se utilizarán a lo largo del proceso.

1. META DE COMPRENSIÓN
Comprender los distintos tipos de soluciones químicas posibles, la forma de expresar su concentración y el efecto de la temperatura en la solubilidad
Comprender el efecto de la temperatura en la solubilidad

TÓPICOS GENERATIVOS
- ¿Qué naturaleza pueden tener el soluto y el solvente para formar una solución? ¿Cuál es la diferencia entre un electrolito y un no electrolito?
- ¿Cómo se preparan las soluciones de acuerdo con sus componentes y a la concentración deseada?
- ¿Qué es la presión de vapor de una solución? ¿Qué es una sustancia volátil?
- ¿Cómo comprendo el concepto de solubilidad?

Desempeños de comprensión

En clases de aula se realizan:
Ejercitaciones aplicando conceptos de masa, volumen y densidad para adquirir habilidad en los cálculos necesarios para poder preparar soluciones y comprender las diferentes formas de expresar la concentración de las mismas: formas físicas (% p/p, % p/v, % v/v) y formas químicas: molaridad, molalidad y fracción molar.

Ejercitaciones para calcular la presión de vapor de soluciones de componentes volátiles aplicando la Ley de Raoult, realizando los gráficos correspondientes.

En el laboratorio:
Los alumnos trabajan en forma grupal, distribuidos en comisiones, para la preparación de soluciones químicas de concentraciones previamente indicadas y la obtención de soluciones saturadas, insaturadas y sobresaturadas.

2. META DE COMPRENSIÓN
Comprender para qué son útiles los diagramas de fases de los líquidos puros

TÓPICOS GENERATIVOS
- ¿Qué es un líquido puro? - ¿Qué es un diagrama de fases?

Desempeños de comprensión

Se realizan representaciones gráficas de diagramas de fases para diferentes sustancias en distintas condiciones de presión y temperatura, en los que deben decidir en qué estado físico se encuentran.

Se determinan gráficamente puntos de ebullición y congelación de distintos compuestos.

Al graficar el diagrama de fases para el agua, los alumnos lo comparan con el de las demás sustancias, y en forma grupal, discuten y fundamentan diferencias y similitudes.

---

3. META DE COMPRENSIÓN
Comprender las propiedades físicas de las soluciones en las que el soluto no es un compuesto volátil

---

TÓPICOS GENERATIVOS
- ¿Qué ocurre en el diagrama de fases de un líquido puro, cuándo en este se ha disuelto un soluto no volátil?
- ¿Cómo y por qué varían los valores de presión de vapor y temperaturas de ebullición y congelación de una solución con respecto de los de un líquido puro?
- A excepción de la presión osmótica, ¿cómo grafico las demás propiedades coligativas?
- ¿Cómo comprendo que estas propiedades dependen de la cantidad y no de la calidad del soluto?
- ¿Qué datos importantes puedo obtener a partir de estas propiedades?
- ¿Qué situaciones de la vida cotidiana puedo fundamentar a través de alguna de las propiedades coligativas?

Desempeños de comprensión

En clases de aula:
Los alumnos diseñan gráficos que demuestran el ascenso ebulloscópico, el descenso crioscópico y la disminución de la presión de vapor para una solución formada por un solvente orgánico y un soluto no volátil.

Calcularán, deduciendo las fórmulas de los diagramas de fases, e integrando conocimientos: presión de vapor, temperaturas de ebullición y de congelación de soluciones de diferentes concentraciones.

Identifican sustancias desconocidas realizando cálculos de Peso Molecular, a partir de datos de ascenso ebulloscópico, descenso crioscópico, y presión osmótica, de soluciones de concentración conocida.

En el laboratorio:
Determinan la temperatura de congelación de un solvente puro. Luego preparan una solución con un soluto desconocido, miden la variación de la temperatura de congelación durante el tiempo necesario para alcanzar la temperatura de congelación de la solución. En el informe de laboratorio consignan cuál es el soluto utilizado, de acuerdo al peso molecular obtenido a partir de los datos graficados y de la utilización de la fórmula correspondiente, comprobando la coincidencia de ambos valores.

Como trabajo extra-áulico:
Con el fin de integrar y conocer si se han comprendido adecuadamente los conocimientos enseñados, los alumnos realizan trabajos escritos –que presentan conjuntamente con los informes de laboratorio, para ser evaluados por los docentes y posteriormente expuestos en el aula, para compartir, intercambiar y discutir, en forma grupal– en los que presentan un diseño sencillo de un purificador de agua por ósmosis inversa y ejemplos de fenómenos de la vida real que se fundamenten en cada una de las propiedades coligativas estudiadas.

Evaluación diagnóstica continua

Cada meta de comprensión es evaluada considerando las dimensiones de la comprensión, de acuerdo a las siguientes matrices:

Matriz N° 1. Evaluación 1° desempeño de comprensión

Niveles Dimensiones	NOVATO (Bueno)	APRENDIZ (Muy Bueno)	MAESTRÍA (Óptimo)
CONTENIDOS	Reconoce algunos tipos de solutos y solventes. Identifica conceptos de masa, volumen, densidad y todas las formas de expresar la concentración de una solución. Identifica el concepto de presión de vapor.	Diferencia los distintos tipos de soluciones según el soluto. Relaciona las formas de expresar la concentración de una solución entre sí. Relaciona la presión de vapor con la teoría cinético molecular de los gases. Identifica soluciones saturadas, insaturadas y sobresaturadas.	Relaciona una solución con la naturaleza y cantidad de sus componentes. Relaciona la presión de vapor con estados de la materia, volatilidad y temperatura. Reconoce los distintos grados de saturación relacionando con la concentración de la solución y el efecto de la temperatura en la solubilidad.
MÉTODOS	Aplica fórmulas, define conceptos sin establecer relaciones.	Fundamenta sus concepciones en base a la aplicación de principios químicos.	Fundamenta sus decisiones en base a la aplicación de principios y leyes químicas, físicas y matemáticas.
PROPÓSITOS	Desarrolla cálculos y gráficos de forma memorística, sin atender a resultados lógicos.	Desarrolla cálculos y gráficos a partir de los datos con los que cuenta, aplicando todas las formulaciones pertinentes.	Desarrolla cálculos y gráficos a partir de los datos con los que cuenta, aplicando vías de resolución rápidas y correctas, por deducción, sin utilizar todas las fórmulas disponibles.
FORMAS DE COMUNICACIÓN	En los trabajos presentados, se observa el manejo de las formas más comunes de expresar concentración y presión de vapor de las soluciones.	Demuestra abordar y resolver los problemas utilizando los conceptos químicos y relacionándolos con hechos reales.	Demuestra abordar y resolver los problemas de manera sintética utilizando los conceptos químicos y relacionándolos con hechos reales y/o con otros conceptos disciplinares.

Matriz Nº 2. Evaluación 2º desempeño de comprensión

Niveles Dimensiones	NOVATO (Bueno)	APRENDIZ (Muy Bueno)	MAESTRÍA (Óptimo)
CONTENIDOS	Identifica los tres estados de la materia en un diagrama de fases determinando las zonas y puntos principales del mismo.	Relaciona el tema con cada estado de la materia por separado, definiendo el efecto de la P y T en los cambios de estado.	Relaciona el tema con los conocimientos previos del estudio de los tres estados por separado y con la teoría cinético molecular, definiendo claramente el efecto de P y T en el comportamiento de cada estado.
MÉTODOS	Nombra los cambios de estado, determina los datos solicitados sin relacionarlos con conocimientos previos.	Fundamenta sus decisiones en base a la aplicación de principios y leyes químicas.	Fundamenta sus decisiones en base a la aplicación de principios y leyes químicas y el tipo de uniones químicas características de cada estado de la materia.
PROPÓSITOS	Desarrolla diagramas de fases con resultados relativos e incompletos.	Desarrolla diagramas de fases de cualquier sustancia a partir de pocos datos, pero buscando datos complementarios en manuales de constantes físico-químicas.	Desarrolla diagramas de fases de cualquier sustancia a partir de pocos datos, resolviendo nuevos desafíos en forma cada vez más sintética.
FORMAS DE COMUNICACIÓN	En los trabajos presentados, se aprecia el manejo del concepto de cambios de estado de la materia.	Demuestra abordar y resolver los problemas utilizando los conceptos químicos y relacionándolos con hechos reales.	Demuestra abordar y resolver los problemas de manera sintética utilizando los conceptos químicos y relacionándolos con hechos reales.

Matriz N° 3. Evaluación 3° desempeño de comprensión

Niveles Dimensiones	NOVATO (Bueno)	APRENDIZ (Muy Bueno)	MAESTRIA (Óptimo)
CONTENIDOS	Reconoce en gráfico de diagrama de fases el correspondiente al de una solución, identificando temperaturas de congelación y ebullición y presión de vapor. Identifica fórmulas para realizar cálculos de propiedades coligativas.	Relaciona los cambios de presión de vapor y T de ebullición y de fusión, de una solución con la cantidad de soluto. Relaciona el diagrama de fases con fórmulas para cálculos de propiedades coligativas y con conocimientos previos de concentración de soluciones. Reconoce el concepto de presión osmótica.	Deduce gráficamente las propiedades coligativas a partir del tipo de soluto de la solución y de la presión de vapor de esta última. Relaciona las fórmulas con lo graficado, con conocimientos previos, y con razonamientos lógicos a partir de observaciones de hechos cotidianos. Relaciona presión osmótica con conceptos de ósmosis y presión.
MÉTODOS	Aplica fórmulas, define conceptos, realiza cálculos, sin establecer relaciones. Débil justificación de los resultados obtenidos.	Fundamenta las observaciones y resultados aplicando principios químicos.	Fundamenta sus decisiones en base a principios químicos, y corroboración de resultados aplicando conocimientos previos.
PROPÓSITOS	Desarrolla cálculos y gráficos pertinentes, con resultados no siempre correctos por no relacionar la operatoria con el problema a resolver.	Desarrolla cálculos y gráficos a partir de los datos con los que cuenta, aplicando todas las formulaciones pertinentes, obteniendo resultados correctos.	Obtiene respuestas correctas y lógicas utilizando cálculos y conceptos para resolver diferentes desafíos, con rapidez y aplicación a otras disciplinas.
FORMAS DE COMUNICACIÓN	En los trabajos presentados, se observa el manejo de fórmulas y conceptos teóricos.	Demuestra abordar y resolver los problemas utilizando los conceptos químicos y relaciones con hechos reales.	Demuestra abordar y resolver los problemas utilizando conceptos químicos, relacionándolos con otros conceptos disciplinares y su aplicación a diversos campos y situaciones.

De acuerdo con las características disciplinares y metodológicas de la asignatura, sobre las que se hizo referencia en el capítulo anterior, y con la finalidad de profundizar el proceso evaluativo para un mejor seguimiento de la comprensión, se utilizan rúbricas pertinentes para cada actividad práctica (de aula y de laboratorio), y para las evaluaciones parciales.

Matriz N° 4. Trabajos prácticos de aula

CRITERIOS	MUY BUENO	BUENO	REGULAR	DEFICIENTE
ASISTENCIA	100% asistencia	80% asistencia	50% asistencia	30% asistencia
COMPRENSIÓN DEL PROBLEMA	Demuestra una comprensión completa del problema, identificando correctamente sus partes y acabado conocimiento de los conceptos químicos involucrados en el problema.	Demuestra que es capaz de comprender e interpretar adecuadamente los resultados de problemas y ejercitaciones.	Demuestra medianamente comprensión y análisis de resultados, no es capaz de aplicar estos aprendizajes en otros ámbitos del saber.	Demuestra poca habilidad para comprender y analizar resultados propios de la química.
ANÁLISIS Y PLANTEO	Demuestra que es capaz de comprender adecuadamente la situación problemática y aplica esta habilidad para resolver situaciones por diferentes vías, interpretando correctamente el resultado obtenido.	Demuestra que es capaz de comprender e interpretar adecuadamente los problemas y sus resultados.	Demuestra medianamente comprensión y análisis de resultados, no es capaz de aplicar estos aprendizajes en otros ámbitos del saber.	Demuestra poca habilidad para comprender y analizar situaciones problemáticas de química y en el manejo de operaciones matemáticas.
CONCEPTOS QUÍMICOS	Evidencia un gran dominio en todos los conceptos químicos involucrados en un ejercicio y es capaz de definirlos con claridad, asociándolos en forma eficiente en la resolución de problemas.	Demuestra que conoce solo algunos conceptos químicos involucrados en un ejercicio, es capaz de definirlos en forma correcta y de aplicarlos en la resolución de situaciones propias de la vida cotidiana.	Demuestra que conoce algunos conceptos químicos involucrados en un ejercicio y no es capaz de definirlos en forma completa.	Evidencia que conoce solo algunos conceptos químicos involucrados en un ejercicio y no es capaz de definirlos.

OPERATORIA Y CÁLCULO	Reconoce y aplica siempre la operación y/o propiedad adecuada para resolver correctamente los problemas planteados.	Generalmente reconoce y aplica la operación y/o propiedad que corresponde para resolver sin errores los problemas planteados.	Eventualmente reconoce y aplica la operación adecuada para resolver un problema dado.	No reconoce la operación adecuada y no realiza correctamente las operaciones involucradas en la resolución de problemas.
RAZONAMIENTO LÓGICO-QUÍMICO	Usa una estrategia que es consistentemente clara. La lógica utilizada es coherente en todo momento.	La estrategia usada es clara y apropiada. La lógica utilizada es mayormente coherente.	La estrategia usada es apropiada, en cuanto permite resolver el problema o la pregunta. La lógica utilizada es mayormente coherente, aunque puede contener algunos errores significativos.	La estrategia adoptada es inapropiada. La lógica utilizada contiene errores básicos.
RELACIÓN DE CONCEPTOS	Demuestra la resolución de problemas de distintas maneras relacionando y aplicando los conocimientos previos adecuadamente.	Demuestra la resolución de problemas relacionando y aplicando los conocimientos previos adecuadamente.	Demuestra la resolución de problemas aplicando los conocimientos previos, con dificultad, o aplicándolos incorrectamente.	No demuestra la relación de conceptos para resolver el problema.

Matriz N° 6. Informes de las prácticas en laboratorio

Nivel alcanzado / Criterio	Muy Bueno	Bueno	Regular
Manejo de material	Demuestra cuidadoso manejo del material. Respeta todas las normas de seguridad e higiene indicadas.	Demuestra cuidadoso manejo del material. Respeta algunas normas de seguridad e higiene.	No demuestra cuidadoso manejo del material. Desconoce algunas normas de seguridad e higiene.
Habilidad/ Desenvolvimiento	Demuestra precisión, orden adecuado de los pasos a seguir, rapidez en la toma de decisiones, seguridad en lo que está haciendo.	Demuestra un orden adecuado de los pasos a seguir y seguridad en lo que está haciendo.	Conoce lo que está haciendo, pero delega las decisiones y acciones en los demás.
Capacidad para trabajar en equipo	Expone y comparte criterios. Escucha a los demás. Admite errores. Propicia el trabajo entre todos y la unificación de decisiones. Propone iniciativas.	Expone y comparte criterios. Escucha a los demás. Propone iniciativas. Se integra al grupo.	Escucha a los demás. Se integra al grupo. Acepta las decisiones del grupo.
Aplicación conceptos adquiridos	Demuestra conocer lo que hace aplicando correctamente los fundamentos teóricos. Trabaja aplicando un razonamiento químico lógico.	Demuestra conocer lo que hace aplicando correctamente los fundamentos teóricos.	Trabaja basándose en los pasos a seguir indicados en la guía
Comprobación experimental de hipótesis	Logra realizar el trabajo con rapidez correctamente.	Logra realizar el trabajo correctamente.	Logra realizar el trabajo, pero rehaciendo algunos pasos intermedios para solucionar errores

Matriz N° 7. Evaluaciones parciales escritas

CRITERIOS	Excelente	Muy Bueno	Bueno	Rehacer
OBJETIVO-PROPÓSITO DEL LABORATORIO	El propósito del laboratorio está claramente identificado y presentado.	El propósito del laboratorio está identificado, pero es presentado en una manera que no es muy clara.	El propósito del laboratorio está parcialmente identificado y es presentado en una manera que no es muy clara.	El propósito del laboratorio es erróneo o irrelevante.
REPRODUCCIÓN	Los procedimientos parecen ser reproducibles. Los pasos están delineados en orden y están adecuadamente detallados.	Los procedimientos parecen ser reproducibles. Los pasos están delineados y adecuadamente detallados.	Todos los pasos están delineados, pero no hay suficientes detalles para reproducir los procedimientos.	Varios pasos no están delineados y no hay suficientes detalles para reproducir los procedimientos.
CONCEPTOS QUÍMICOS	El informe representa un preciso y minucioso entendimiento de los conceptos científicos esenciales en el laboratorio.	El informe representa un preciso entendimiento de la mayoría de los conceptos científicos esenciales en el laboratorio.	El informe ilustra un entendimiento limitado de los conceptos científicos esenciales en el laboratorio.	El informe representa un entendimiento incorrecto de los conceptos científicos esenciales en el laboratorio.
CÁLCULOS	Se muestran todos los cálculos y los resultados son correctos y están etiquetados apropiadamente.	Se muestran algunos cálculos y los resultados son correctos y están etiquetados apropiadamente.	Se muestran algunos cálculos y los resultados están etiquetados apropiadamente.	No se muestra ningún cálculo.
APARIENCIA/ ORGANIZACIÓN	El informe de laboratorio está mecanografiado y usa títulos y subtítulos para organizar visualmente el material.	El informe de laboratorio está escrito a mano con esmero y usa títulos para organizar visualmente el material.	El informe de laboratorio está escrito o mecanografiado con esmero, pero el formato no ayuda a organizar visualmente el material.	El informe de laboratorio está escrito a mano y se ve descuidado, con tachones, y múltiples borrones.

Conclusión

Reflexionar sobre la propia práctica docente, como práctica social, es sin dudas, el ejercicio más acertado para encontrar las herramientas que nos permitan avanzar en la incorporación de mejoras en la construcción del conocimiento, ya sea posicionados ante evidentes dificultades en el aprendizaje, como con el fin de mejorar la práctica docente en pos de una mejor calidad educativa.

Claro que de nada sirve pensar en el trabajo docente desde la reflexión crítica si el análisis de las situaciones y la investigación de las prácticas no se desarrollan de un modo colaborativo entre los involucrados en la tarea común, dentro del contexto institucional y social en el que se desarrolla la enseñanza.

El sentido de contemplar las respuestas obtenidas del análisis tiene que ver con estar dispuestos a ampliar la mirada, y atreverse a los cambios. Cambios que no tienen por qué ser radicales, al decir de Perkins y Blythe (1999), no se trata de dejar de lado todo lo hecho hasta el momento. Se trata de aunar perspectivas comunes, innovando las formas, los métodos, de acuerdo con un modelo que posibilite hacer de la enseñanza un proceso constructivo.

Desde la Enseñanza para la Comprensión, se enseña a pensar y se comprende haciendo, lo que implica para quienes enseñamos tener en claro los objetivos, estableciendo un currículum que sea un elemento dinámico en la enseñanza.

Enseñar química en carreras de ingeniería, que además, no tienen esta orientación, requiere una detallada selección sobre qué es importante enseñar y qué desempeños se utilizarán para enseñar.

Coincidiendo con Gardner y Boix-Mansilla (1994), el mayor enemigo de la comprensión es la cobertura. Desde el momento en que un docente (alumno, padre o administrador) está empeñado en querer cubrir todo lo que está en el currículum o en el programa a expensas de un alto costo, sin dar a los estudiantes varias oportunidades desde diferentes ángulos que muestren tanto sus comprensiones como sus malas comprensiones, será poca la comprensión genuina que se logre.

Bibliografía

Aguerrondo, I. y otros (2002) *Cómo planifican las escuelas que innovan*, Buenos Aires, Papers Editores.
Ausubel, D.; Novak, J. y Hanesian, H. (1983) *Psicología educativa: un punto de vista cognoscitivo*, México, Triallas.
Barnett, R. (1994) *Los Límites de la Competencia. El conocimiento, la educación superior y la sociedad*, España, Gedisa SA.
Gardner, H. y Boix-Mansilla, V. (1994) *Enseñar para las disciplinas y más allá de ellas*, Educational Leadership 51.
Giordano M. F. y Silva J. O. (2006) "Didáctica para la comprensión" en Docencia Universitaria: Aportes de la didáctica para la comprensión, Centro de Estudios Universitarios (CEU), Nº 03, Año 1, Época 2, Chile, Vicerrectoria de Planificación y Desarrollo. Universidad de Los Lagos.
Giordano M. F.; Cometta, A.; Guyot, V.; Cerizola, N. y Bentolila, S. (1991) *Enseñar y Aprender Ciencias Naturales. Reflexión y práctica en la escuela media*, Buenos Aires, Troquel Educación.
Perkins, D. y Blythe T. (1994) *Ante todo la comprensión*, Educational Leadership 51.
Petrucci, H. (2003) *Química General*, España, Pearson.
Pogré, P. y Lombardi, G. (2004) *Escuelas que enseñan a pensar. Enseñanza para la Comprensión (EpC)*, Buenos Aires, Papers Editores.
Stone Wiske, M. (1999) "La enseñanza para la comprensión" en *Colección Redes de Educación*, Buenos Aires, Paidós.
Whitten, Davis, Peck. 1998. *"Química general"*. McGraw-Hill. España.

REPENSAR LA PRÁCTICA DOCENTE DESDE LA EpC

Institución: Facultad de Ingeniería y Ciencias Económico Sociales (FICES). Universidad Nacional de San Luis.
Ciudad, provincia y país: Villa Mercedes, San Luis. Argentina.
Curso: Taller de Práctica IV "Abordaje comunitario".
Carrera: Licenciatura en Trabajo Social.
Autora: Hilda Maggi.
Contacto: hmaggi@fices.unsl.edu.ar

Introducción

La asignatura "Taller de Práctica IV: Abordaje Comunitario" se dicta, de acuerdo con la malla curricular, en 5° año, que corresponde al último de la carrera de Trabajo Social de la FICES, UNSL. Es el cuarto de los talleres –instancia de práctica académica–. Su especificidad corresponde al nivel de abordaje comunitario, según plan de estudio/94.

El equipo de cátedra posee un sistema de relaciones al interior del grupo y por fuera, lo que permite construir redes con otros equipos de cátedras e incluso por fuera del ámbito universitario, posibilitando su enriquecimiento, respondiendo a la vez a fines propuesto por la Universidad, esto es, la inserción en el medio social. Tiene definido su modelo pedagógico desde lo epistemológico, político, ético y profesional.

Se cumplen objetivos pedagógicos y objetivos profesionales como es, producción teórica. La misma se obtiene a partir de la sistematización de cada una de las experiencias, realizando de este modo un aporte al marco teórico de la disciplina, desempeñando su función cientista. Se trasfieren conocimientos obtenidos a partir de la experiencia en distintos eventos, sean congresos, encuentros, etc.

La cátedra se ha convertido en un equipo de trabajo de docencia e investigación de su práctica docente, de estructura y funcionamiento democrático lo cual permite el desarrollo tanto personal como profesional de sus integrantes.

Al interior del equipo de cátedra se ejercita la "reflexión acerca de lo que ellos mismos enseñan, sobre las formas de hacerlo y sobre los objetivos que se plantean [...] asumiendo su potencial como académicos y profesionales activos y reflexivos [...] a fin de contextualizar en términos políticos y normativos la función social que estos desempeñan como tal".[41]

Se abren canales de expresión, opinión y decisión por parte de los/las alumnos/as sobre su propia formación.

Propuesta didáctica

> La propuesta es mirar aquellas cosas que se aprendieron de una determinada manera y volver a incorporarlas de diversas formas, porque este nuevo contacto con el conocimiento posibilita llegar a otra profundidad en la comprensión de ese mismo concepto; permite crear diferentes alternativas y ofrecerles a los alumnos diversos aminos para que comprendan los conceptos en cuestión [...].[42]

El hilo conductor de este trayecto de enseñanza-aprendizaje se propone promover la comprensión de la complejidad del espacio de intervención –espacio poblacional– donde se inserta la práctica académica o pre-profesional.

---

[41] Giroux, H. A. (1997) *Los profesores como intelectuales. Hacia una pedagogía crítica del aprendizaje*, Barcelona, Paidós, p. 176.

[42] Pogré, P. y Lombardi, G. (2004) *Escuelas que enseñan a pensar. Enseñanza para la Comprensión (EpC). Un Marco Teórico para la acción*, Buenos Aires, Papers Editores, p. 121.

El interrogante básico a modo de hilo conductor es: ¿cómo puedo comprender en profundidad, la complejidad del espacio de intervención del trabajo social como campo –espacio poblacional– desde las particularidades del abordaje comunitario, a fin de poder lograr construir una estrategia de intervención en la práctica académica o práctica pre-profesional?

Tópicos generativos

Fundamentación de la selección de los tópicos generativos

- Es central en el campo disciplinar. Complementa otros niveles de abordajes del trabajo social.
- Es accesible e interesante para los/las alumnos/as y docentes. La ubicación de la asignatura en la malla curricular permite que los/las alumnos/as posean conocimientos previos que facilitan su comprensión.
- Es rico en conexiones posibles, dentro y fuera del campo disciplinar. Proporcionan, tanto para los /as alumnos/as como al docente la posibilidad de establecer relaciones con otras áreas de estudios y en el contexto profesional.
- Posibilitan el intercambio de las diferentes experiencias. En cada espacio/encuentro entre los distintos grupos de alumnos con sus respectivos supervisores en terreno de acuerdo con los diferentes centros de prácticas, enriqueciendo y promoviendo desempeños efectivos entre los pares y el medio social donde se insertan en el futuro como profesionales.
- Reelabora el marco teórico de la asignatura, esto se da en el Taller de Práctica IV desde la reflexión grupal y evaluación de los aprendizajes de docente y alumnos indistintamente.

- Logra la interacción entre la Universidad-Organizaciones/Instituciones y los/as alumnos/as tienen la posibilidad de conocer en terreno la problemática de su futuro quehacer profesional.

Conceptos entorno al tópico generativo

Espacio poblacional: espacio social de producción, circulación y consumo de bienes materiales y no materiales y de representaciones simbólicas productoras de consensos y disenso.

Metas de comprensión

¿Cómo comprendo el análisis de la complejidad del espacio de intervención del trabajo social como campo-espacio poblacional–?

¿Cómo comprendo el análisis de los fenómenos en situación –problemáticas sociales–desde el abordaje comunitario en el espacio poblacional donde se inserta la práctica académica?

¿Cómo comprendo la metodología de construcción de la estrategia de intervención pre-profesional o académica desde el abordaje comunitario?

¿Cómo comprendo si han sido pertinentes los objetivos planteados en la estrategia de intervención?

¿Cómo comprendo si se ha logrado alcanzar los objetivos académicos planteados desde la asignatura?

Tópicos generativos y actividades de comprensión

Los Tópicos generativos y las actividades han sido formulados a partir de cada una de las Metas de comprensión

Meta de comprensión 1

¿Cómo comprendo el análisis de la complejidad del Espacio de Intervención del trabajo social como campo-espacio poblacional?
Teniendo en cuenta los elementos externos de la especificidad profesional
- Marco teórico.
- Contexto más amplio: proyecto político vigente
- Contexto institucional

   Los /as alumnos/as deberán:
- Comprender los atravesamientos históricos, políticos, económicos, sociales y culturales de la realidad social donde se inserta la practica académica
- Comprender los conceptos de *discapacidad - escuela urbano marginales - vulnerabilidad*, etc. y sus atravesamientos.

Tópicos generativos 1

- ¿Cómo identifico los atravesamientos históricos, políticos, económicos, sociales y culturales de la realidad social?
- ¿Desde dónde defino los conceptos *de discapacidad - escuela urbano marginal - vulnerabilidad*, etc.?
- ¿Cómo contextualizo mi práctica pre-profesional o académica teniendo en cuenta las particularidades del abordaje comunitario?

Actividades de comprensión 1

Para lograr la meta de comprensión planteada, los alumnos, en forma grupal y por centro de práctica, deberán realizar un informe teniendo en cuenta los lineamientos contenidos en la guía Nº 1.

Para ello los alumnos realizaran un análisis de
- sistematización de años anteriores, teniendo en cuenta: planteos de dudas, inquietudes y sugerencias del grupo de alumnos que le precedieron.
- Aportes de conocimientos previos y/o experiencias acerca de la organización-centro de práctica que cada alumno posea.
- Análisis y reflexión teórica a fin de elaborar un marco teórico que guie su intervención pre-profesional.
- Debate grupal en el que cada grupo socializará lo trabajado con resto del grupo de compañeros en el espacio del Taller Áulico.

Los alumnos podrán realizar preguntas, plantear dudas, realizar aportes, hacer sugerencias, etc.

Cada grupo entregará a su supervisor el informe con las correcciones realizadas con el objetivo de ser evaluada por el equipo docente.

Por último, se anexa a la carpeta de cada centro de práctica.

Meta de comprensión 2

¿Cómo comprendo el análisis de los fenómenos en situación –problemáticas sociales– desde el abordaje comunitario en el espacio poblacional donde se inserta la práctica académica?

Tópicos generativos 2

Teniendo en cuenta el análisis de los elementos internos a la especificidad del trabajo social: SUJETOS;
- ¿cómo realizo un análisis de la problemática social teniendo en cuenta las particularidades del abordaje comunitario en el espacio poblacional?
- ¿Cuáles son los SUJETOS del abordaje comunitario (organizaciones)?

- ¿Cómo identifico la lógica de funcionamiento de la organización- centro de práctica? Problemática que aborda fines, intereses, objetivos, racionalidad, inserción-reconocimiento social, institucionalidad, etc.

Actividades de comprensión 2

Los alumnos en forma grupal y por centro de práctica deberán realizar un informe teniendo en cuenta los lineamientos contenidos en la guía Nº 2.
Para ello los alumnos deberán:
- Elaborar guías de observación, implementarlas e informar sobre los datos obtenidos.
- Elaborar guías de entrevistas; seleccionar referentes y entrevistarlos e informar sobre los datos obtenidos.
- Debate grupal: cada grupo socializará lo trabajado al resto del grupo de compañeros. En el espacio áulico, los alumnos podrán realizar preguntas, plantear dudas, realizar aportes, hacer sugerencias, etc.

Cada grupo entregará a su supervisor el informe con las correcciones con el objetivo de ser evaluada por el equipo docente.
Se anexa a la carpeta de cada centro de práctica.

Meta de comprensión 3

¿Cómo comprendo la metodología de construcción de la estrategia de intervención pre-profesional o académica desde el abordaje comunitario?

Tópicos generativos 3

Teniendo en cuenta el análisis de los elementos constitutivos a la especificidad del trabajo social:
- ¿Qué es una estrategia de intervención?
- ¿Qué elementos hay que tener en cuenta para su elaboración?

- ¿Cómo construyo el *objeto de intervención*?
- ¿Cómo diseñar una planificación pre-profesional o académica?
- ¿Cómo definir con quienes se planificará (actores sociales intervinientes)?

Actividades de comprensión 3

Los alumnos en forma grupal y por centro de práctica deberán realizar un informe teniendo en cuenta los lineamientos contenidos en la guía Nº 3.

En los centros de práctica los alumnos y junto a los actores sociales que intervienen, deberán:
- Planificar talleres con los actores sociales del centro de práctica con el objetivo de determinar: demandas sociales y definir las acciones a seguir (Objeto de Intervención). Realizar informe correspondiente a cada encuentro. (la cantidad de talleres es a criterio de los propios alumnos).
- Debate Grupal:

Cada grupo socializara lo trabajado al resto del grupo de compañeros/as. En el espacio áulico, los alumnos podrán realizar preguntas, plantear dudas, realizar aportes, hacer sugerencias, etc.

Cada grupo entregará a su supervisor el informe con las correcciones con el objetivo de ser evaluada por el equipo docente.

Se anexa a la carpeta de cada centro de práctica.

Meta de comprensión 4

¿Cómo comprendo si han sido pertinentes los objetivos planteados en la estrategia de intervención?

Tópicos generativos 4

Teniendo en cuenta el análisis de los elementos constitutivos a la especificidad del trabajo social.

- ¿A qué denominamos proceso metodológico?
- ¿Qué tipo de estrategia predominó? Asistencial, técnica, educadora, cientista.
- ¿Qué objetivos se alcanzaron?
- ¿Qué función se desempeñó? Asistencial, técnica, educadora, cientista.
- ¿Qué técnicas se implementaron?

Actividades de comprensión 4

Los alumnos en forma grupal y por centro de práctica deberán realizar un informe teniendo en cuenta los lineamientos contenidos en la guía N° 4.

Debate Grupal:
- Cada grupo socializará lo trabajado al resto del grupo de compañeros. En el espacio áulico, los alumnos podrán realizar preguntas, plantear dudas, realizar aportes, hacer sugerencias, etc.
- Cada grupo entregará a su supervisor el informe con las correcciones con el objetivo de ser evaluada por el equipo docente.
- Se anexa a la carpeta de cada centro de práctica.

Meta de comprensión 5

¿Cómo comprendo si se ha logrado alcanzar los objetivos académicos planteados desde la asignatura?

Tópicos generativos 5

- ¿Qué significa poseer en Trabajo Social una visión totalizadora del abordaje?
- ¿Qué elementos hay que tener en cuenta para lograrlo?
- ¿Cuál es el sentido de nuestra práctica?
- ¿Cómo hacer una lectura crítica de nuestro abordaje?
- ¿Qué importancia tiene realizar aportes/sugerencias?

Actividades de comprensión 5

Los alumnos en forma grupal y por centro de práctica deberán realizar un informe teniendo en cuenta los lineamientos contenidos en la guía N° 5.

Debate Grupal
- Cada grupo socializará lo trabajado con el resto del grupo de compañeros. En el espacio áulico, los alumnos podrán realizar preguntas, plantear dudas, realizar aportes, hacer sugerencias, etc.
- Cada grupo entregará a su supervisor los informes con las correcciones con el objetivo de ser evaluada por el equipo docente.
- Informe académico se anexará a la carpeta.
- Informe a la institución: se entregará a los referentes de la organización-centro de práctica.

Criterios de evaluación continua

Los criterios de evaluación se hacen explícitos en el encuadre del taller. La evaluación es en proceso, en distintas instancias (participación en talleres áulicos, en supervisión y en terreno). Ocupa un lugar de relevancia y se prevé tanto de docente a alumnos, de alumnos a docente y entre los mismos alumnos: "[…] ligados a la metas de comprensión, explícitos y públicos, orientan y habilitan la discusión de lo que se considera un buen trabajo. Permite volver sobre lo hecho, repensar, producir e incorporar nuevas perspectivas. Alientan a los que están en el proceso porque les posibilitan focalizar en aquellos aspectos en los que debe profundizar…"[43]

Se construyeron tres matrices de evaluación:

---

[43] Pogré, P. y Lombardi, G. (2004) Ob. Cit., p. 93.

Matriz de evaluación continua de talleres áulicos

CRITERIOS/NIVELES	MAESTRÍA (ÓPTIMO)	APRENDIZ (MUY BUENO)	NOVATO (BUENO)
PLANIFICACIÓN	Presentación en tiempo y forma. Objetivos claros con actividades que conducen al logro de los mismos. El tema a re-crear es pertinente. (articulación teoría y práctica) Hace referencia a recursos humanos y técnicos. Consigna tiempo para cada actividad a desarrollar. Prevé evaluación y auto-evaluación de la instancia del taller.	Presentación en tiempo y forma. Objetivos claros con actividades que conducen al logro de los mismos. El tema a re-crear es pertinente. (articulación teoría y práctica) Hace referencia a recursos humanos y técnicos. Consigna tiempo para cada actividad a desarrollar. Prevé evaluación de la instancia del taller.	Presentación en tiempo y forma. Objetivos ambiguos. Las actividades no conducen al logro de los objetivos. El tema a re-crear es pertinente pero muy amplio para desarrollar. No hace referencia a recursos humanos-técnicos. No prevé evaluación de la instancia del taller.
COORDINACIÓN	Posee habilidades y destrezas para el desempeño del rol de coordinador. Exposición del tema: pertinencia, claridad conceptual. Excelente oratoria. Logra relacionar ideas o conceptos con referentes empíricos. Utilización de herramientas que permiten la clarificación de ideas o conceptos. Convoca y promueve el análisis y discusión del grupo logrando una construcción colectiva. Realiza aportes/sugerencias. Uso adecuado del tiempo (flexible).	Posee habilidades y destrezas para el desempeño del rol de coordinador. Exposición del tema: claridad conceptual, logra relacionar ideas o conceptos con referentes empíricos. Utilización de herramientas que permiten la clarificación de ideas o conceptos. Convoca al análisis y discusión del grupo sin lograr una construcción colectiva. Toma en cuenta las ideas de los otros, no interrumpe. Manejo de los tiempos en forma estructurada (exposición teórica, actividades, evaluación).	Demuestra dificultad para el desempeño del rol de coordinador. Exposición teórica sin articulación de conceptos, no ofrece ejemplos. No logra articulación con la práctica académica. No logra convocar al análisis y discusión con el grupo, imposibilitando la construcción colectiva de ideas. Interrumpe e impone ideas propias. Tendencia a monopolizar la palabra. Imposibilidad de manejo de los tiempos.

OBSERVADOR NO PARTICIPANTE	Posee habilidades y destrezas para el desempeño del rol de observador. Pasa inadvertido en el grupo. El relato (informe) denota el acontecer del talle, a nivel interpretativo. Logra captar situaciones significativas de análisis y reflexión grupal. Realiza apreciaciones subjetivas. Realizar aportes/sugerencias.	Posee habilidades y destrezas para el desempeño del rol de observador. Pasa inadvertido en el grupo. El relato denota el acontecer del taller (dinámica) Realiza apreciaciones subjetivas pero no logra realizar aportes/sugerencias.	Demuestra dificultad para el desempeño del rol de observador. No posee actitud. Provoca interrupciones. El relato no refleja el acontecer del taller: dinámica grupal. Buena redacción y presentación a nivel descriptivo. No realiza apreciaciones subjetivas.
TRABAJO GRUPAL	Participación real del grupo de alumnos en el análisis y discusión con posibilidad de realizar aportes y sugerencias. Intercambio de ideas y logro de construcciones colectivas.	Participación del grupo. Aportes de ideas o conceptos a nivel individual.	Escasa o nula participación del grupo. No se logra intercambio de ideas o conceptos. No surgen aportes o sugerencias.

Matriz de evaluación continua del espacio de supervisión

CRITERIOS/ NIVELES	MAESTRÍA (ÓPTIMO)	APRENDIZ (MUY BUENO)	NOVATO (BUENO)
PLANIFICACIÓN E INFORME OBSERVACIÓN NO PARTICIPANTE	Planificación: presentación en tiempo y forma. Con objetivos/propósitos claros y precisos. Consigna tiempo requerido con detalle de recorrido a realizar. Consigna de tiempo de inicio y finalización. Informe: a nivel interpretativo, muy buena redacción, lenguaje técnico, utilización de categorías conceptuales y relación entre ellas. Se advierte apreciaciones subjetivas del observador.	Planificación: presentación en tiempo y forma, con objetivos propuestos claros. Consigna tiempo requerido y detalla el recorrido a realizar. Consigna tiempo de inicio y finalización. Informe: a nivel descriptivo, utilización de lenguaje técnico, detallando recorrido y ubicación geográfica (mapa). Se advierte apreciaciones subjetivas del observador.	Planificación: presentación en tiempo y forma. Objetivos poco claros. No consigna tiempo requerido. No consigna recorrido. No detalla tiempo de inicio y finalización. Informe: buena redacción, a nivel descriptivo, no detalla recorrido ni ubicación geográfica. No se advierte apreciaciones subjetivas del observador.
PLANIFICACIÓN E INFORME ENTREVISTAS	Planificación: presentación en tiempo y forma. Objetivos/propósitos claros. Informes: presentación en tiempo y forma. Buena redacción a nivel interpretativo. Conceptualmente claro. Logra realizar aportes y sugerencias.	Planificación: presentación en tiempo y forma. Objetivos/propósitos claros. Informes: presentación en tiempo y forma. Buena redacción a nivel interpretativo.	Planificación: presentación en tiempo y forma. Objetivos/propósitos poco claros y ambiguos. Informes: presentación en tiempo y forma. Buena redacción a nivel descriptivo.

PLANIFICACIÓN E INFORMES TALLERES MULTIACTORALES	Planificación: presentación en tiempo y forma. Objetivos claros y precisos, con actividades que conducen al logro de los mismos. El tema a re-crear es pertinente. Hace referencia a recursos humanos y técnicos. Consigna tiempo para cada actividad a desarrollar. Prevé evaluación y auto-evaluación de la instancia del taller multiactoral. Informe: el relato denota el acontecer del talle, a nivel interpretativo, uso de vocabulario técnico. Logra captar situaciones significativas de análisis y reflexión grupal. Realiza apreciaciones subjetivas. Realiza aportes/sugerencias.	Planificación: presentación en tiempo y forma. Objetivos claros con actividades que conducen al logro de los mismos. El tema a re-crear es pertinente. Hace referencia a recursos humanos y técnicos. Consigna tiempo para cada actividad a desarrollar. Prevé evaluación de la instancia del taller multiactoral. Informe: el relato denota el acontecer del taller multiactoral (dinámica). Realiza apreciaciones subjetivas pero no logra realizar aportes/sugerencias.	Planificación: presentación en tiempo y forma. Objetivos ambiguos. Las actividades no conducen al logro de los objetivos. El tema a re-crear es pertinente pero muy amplio para desarrollar. No hace referencia a recursos humanos-técnicos. No prevé evaluación de la instancia del taller multiactoral. Informe: el relato no refleja el acontecer del taller multiactoral: dinámica grupal. Buena redacción y presentación, a nivel descriptivo. No realiza apreciaciones subjetivas.
TRABAJO DE CAMPO GRUPAL	Vinculación optima con los actores sociales (organizaciones). Sensibilización y compromiso con la problemática social abordada. Trabajo en equipo, colaborativo, distribución de tareas, roles y responsabilidades. Socialización grupal de registro de actividades en terreno (cuaderno de campo).	Buena vinculación con los actores sociales (organizaciones). Sensibilización con la problemática social abordada. Indicios de trabajo en conjunto, sigue primando el trabajo individual. Registro discontinuo de actividades grupales en terreno (cuaderno de campo).	Buena vinculación con los actores sociales (organizaciones). No hay distribución de roles, tareas y responsabilidades. Ausencia de trabajo colaborativo. Ausencia de registro de actividades grupales en terreno (cuaderno de campo).

Matriz de evaluación continua de la sistematización de la práctica académica

CRITERIOS/ NIVELES	MAESTRÍA (ÓPTIMO)	APRENDIZ (MUY BUENO)	NOVATO (BUENO)
INFORMES PARCIALES GUIA Nº 1, 2, 3 y 4	Informe escrito: presentación en forma y tiempo. Claro y coherente, de naturaleza integrada, creativa y crítica. Establece relaciones. Uso flexible de conocimiento que permite reinterpretar y actuar en el mundo que lo rodea. Comunicación oral: expresa ideas o conceptos vinculados entre sí de forma creativa, reflejan conciencia crítica. Utilización de medios: filminas, papelógrafo, gráficos, técnicas de comunicación, etc.	Informe escrito: presentación en forma y tiempo. Uso flexible de ideas o conceptos disciplinarios. Comunicación oral: expresa ideas o conceptos en forma flexible y adecuada. Utilización de medios: filminas, papelógrafo, gráficos, técnicas de comunicación, etc.	Informe escrito: presentación en forma y tiempo, según el protocolo. Texto claro. Destaca conceptos o ideas disciplinarias y establece simples conexiones. Comunicación oral: dificultad para expresar ideas o conceptos y su relación, proceso mecánico.
INFORME FINAL	Informe escrito: presentación en forma y tiempo. Claro y coherente, de naturaleza integrada y crítica. Establece relaciones. Uso flexible de conocimiento que permite reinterpretar y actuar en el mundo que lo rodea. Comunicación oral: Utilización de medios: filminas, papelógrafo, gráficos, técnicas de comunicación, etc. Expresa ideas o conceptos vinculados entre sí de forma creativa, reflejan conciencia crítica.	Informe escrito: presentación en forma y tiempo. Uso flexible de ideas o conceptos disciplinarios. Comunicación oral: utilización de medios: filminas, papelógrafo, gráficos, técnicas de comunicación, etc. Expresa ideas o conceptos en forma flexible y adecuada.	Informe escrito: presentación en forma y tiempo, según el protocolo. Texto claro. Destaca algunos conceptos o ideas disciplinarias y establece simples conexiones. Comunicación oral: dificultad para expresar ideas o conceptos y su relación, proceso mecánico.

Bibliografía

Freire, P. (1974) *Concientización. Teoría y Práctica de da Liberación*, Buenos Aires, Búsqueda.

Giroux, H. A. (1997) *Los profesores como intelectuales. Hacia una pedagogía crítica del aprendizaje*, Barcelona, Paidós.

Giordano, M. F. Bentolila., S. y otros (1992) *Aprender y enseñar ciencias Naturales. Análisis y reflexiones desde la práctica en la escuela media*, Buenos Aires, Troquel.

Giordano, M. F. y otros (2006) "Docencia Universitaria: Aportes de la didáctica para la comprensión" en *Centro de Estudios Universitarios*, N° 3, Año 1, Época 2, Chile, Vicerrectoria de Planificación y Desarrollo. Universidad de Los Lagos.

Pogré, P. y Lombarda, G. (2004) *Escuelas que enseñan a pensar. Enseñanza para la Comprensión* (EpC). *Un Marco Teórico para la acción*, Buenos Aires, Papers Editores.

Niveles de creatividad en las producciones gráficas de alumnos de comunicación social. Elaborando una matriz para su análisis

Institución: Universidad Nacional de San Luis
Ciudad, provincia y país: San Luis, San Luis. Argentina.
Curso: Producción y Realización Gráfica.
Carrera: Licenciatura en Comunicación Social
Autora: Mónica Martín
Contacto: bmartin@unsl.edu.ar

Introducción

Para abordar la problemática del nivel de creatividad de una persona, resulta necesario examinar el modo a través del cual se apropia y se relaciona con su campo, incluyendo sus tensiones y conflictos. Cada persona, en la medida de sus posibilidades, logra comprensiones genuinas que le permiten dominar conceptos y habilidades dentro de una disciplina y de un ámbito, pudiendo aplicar este saber a nuevas situaciones.

Por ello se adopta como supuesto que la creatividad es un acto inteligente que se da dentro de un marco de experiencias, valores y conocimientos previos que provocan la comprensión de nuevas experiencias, construyendo estructuras de pensamiento que permiten a los sujetos enfrentar nuevas situaciones de manera original.

Para analizar la creatividad lograda en las producciones gráficas se considera relevante el uso de las denominadas "matrices analíticas instruccionales". Estas "matrices" no son más que cuadros de doble entrada en los que se establecen: 1) los criterios, que describen qué conceptos son los importantes en cada producción y 2) los niveles de calidad, es decir, la descripción de fortalezas y debilidades que dan cuenta de la medida en que se logran.

[...] ayudan a los alumnos a realizar juicios fundados sobre la calidad de sus propios trabajos y los de sus compañeros [...] El uso de matrices ayuda a los estudiantes a desarrollar pensamiento crítico y procesos de autoevaluación.[44]

Se considera que la implementación de este instrumento permite al alumno no solo juzgar sus trabajos, sino también orientarlos en su desarrollo, favoreciendo el pensamiento complejo, que es la base epistemológica de la comunicación y el diseño.

Definiendo los criterios...

Desde la década de los sesenta comienza a otorgarse valor a la creatividad en la comunicación, confiriéndole valor persuasivo, sobre todo en el campo de la publicidad y las promociones. En este tipo de comunicación existe siempre una intencionalidad, su finalidad es organizar procesos comunicativos que apunten a lograr efectos concretos ya sea en la dimensión cognitiva, afectiva o conductual de los receptores a quienes va dirigido el mensaje. En la pretensión de la eficacia comunicacional, los profesionales buscan siempre desplegar estrategias no convencionales, en las que su experiencia, conocimiento y habilidades resultan fundamentales para alcanzar esa meta.

En esta búsqueda, la novedad u originalidad en la forma de comunicar tiene como objetivos fundamentales motivar al espectador para procesar fácilmente el mensaje propuesto y favorecer la retención del mismo. Pareciera ser entonces, que la calidad de la síntesis creativa es fundamental para conseguir que la comunicación se lleve a

---

[44] Pogré, P. y Lombardi, G. (2004) *Escuelas que enseñan a pensar: enseñanza para la comprensión, un marco teórico para la acción*, Buenos Aires, Papers Editores, p. 96.

cabo, para lo cual el sentido, la unidad, la pregnancia y la calidad estética, son algunos de los aspectos o condiciones que no pueden dejar de tenerse en cuenta.

La creatividad es imprescindible en la comunicación visual ya que es constitutiva del mensaje mismo, está presente en la intención del emisor. Esta intención comunicacional es exclusivamente humana y se basa en el saber, el conocimiento y la interrelación con el entorno. Comunicar no es tarea sencilla, se deben tener en cuenta una serie de aspectos que intervienen en el modo de percibir e interpretar un mensaje, como por ejemplo: el contexto, el tipo de lenguaje y sus modalidades de codificación, el contenido y las condiciones en que se producirá la recepción del mensaje.

La creatividad brinda la oportunidad de ver las cosas desde otra perspectiva. Se nutre de un pensamiento analógico, metafórico que, básicamente, trata de entender una realidad en términos de otra distinta con la que establece una relación. Este tipo de pensamiento es una capacidad humana que incide en la conceptualización de la realidad, influye en la percepción e induce a la acción.

Para que un alumno piense creativamente se deben poner en acción ciertas capacidades: la capacidad de recopilar y hacer uso de gran cantidad de información sin aparente relación, la capacidad de buscar y proponer nuevas miradas sobre el problema comunicacional, y la capacidad de pensamiento analógico, es decir manejo simultáneo de conceptos e imágenes de ámbitos diferentes que permiten descubrir posibles relaciones. Para dar respuestas creativas a un determinado problema, no solo entran en juego estas capacidades, sino también el conocimiento del campo, la destreza técnica, la experiencia, los valores personales y el contexto en el que se está inmerso.

Según Joan Costa (1992) hay tres objetivos que guían la búsqueda de la originalidad en comunicación: motivar al espectador para el procesamiento del mensaje; facilitar esa

tarea y favorecer la retención del mensaje. Para conseguir esto, se debe tener en cuenta:
- La coincidencia relativa entre mensaje e interés, o grados de disposición del individuo ante cada estímulo-mensaje.
- El tiempo (unidades temporales) requerido por cada mensaje: su duración, que implica una duración temporal individual variable.
- La atención requerida al receptor (concentración relativa, atracción, fascinación, etc.).
- El esfuerzo intelectual que supone una comprensión difícil, o fácil.
- La originalidad o, inversamente, redundancia del mensaje (novedad, repetición, desgaste).
- El placer, la satisfacción o la información obtenidas (cantidad de gratificación psicológica por tiempo, atención y esfuerzo invertidos).

Dentro de la comunicación gráfica podemos distinguir dos grandes áreas de trabajo, el área promocional (que abarca todo tipo de producción gráfica en la que predomina la comunicación persuasiva) y el área editorial (que comprende las producciones gráficas en las que predomina la comunicación informativa).

Cuando se habla de mensaje "persuasivo" o "informativo", se habla del tipo de mensaje que predomina en una determinada pieza de comunicación, pero de ninguna manera quiere decir que estas tendencias se encuentren en forma "pura" o aisladas.

Una comunicación persuasiva apunta a cambiar la actitud y la conducta de una persona, y para lograrlo, tiene que cambiar previamente sus pensamientos o creencias. La percepción de un mensaje no puede darse sin el correlato y la integración del mundo natural y el mundo cultural. Los sentidos, los esquemas sensoriales, nos hacen "ver" o captar la realidad del mundo exterior de forma integral y sensorial, como una estructura sensorio-empírica compleja.

La percepción se mueve en el mundo espacio-temporal donde tiene preponderancia lo sensible, lo singular, lo concreto que, estructurado adecuadamente, constituye una unidad gestáltico-sensible. Relacionado con la percepción, pero opuesto a ella, está el pensamiento, que consiste en una estructura mental abstracta y compleja.

A pesar de esta aparente oposición, podemos decir que se encuentran en íntima relación, porque es la percepción, lo que percibimos –datos e información consciente e inconsciente–, lo que nos brinda la posibilidad de pensar.

Se debe considerar que una imagen tiene tres tipos de funciones que si bien pueden describirse individualmente, actúan conjuntamente en la percepción: la denotación, que consiste en la capacidad de hacer referencia implícita y evidente a algo, el aspecto material del signo, la parte física, la que hace referencia a lo objetivo y lo consciente; la designación, que fortalece la comunicación persuasiva haciendo uso de la capacidad de transmitir algo; y la connotación, que hace referencia al contenido simbólico, a un significado más profundo para el cual es necesario hacer un análisis de cada una de las partes que se agrupan en el conjunto de la imagen. Hace referencia a lo subjetivo y a lo inconsciente, el observador interpreta con libertad los elementos de la imagen teniendo en cuenta la experiencia del sujeto y el contexto en que se visualiza el mensaje.

> El carácter meramente descriptivo del discurso denotativo hace que sea similar entre diferentes observadores, mientras que el carácter cultural del discurso connotativo cambia dependiendo del contexto donde se lea la imagen y dependiendo, también, de quien la lea [...] Mientras que el discurso denotativo transmite un mensaje más o menos constante, el discurso connotativo cambia según la interpretación del lenguaje visual que haga su observador.[45]

---

[45] Acaso, M. (2008) *El lenguaje Visual,* Buenos Aires, Paidós, p. 87.

En el caso de las producciones gráficas de tipo promocional (comunicaciones persuasivas), la tarea creativa requiere de procesos que articulen los significados del mensaje. Para ello se recurre a la utilización de recursos que funcionen como fuente de ideas; en este sentido las operaciones y figuras retóricas –metáfora, analogía, metonimia, hipérbole, etc. – son consideradas de gran eficacia, ya que conjugan la imagen, el diseño, la creatividad textual y la inclusión tipográfica. La creación de distintas figuras retóricas, a través de cada una de las operaciones, se utiliza para producir un incremento de la información en la comunicación visual y sirven además para contextualizar situaciones.

El uso de la retórica implica un juego mental, un juego de interpretación, apela a los valores connotativos, tratando de enriquecer y hacer más interesante la comunicación. Aplica modos más sutiles y elaborados de transmitir un mensaje, pero debe ser controlada para que la interpretación siga el curso que pretende el emisor.

Este tipo de estrategias permite no solo generar nuevas ideas, sino que también pone en juego conocimientos inherentes al espectador, que hacen de este un partícipe activo en la construcción del mensaje. Le demanda un trabajo de elaboración o construcción más profundo que pretende ligarlo ideológica o conductualmente al mensaje en cuestión. Por supuesto que lo mismo que se dice apelando a los valores connotativos puede decirse de modo simple y directo, pero seguramente la comunicación no sería tan rica y eficiente.

Si bien las figuras retóricas son múltiples, se pueden clasificar según cuatro operaciones básicas que son: sustitución, comparación, adjunción y supresión. Es importante mencionar que una imagen puede tener preponderancia una figura retórica particular, pero seguramente esta no aparecerá aislada ya que generalmente estarán presentes varias figuras retóricas a la vez.

> En 1964, Barthes se dio cuenta de que los juegos retóricos que se empleaban en el lenguaje escrito estaban siendo empleados a través del lenguaje visual en la publicidad. Así, acuñó el término retórica visual, por el que se entiende un sistema de organización del lenguaje visual en el que el sentido figurado de los elementos representados organiza el contenido del mensaje. La retórica visual se utiliza cuando se quieren emplear ciertos elementos de la comunicación visual para transmitir un sentido distinto del que propiamente les corresponde, existiendo entre el sentido figurado y el propio, alguna semejanza donde establecer una referencia. Lo verdaderamente importante de la retórica visual es que es la sintaxis del discurso connotativo, la forma de organizar los significados de los elementos de una representación visual. [46]

Si bien el pensamiento metafórico facilita la generación de ideas, se debe considerar también que estas deben plasmarse en un determinado soporte comunicacional –en este caso gráfico–, por lo cual se debe tener en cuenta la disposición que tendrán los distintos elementos, en un espacio determinado. El espacio visual es el fondo, que actúa como marco de referencia de cada uno de los elementos que contiene.

La composición de las imágenes de cualquier tipo en un espacio determinado no es arbitraria, la selección y ubicación de los elementos orientan el recorrido de la mirada y determinan los procesos cognitivos que estarán implicados en la comprensión del mensaje. Las figuras, a partir de la organización de los elementos, proporcionan índices que orientan a los sujetos para la construcción de significado.

---

[46] Citado por Acaso, M. (2008) El lenguaje Visual, Buenos Aires, Paidós, p. 93.

El proceso de "composición" es el paso más importante en la resolución del problema de comunicación visual. Como ya dijimos, los resultados de las decisiones compositivas marcan el propósito y el significado de la declaración visual y tienen fuertes implicaciones sobre lo que recibe el espectador. En esta etapa del proceso creativo es donde el comunicador visual debe ejercer el control más fuerte sobre su trabajo y donde tiene la mayor oportunidad de expresar el estado de ánimo total que se quiere transmitir.

Aunque no hay reglas absolutas acerca del significado producido al disponer los elementos de determinada manera, sí se puede asegurar que tiene fuertes implicancias sobre lo que percibe el espectador.[47]

Este orden, la composición, consiste en ordenar jerárquicamente los distintos elementos de modo tal que cada uno se relacione con todos, logrando así un conjunto acorde a la función del mensaje que se quiere transmitir. Esta composición se organiza a través de una estructura abstracta, invisible, mediante la cual autor y receptor ordenen las herramientas del lenguaje visual; esta estructura es lo primero que afecta nuestra percepción.[48]

Existen una serie de principios –los principios o leyes gestálticas– que determinan cómo la gente percibe la información, ya sea en la realidad, en el papel, o en cualquier otro medio. La teoría de la Gestalt propone una serie de leyes que toman como base una visión totalizadora de la

---

[47] J. Filippis y otros (2005) en el libro *Glosario del Diseño*, dice: no existen reglas absolutas sino cierto grado de comprensión de lo que ocurrirá en términos de significado si disponemos las partes de determinadas maneras para obtener una organización y una orquestación de los medios visuales. [...] En la confección de mensajes visuales el significado no consiste solo en la acumulación de efectos causados por la disposición de elementos básicos, sino también en el mecanismo perceptivo que comparte universalmente el organismo.

[48] Acaso, M. (2008) *El lenguaje Visual*, Buenos Aires, Paidós, pp. 78/79.

percepción, es decir, considera que se percibe un todo y no sus elementos aislados.

Ahora bien, para que esa percepción desencadene la construcción de un significado hay que intentar mantener el interés en la pieza comunicacional, el tiempo que dicha construcción requiera. Se sabe que la conciencia perceptiva se mantiene viva, espontáneamente, frente a estímulos cambiantes (Quiroga, 2006).

Los estímulos percibidos cambian cuando se mueven. Se entiende que el movimiento puede producirse de dos maneras: porque se mueven los objetos, o porque se mueve la mirada ante estímulos que están estacionarios; en este último caso se habla de movimiento aparente o ilusión de movimiento, y es el que se tendrá en cuenta en las producciones gráficas.

Hay ciertos recursos que hacen posible la creación de movimiento o dinamismo en las producciones gráficas. Entre los recursos que intervienen en la generación de movimiento aparente, pueden establecerse dos categorías: las organizaciones simplemente dinámicas y las organizaciones inestables (Quiroga, 2006).

En este trabajo se atiende solo a la primera categoría por considerarse las más cercana al tipo de producciones que se pretende analizar.

Las organizaciones simplemente dinámicas tienden a tener en cuenta los valores dinámicos del campo –diagonales/verticales–, los tipos de equilibrio –radial/oculto–, el movimiento –centrífugo/centrípeto– y el predominio de líneas curvas.

Dentro de este proceso, no es posible dejar de lado el tema del "color", ya que posee una gran fuerza expresiva que incide en la percepción.

> Para la mayor parte de nosotros, el color es una especie de expresión, y de sensualización del mundo visible, el mun-

do deja de ser una superposición de las diferentes clases de grises y los colores tal vez sean uno de los elementos esenciales del placer visual.[49]

Se sabe que el color agrega interés y fuerza de atracción a la imagen, pero su capacidad comunicacional aumenta cuando se lo utiliza teniendo en cuenta su funcionalidad. Joan Costa (1992) propone una clasificación que surge de las aptitudes principales del color: representación o realismo; emotividad o carisma; funcionalidad y codificación. Plantea tres formas posibles de aplicación del color: color denotativo (vinculado al mundo real), color connotativo (en sus variables psicológica y simbólica) y el color esquemático (vinculado a los códigos, lo arbitrario, lo convencional).

El color, en la composición, puede ayudar a captar diferencias, establecer relaciones entre elementos y conceptos, o focalizar la atención de la mirada orientándola hacia el sector más significativo de la pieza comunicacional. De todas maneras, no se debe olvidar que los colores son relativos e inestables, ya que múltiples factores, entre ellos la luz y el cerebro de cada sujeto, inciden en su percepción.

La comunicación siempre es intencional, es decir que pretende, de alguna manera, actuar sobre el espectador; así es que se hacen necesarios mensajes en que se mezclen los dos niveles de información; el denotativo y el connotativo, a través del uso de lenguajes visuales y verbales que se apoyen mutuamente.

Si bien se establece la existencia de, básicamente, tres tipos de textos (informativo-instructivo - persuasivo), para este trabajo tomaremos solo los textos informativos (que responden al nivel denotativo del mensaje), y los textos persuasivos (que responden al nivel connotativo,

---

[49] Moles, A. y Janiszewski, L. (1992) Grafismo Funcional, Colección Enciclopedia del Diseño, Barcelona, CEAC, p. 101.

intentan producir algún tipo de reacción en el espectador). En cualquiera de estos casos se debe tener en cuenta que en una producción gráfica de tipo promocional se deberían utilizar textos breves, sintéticos, estimulantes, claros y tensos. Estas características atribuidas a los textos no han sido establecidas arbitrariamente, sino que surgen al considerar el tiempo y el contexto en el que se produce la percepción de este tipo de mensajes.

Los criterios seleccionados

A partir de todo lo expuesto se seleccionan para la elaboración de una matriz que permita analizar los niveles de creatividad de una producción gráfica de tipo promocional, los siguientes criterios:
- Tipo de imagen (utilización de operaciones y figuras retóricas)
- Tipo de composición
- Modo de aplicación del color
- Tipo de mensaje textual

Para el caso de las producciones editoriales (mensajes informativos), es necesario tener en cuenta que estas presentan problemas comunicacionales con un mayor grado de complejidad debido a su organización, los aspectos técnicos e industriales y los factores económicos, a los que se suma –en la mayoría de los casos– la periodicidad de la publicación. Se hace necesario entonces algún tipo de herramienta que ayude a resolver estas dificultades con calidad, eficacia, economía y continuidad.

Esta herramienta es la retícula. La retícula editorial, o retícula tipográfica "*Es un sistema ortogonal de planificación que parcela la información en fragmentos manejables*"[50]. Sirve para organizar los elementos que componen una página (textos e imágenes) en un área espacial que le otorga regularidad, de modo tal que facilita a los lectores la búsqueda de información y la lectura. La complejidad y la configuración de las retículas dependerán de la naturaleza de la información que se debe incorporar.

Todos los problemas comunicacionales son diferentes, por lo que cada uno de ellos necesita una estructura reticular que contemple sus elementos particulares. Se entiende entonces, que la retícula no es una herramienta universal, sino que se construye en función de cada necesidad comunicacional específica, para lo cual será necesario tener en cuenta las características informativas de la publicación, como, por ejemplo, la naturaleza del contenido y el tipo y cantidad de imágenes a utilizar, como así también el destinatario.

Existen diferentes tipos de retícula (de manuscrito, de columnas, modulares y jerárquicas), entre las cuales las modulares son las más utilizadas en aquellos tipos de publicaciones que requieren de continuidad, porque establecen algunas constantes de armonización visual entre los elementos.

La retícula de columna, por su flexibilidad, permite a los diseñadores variar de diagramación manteniendo la unidad. Cada ancho de columna se adapta al cuerpo de letra respectivo y a la función que desempeña la información que contiene.

La retícula funciona de verdad solamente si, tras haberse resuelto todos los demás problemas literales, el diseñador se eleva sobre la uniformidad que implica su estructura reticular y la utiliza para crear una estructura

---

[50] Timothy Samara (2005) *Diseñar con y sin retícula*, Barcelona, Ed. Gustavo Gilli.

visual dinámica compuesta de partes que mantendrán el interés página tras página (Timothy, 2005).

Las publicaciones periódicas, en general, proponen un tipo de lectura discontinua, jerarquizada, lecturas parciales que requieren de un sistema lógico de acceso, como una jerarquización visible de la información que permita lecturas fragmentarias a diferente nivel. A través de la diagramación (de cómo se ubican los elementos dentro del espacio), es posible establecer relaciones de diferencia, de equivalencia o subordinación entre bloques semánticos.

La diagramación o compaginación de los elementos puede ser simétrica (estática) o disimétrica (dinámica). Las diagramaciones simétricas tienen tendencia a la repetición, a un orden estable construido alrededor de un eje, generalmente fácil de distinguir; por ejemplo en la repetición de columnas, en el pliegue que se da entre las dobles páginas. En cambio, en la disimetría, el eje de simetría se encuentra desplazado y se hace más difícil encontrar el equilibrio, pero otorga dinamismo, tiende a la oposición y el contraste, favoreciendo la variedad en la diagramación.

Como para las producciones de tipo promocional, en las producciones editoriales tampoco es posible dejar de lado el tema del color, por su fuerza expresiva y su incidencia en la percepción.

Se hace necesario prestar atención a los tres modos de aplicación del color, ya que en las producciones editoriales el color, utilizado esquemáticamente, permitiría identificar y organizar distintos tipos de información.

Para la elaboración de una matriz que permita analizar los niveles de creatividad de una producción gráfica de tipo editorial se proponen los siguientes criterios:
- Tipo de retícula
- Criterios de uso de la retícula
- Tipo de composición o diagramación
- Modo de utilización del color

Estableciendo los niveles...

Para realizar una matriz se necesita trabajar sobre dos ejes: los criterios y los niveles. Habiendo seleccionado los criterios para analizar la creatividad en las producciones gráficas, ahora es necesario establecer los niveles. Estos niveles tienden a orientar acerca de cómo aumentar la creatividad teniendo en cuenta la posibilidad de establecer relaciones entre distintos aspectos de cada uno de los criterios establecidos.

Al decir de Heidi Goodrich "[...] las matrices centradas en el pensamiento pueden ayudar a los estudiantes a pensar de forma más inteligente".[51]

Como la creatividad reside en la puesta en práctica de un tipo particular de pensamiento –el pensamiento creativo–, podría decirse que la intención de estas matrices es que puedan ayudar al estudiante a pensar "más creativamente".

El pensamiento creativo no se da aisladamente, sino que se da en un determinado contexto en el que interviene el tipo de relación e interacción que exista entre el sujeto y su entorno, es decir que la construcción de comunicaciones gráficas creativas estará influenciada por experiencias, conocimientos previos, situaciones e intereses de cada sujeto en particular.

Se considera que todas las producciones gráficas son creativas, en tanto producciones originales elaboradas por un sujeto o grupo de sujetos particular. Por esto no sería correcto hablar de niveles de creatividad regulares o buenos, sino que es preferible hablar de bajo, medio o alto nivel de creatividad.

---

[51] Citado por Pogré, P. y Lombardi, G. (2004) Escuelas que enseñan a pensar: enseñanza para la comprensión, un marco teórico para la acción, Buenos Aires, Papers Editores, p. 99.

Matrices de análisis

Matriz I. Criterios y Niveles de creatividad para evaluar producciones gráficas de tipo promocional

Niveles de Creatividad Criterios	Bajo	Medio	Alto
Tipo de imagen (Presencia de operaciones y figuras retóricas)	Propone una mirada del problema comunicacional utilizando imágenes de un solo ámbito. (ADJUNCIÓN: repetición - comparación).	Busca una nueva mirada incorporando alteraciones en imágenes de un mismo ámbito. (SUPRESIÓN y CAMBIO: inversión-elipsis).	Relaciona conceptos e imágenes de distintos ámbitos, en función de plantear una nueva realidad. (SUSTITUCIÓN: metáforas-analogías).
Tipo de composición	Propone un orden estático de los elementos visuales. Organizaciones verticales u horizontales.	Propone un orden dinámico entre elementos visuales preferentemente curvos. Organizaciones curvas o diagonales.	Presenta movimiento aparente en la lectura de los elementos visuales. Organización centrífuga, centrípeta.
Modo de aplicación del Color	El uso del color está vinculado a la realidad o es utilizado solo para orientar la mirada.	El color es utilizado en su función connotativa solo con la intención de provocar determinadas sensaciones.	El color es utilizado en su función connotativa con la intención de provocar sensaciones o sentimientos al relacionar ámbitos diferentes.
Tipo de mensaje textual	El mensaje verbal es meramente informativo.	El mensaje verbal se complementa con persuasión e información.	El mensaje textual se integra con la imagen en su función persuasiva y se complementa con información.

Matriz II. Criterios y Niveles de creatividad para evaluar producciones gráficas de tipo editorial

Niveles de Creatividad / Criterios	Bajo	Medio	Alto
Tipo de retícula	Se propone una retícula simple, de columnas. Faltan algunos elementos estructurales en la retícula.	Se propone una retícula modular, de pocos campos. Los elementos estructurales de la retícula están completos.	Se propone una retícula modular rica en cantidad de campos. Los elementos estructurales de la retícula están completos.
Criterios de uso de la retícula	No se establecen criterios claros para la utilización de la retícula.	Los criterios son claramente visibles pero no varían.	Los criterios son claramente visibles y varían según el tipo de información.
Tipo de composición o diagramación	La diagramación es claramente simétrica y repetitiva.	La diagramación es simétrica pero no cae en la repetición.	La diagramación es disimétrica, variada y equilibrada.
Modo de aplicación del color	El color se usa de modo denotativo. Aparece únicamente haciendo referencia a la realidad.	Se suma el uso del color simbólico para organizar o jerarquizar la información.	A lo anterior se le suma el uso del color de modo connotativo, asociándolo a cuestiones culturales o sentimentales.

Es necesario explicitar que las matrices que aquí se proponen responden solo a uno de los tres aspectos que es necesario analizar para poder hablar del nivel de creatividad atribuido a una persona o, en este caso, a una pieza comunicacional determinada. Las matrices propuestas en esta Tesis pretenden facilitar el análisis del "campo"; deben sumarse a esto, para un estudio más profundo, un análisis del sujeto que realizó el desempeño (capacidades, experiencias, valores) y el contexto en que se produjo.

Bibliografía

Acaso, M. (2008) *El lenguaje Visual*, Buenos Aires, Paidós.
Pogré, P. y Lombardi, G. (2004) *Escuelas que enseñan a pensar: enseñanza para la comprensión, un marco teórico para la acción*, Buenos Aires, Papers Editores.
Filippis, J. (2005) (et. al) *Glosario del Diseño*, España, Nobuko.
Moles, A. y Janiszewski, L. (1992) *Grafismo Funcional, Colección Enciclopedia del Diseño*, Barcelona, CEAC.
López, R. (2004) "Reseñas: Mentes Creativas: Una anatomía de la creatividad humana" en *Anuales de la Universidad de Chile*, N° 16, Chile.
García López, M. (2004) "Apuntes para una conceptualización de la creatividad publicitaria", *Creatividad y Sociedad* N° 6.

El diagnóstico fonoaudiológico desde el marco de enseñanza para la comprensión

Institución: Facultad de Ciencias Humanas. Universidad Nacional de San Luis
Ciudad, provincia y país: San Luis, San Luis. Argentina.
Curso: Semiología Fonoaudiológica.
Carrera: Licenciatura en Fonoaudiología
Autora: Silvia E. Martínez.
Contacto: silvia@unsl.edu.ar

Introducción

Los procesos de permanente cambio que experimenta la sociedad en las últimas décadas han llevado a los teóricos de la enseñanza a ocuparse de una revisión profunda de la Educación en los distintos niveles.

Con frecuencia escuchamos a los alumnos que no ven conexión entre la teoría, la práctica y su vida personal.

Como docentes necesitamos cuestionarnos ¿qué tan creativos y reflexivos somos al plantear actividades que nos permitan conocer sus intereses, necesidades y concepciones, y hasta qué punto los hemos conectado con nuestros propios intereses?

Este trabajo responde a la inquietud de una de las problemáticas relativas a la Educación Superior, como es el mejoramiento de los procesos de enseñanza y de aprendizaje, para favorecer y facilitar la comprensión de los alumnos, mediante prácticas pedagógicas fundamentadas teóricamente. Se genera, tomando en cuenta los requerimientos y demandas de la compleja realidad en la que estamos insertos, la necesidad de promover la formación de profesionales pensantes y creativos en el campo de la fonoaudiología.

Esta experiencia se lleva a cabo con alumnos de segundo año, que cursaron en el segundo cuatrimestre la asignatura "Semiología Fonoaudiológica" del Ciclo Básico de la Carrera de Licenciatura en Fonoaudiología de la Facultad de Ciencias Humanas de la Universidad Nacional de San Luis.

Desde esta perspectiva el diagnóstico constituye una herramienta fundamental para el ejercicio del rol profesional del futuro licenciado en Fonoaudiología. En virtud de lo descripto se plantea el siguiente problema.

¿Cómo se llevó a cabo el proceso de comprensión de los alumnos cursantes de la asignatura Semiología fonoaudiológica en la elaboración del Diagnóstico fonoaudiológico, en alumnos de 2º año de la carrera Licenciatura en Fonoaudiología durante el Año 2005?

A través de este planteo se intentó desvincular de los modelos tradicionales de enseñanza, y adoptar nuevas perspectivas que posibiliten la optimización de los procesos de aprendizaje, en el contexto específico de la asignatura.

Esta propuesta didáctico-pedagógica fundamenta su accionar en los postulados teóricos del marco de la Enseñanza para la Comprensión y promueve en los alumnos la construcción de comprensiones significativas en el transcurrir del tiempo.

Se parte de una postura teórica, con la convicción de que todos somos capaces de comprender y que, además, se puede ayudar a que esto sea posible, a través de una enseñanza pertinente, que favorece la construcción del conocimiento.

Esto pone en evidencia que se aprende de diversas formas y que es posible llegar a un mayor número de alumnos utilizando estrategias que vayan más allá de las formas tradicionales.

Somos entonces, los educadores, quienes podemos documentar nuestras prácticas, a partir de experiencias reales en ambientes cálidos y de apoyo.

Marco teórico

Estimular la comprensión es sin duda una de las aspiraciones máximas que en la actualidad pretende la educación y que requiere solución.

Interrogantes que surgen como ¿qué significa comprender algo? ¿Cómo provocar a los alumnos para que logren aprendizajes significativos? ¿De qué manera? ¿Cómo podemos apoyarlos de forma coherente y creativa en el proceso comprensivo?

Desde la Enseñanza para la Comprensión, enseñar implica pensar en un proceso a través del cual el profesional docente intenta favorecer en sus alumnos la construcción de conocimientos, implementando recursos innovadores y estrategias de enseñanza tendientes, no solo a favorecer el trabajo con habilidades cognitivas y metacognitivas, sino también a consolidar la motivación intrínseca del que aprende[52].

Dado que se trata de futuros Licenciados en Fonoaudiología, se hace necesario ir más allá del conocimiento, para llegar a comprender realmente los contenidos y el significado profundo de la disciplina, fundamental para su formación.

Hoy, al reflexionar a la luz del marco teórico de la Enseñanza para la Comprensión, ese más allá adquiere un verdadero sentido. La comprensión, según Blythe, es desempeñarse de modo flexible en un área de conocimiento,

---

[52] Schneider, S. (2005) *Las inteligencias múltiples y el desarrollo personal*, Colombia, Círculo Latino Austral, p. 81.

es poder realizar una variada gama de actividades que requieren pensamiento en cuanto a un tema –por ejemplo, explicarlo, encontrar evidencias y ejemplos, generalizarlo, aplicarlo, presentar analogías, y representarlo de una manera nueva– (Blythe, 1998). La naturaleza de la comprensión –desde este abordaje– está vinculada a la acción, a los desempeños.

De este modo, la comprensión implica la capacidad de hacer con un tópico una variedad de actividades tales como: explicar, presentar analogías, aproximaciones, demostrar; deben llevar al estudiante más allá del conocimiento o de las habilidades y estrategias adquiridas.

Por el contrario, cuando no se puede ir más allá de un pensamiento y acción memorísticos y rutinarios, significa que hay falta de comprensión.

El presente trabajo, se desarrolla a través de la elaboración e implementación de una programación didáctica con los conceptos clave de la Enseñanza para la Comprensión que se constituyen en pilares fundamentales para favorecer la enseñanza, ellos son: *Tópicos Generativos, Metas de Comprensión, Desempeños de Comprensión* y la *Valoración Diagnóstica Continua* como estrategia de evaluación de las actividades que se incluyen en la propuesta.

La Enseñanza para la Comprensión es el marco teórico desarrollado por investigadores de la Escuela de Postgrado en Educación de Harvard; liderados por Howard Gardner, David Perkins y Vito Perrone.

Este grupo de científicos propone un enfoque que ayuda a organizar y orientar la toma de decisiones didácticas en el aula, con preguntas y conceptos clave:
- ¿Qué es lo que realmente queremos que los alumnos comprendan sobre el tema?
- ¿Cómo sé que comprenden?
- ¿Cómo saben ellos que comprenden?

En virtud de dar respuesta a los interrogantes ¿qué es lo que realmente queremos que los alumnos comprendan sobre el tema?

Esta pregunta se concreta a través de tres elementos del marco conceptual: hilos conductores, tópicos generativos y metas de comprensión.

Los *hilos conductores:* son las preguntas o los grandes conceptos que ayudan al docente a expresar de manera clara y comprensible el sentido de lo que quiere enseñar. Guían tanto el quehacer del docente como el desempeño de los alumnos, y se encuentran en estrecha vinculación con los objetivos que se pretenden alcanzar.

Los hilos conductores suelen ser la expresión entre lo que se sabe y lo que se desea comprender.

Una enseñanza de calidad se organiza en torno del primero de los conceptos clave que tiene relación con los *tópicos generativos.* Estos son los temas centrales de la disciplina que apasionan al docente, y que son motivadores o interesantes para los alumnos.

Las *metas de comprensión* que pueden ser específicas o abarcadoras, según se proponga alcanzarlas en una unidad o secuencia didáctica. Las metas permiten encauzar y delimitar el enfoque didáctico. Expresan experiencias basadas en actividades que tanto el docente como el alumno deben hacer públicas o comunicables a los otros. Están estrechamente referidas a los tópicos generativos seleccionados y a los hilos conductores.

El abordaje de los dos últimos interrogantes da lugar a los otros elementos del marco de la EpC; desempeños o actividades de comprensión o acción y pensamiento; y evaluación diagnóstica continua.

Los *desempeños o actividades de comprensión* son los elementos más importantes del marco conceptual de la Enseñanza para la Comprensión. Son las acciones que realizan los alumnos para desarrollar y demostrar las comprensiones que se plantean en las metas. "Si la comprensión de un tema implica la elaboración de actividades de comprensión entonces la parte central del aprendizaje para la comprensión debe ser la realización de estas actividades[53]".

Se trata de actividades más o menos complejas, que proporcionan a los estudiantes la oportunidad de llevarlas a cabo, aplicar sus conocimientos en distintas situaciones y dar cuenta de las tareas realizadas de manera reflexiva.

Se trata de demostrar la comprensión de una forma que pueda ser observada por los demás, haciendo visible su pensamiento, lo cual favorece el proceso metacognitivo.

Estas actividades van más allá de lo memorístico y rutinario, exigen reconfigurar los conocimientos, expandirlos, aplicarlos, transferirlos y construirlos.

La *evaluación* de los procesos es el último de los conceptos clave de este marco que propone una evaluación de tipo continua. Es decir, promueve una retroalimentación permanente.

Esta herramienta ofrece información, genera diálogo y autorreflexión continua, ayuda a comprender el proceso de enseñanza y aprendizaje, y replantear las prácticas docentes a fin de lograr un aprendizaje significativo.

Los criterios de evaluación serán compartidos por docentes y alumnos con instancias de devolución, tanto grupales como individuales oportunamente.

> Un modo práctico y posible de orientar qué es lo que se espera de los alumnos es transformar las metas en matrices. Las matrices son cuadros de doble entrada en las que no solo se establecen los criterios (que es lo que importa), sino

---

[53] Perkins en Pogré, P. y Lombardi, G. (2004) *Escuelas que enseñan a pensar. Enseñanza para la Comprensión. Un Marco Teórico para la Acción*, Buenos Aires, Papers Editores, p. 43.

también las descripciones que dan cuenta de diferentes grados de logro o calidad de desempeños[54].

La matriz que se utiliza en este caso está elaborada específicamente a partir de dos fuentes.

Una de las fuentes son las tablas propuestas por Boix Mansilla y Gardner (1999) en el libro *La Enseñanza para la Comprensión: vinculación entre la enseñanza y la práctica*.

La otra fuente se basa sobre la evaluación diagnóstica continua que realiza Paula Pogré (2004) en el libro *Escuelas que enseñan a pensar*.

Las rúbricas relacionan dimensiones y niveles de calidad, que a su vez están conectados con las Metas de Comprensión planteadas para el Tópico Generativo.

La pregunta básica que encuadra la construcción de una matriz o rúbrica es: *¿cómo se da cuenta el docente y cómo se dan cuenta los alumnos de que comprenden lo que se esperaba que ellos comprendieran?*

Esta matriz está constituida por dos componentes; dimensiones o criterios y niveles de calidad de comprensión de los desempeños.

Las dimensiones o criterios (que es lo que importa) deben ser tenidos en cuenta a la hora de plantear metas y desempeños: se determinan *Contenidos, Métodos, Propósitos y Formas de Comunicación*.

A su vez, dentro de cada dimensión, el marco describe cuatro niveles de calidad de los desempeños, que implica la descripción de las fortalezas, de aspectos esperados en el trabajo del alumno.

Desde esta perspectiva, se caracterizan cuatro niveles de comprensión para cada dimensión que varían desde la versión intuitiva sobre un tema construido a la luz de su propia experiencia, hasta el dominio de esos temas. Ellos son:

---

[54] Pogré, P. y Lombardi, G. (2004) Ob. Cit., p. 93.

Ingenuo o Intuitivo (Reajustar), de Novato o Principiante (Bueno), de Aprendiz (Muy Bueno) y de Maestría (Óptimo).

La primera dimensión para considerar es la de los *Contenidos*. Da cuenta del conocimiento y contenido del área o disciplina por enseñar.

La segunda dimensión es la del *Método*, esta dimensión se refiere a que el conocimiento es un proceso que sigue reglas.

La dimensión de los métodos evalúa la capacidad de los alumnos para hacer uso de los métodos confiables, para construir y validar afirmaciones.

En esta dimensión un buen desempeño de comprensión permite observar que el estudiante, más que percibir el conocimiento como incuestionable, construye y valida descripciones dignas de confianza.

Los desempeños de comprensión de esta dimensión van desde poder identificar y diferenciar opiniones y creencias de lo que es conocimiento validado, hasta el logro y la aplicación de estrategias o procedimientos propios de la disciplina respaldando las afirmaciones con fundamentos coherentes.

La tercera dimensión es la de los *Propósitos*.

Esta dimensión tiene que ver con la comprensión de que la producción de conocimiento siempre está vinculada a praxis concretas o a propósitos, intereses o necesidades.

Esta dimensión evalúa la capacidad de los alumnos para reconocer los propósitos e intereses que orientan la construcción del conocimiento, su capacidad para usar el conocimiento en múltiples situaciones y las consecuencias de hacerlo.

La cuarta dimensión es la de las *Formas de Comunicación*.

Esta dimensión evalúa el uso, por parte de los alumnos, de sistemas de símbolos (visuales, verbales, matemáticos, etc.) para expresar lo que saben, dentro de géneros o tipos de desempeños establecidos, por ejemplo: hacer un informe, hacer un programa, una presentación, etc. Permite al alumno comunicar aquello que comprende.

Contextualización de los trabajos prácticos en la asignatura Semiología fonoaudiológica

El término Semiología: del griego "semeión", significa síntoma o signo, y "logo" materia, estudio. Etimológicamente es la ciencia que estudia los síntomas y los signos de las enfermedades.

> Signo: es el rasgo objetivo que caracteriza a una enfermedad o síndrome, valorable mediante algún sistema de medida (visual, táctil o auditivo). Se contrapone al vocablo síntoma: en que este último es un estado patológico de carácter subjetivo, que refiere el paciente y que es difícil de demostrar, por lo que frecuentemente solo se puede objetivar de forma indirecta [...].[55]

En la asignatura motivo de este trabajo, se estudia el lenguaje en todos sus aspectos cognitivos y comunicativos; como una función adquirida y dependiente del desarrollo cultural; como así también se identifican y analizan signos y síntomas que se manifiestan en el desarrollo del lenguaje.

Desde este contexto, se hace hincapié en el Proceso de Investigación Diagnóstica; con fundamentos teóricos y prácticos de diferentes instrumentos evaluativos, considerados aptos para que el alumno pueda llegar a elaborar un diagnóstico fonoaudiológico, habiendo atravesado los diferentes momentos diagnósticos: diagnóstico presuntivo, diagnóstico diferencial y diagnóstico definitivo.

- *Diagnóstico Presuntivo:* es el que surge de la Anamnesis y a partir del Motivo de Consulta. Es la hipótesis inicial de la que se desprenden pruebas evaluativas.
- *Diagnóstico Diferencial:* es el que permite la comparación entre problemáticas con Motivo de Consulta

---

[55] Bermúdez de Alvear, R. (2003) *Exploración clínica de los trastornos de la voz, el habla y la audición. Pautas y Protocolos asistenciales,* España, Aljibe, p. 152.

común o similar. Por medio de su metodología se van descartando y clasificando los datos que surgen de las baterías de evaluación.
- *Diagnóstico Definitivo:* es la investigación clínica y el análisis de los resultados finales.

El terapeuta del lenguaje básicamente conduce su trabajo hacia la prevención, evaluación, diagnóstico, pronóstico y tratamiento.

La técnica de diagnóstico es un proceso de conocimiento que, como tal, debe seguir regularmente todos los pasos que lleven al esclarecimiento del problema.

Se entiende al proceso en la comprensión del Diagnóstico fonoaudiológico en la formación del licenciado en Fonoaudiología: como la habilidad de pensar y actuar con flexibilidad con lo que uno sabe (saberes disciplinares), para llegar a la elaboración del mismo.

Mosby define al Diagnóstico como: "la identificación de una enfermedad o trastorno mediante la evaluación científica de sus signos físicos, sus síntomas, su anamnesis, los resultados de las pruebas realizadas y otros procedimientos, es por lo tanto una autentica investigación clínica."[56]

Para Gallego Ortega (2000) el diagnóstico implica un juicio sobre los aspectos que se deben cambiar y sobre cómo puede lograrse ese cambio.

Para establecer un nexo entre tópicos y desempeños, entre metas y acciones, se lleva a cabo una experiencia evaluativa con una serie de pruebas continuas, algunas con instrumentos no tan rígidos, con sus respectivos registros.

En esta instancia, los estudiantes, asisten a una institución escolar para llevar a la práctica los diferentes instrumentos de evaluación.

---

[56] Mosby (1996) *Diccionario de Medicina*, Barcelona, Océano Grupo Editorial, p. 54.

Ello implica detectar, analizar signos y síntomas de dificultades evidentes en los sujetos, elaborar un diagnóstico fonoaudiológico, y realizar la devolución diagnóstica (a través de un informe técnico) del caso investigado que será entregado al personal directivo de la institución; considerando todos los factores que hacen a su actuación como futuros licenciados en fonoaudiología frente a pacientes; y así demostrar la apropiación del conocimiento.

Estos instrumentos deben cumplir ciertos requisitos:
- Deben ser completos, con evaluaciones que cubran el mayor número de conductas.
- Debe existir un orden continuo en las pruebas.
- Se deben considerar una variedad de contextos para establecer diferentes rendimientos.

Con la puesta en práctica de los instrumentos, se espera que los alumnos logren mejorar en el dominio, resuelvan las dificultades relacionados con los métodos de investigación propios del campo, transfieran lo aprehendido a otros desempeños, lo relacionen con otras disciplinas y puedan ampliar sus redes conceptuales.

Lo seleccionado denota la importancia de la detección y diagnóstico precoz, para realizar las derivaciones pertinentes de manera oportuna y que los sujetos logren superar la incidencia de la problemática."La evaluación no puede ser una fase rutinaria que nos lleve a juicios clínicos rápidos y poco meditados, sino un proceso sistemático de toma de decisiones [...] la evaluación del lenguaje debe entenderse como un proceso de valoración global que afecta a todos sus aspectos y componentes"[57].

A los 19 alumnos se les propuso la siguiente PROGRAMACIÓN DIDÁCTICA:

---

[57] Mosby (1996) Ob. Cit., p. 61.

Cuadro 1: Síntesis de la programación didáctica

TÓPICOS GENERATIVOS
¿Qué exámenes fonoaudiológicos proveen indicios suficientes para el diagnóstico, pronóstico y las posibles consultas a otros profesionales?

HILO CONDUCTOR
Desde la identificación de signos y síntomas a la elaboración del diagnóstico fonoaudiológico.

METAS DE COMPRENSIÓN
¿Qué estrategias, habilidades y procedimientos se ponen en juego para lograr tal aprendizaje?

a) Respecto al contenido.	b) Respecto al método	c) Respecto a los propósitos	d) Respecto a la comunicación
¿Qué comprende? ¿Qué características presenta cada uno de los recursos evaluativos? ¿En qué consisten? Entrevista semi-estructurada. Evaluación Miofuncional Evaluación Psicoperceptual Informe Técnico de Diagnóstico Fonoaudiológico.	¿Cómo sabe que comprende? ¿Cuáles son los items a investigar? ¿Cómo se realiza la exploración? ¿Cómo se dan las consignas? ¿Qué estrategias o procedimientos utiliza? ¿Cómo construyó esa comprensión?	¿Para qué sirve este conocimiento en la disciplina? ¿Para qué se realizan? ¿Para qué ese conocimiento? ¿En qué medida puede cerrar la brecha entre la teoría y la acción creativa?	¿Cómo representa sus comprensiones a otros? ¿Cómo se exponen los resultados? ¿Cómo se llega a un Diagnóstico Fonoaudiológico? ¿Cómo se realiza el Informe Fonoaudiológico?

DESEMPEÑOS DE COMPRENSIÓN

¿Es posible demostrar y justificar el conocimiento con la puesta en práctica de los instrumentos de exploración fonoaudiológica en situaciones de aprendizaje?

Tarea 1. Extraclase	Tarea 2. Retroalimentación	Tarea 3.	Tarea 4.	Tarea 5.
Elaborar un primer borrador de la Carpeta Proceso de Investigación Diagnóstica con los protocolos de evaluación seleccionados y el correspondiente material didáctico que el alumno elabora de manera creativa, eligiendo entre una multiplicidad de opciones acordes a la etapa evolutiva del niño. De esta manera proyectarán las acciones que mejor respondan a sus intereses y capacidades. En la Carpeta Proceso es importante incluir: Actividad propuesta. Material utilizado Conclusión. Consultar con el equipo de cátedra y procurar seguir la guía de Investigación Personal.	Una vez elaborado el primer borrador es importante intercambiarlo con el grupo para que realice los aportes necesarios y actúe de copensor. **Reflexión:** aquí la reflexión se debe efectuar sobre la propia comprensión, por ello describa la forma en que el trabajo de sus compañeros, los condujo a repensar la propia comprensión sobre la implementación del Proceso de Investigación Diagnóstica diseñado para la puesta en práctica de los instrumentos de evaluación.	Realizar una entrevista semi-estructurada a la mamá del niño. Evaluar al pequeño que asiste a Nivel Inicial (sala de 5 años). Analizar signos y síntomas. Arribar a un diagnóstico fonoaudiológico.	Cada alumno presenta al equipo de Cátedra la Carpeta de Proceso de Investigación Diagnóstica con los desempeños efectuados.	Elaborar individualmente el Informe Técnico de Diagnóstico Fonoaudiológico del caso investigado, presentarlo al equipo de Cátedra y al personal Directivo de la Institución participante de la experiencia.

Recursos Utilizados

Protocolos de Evaluación Fonoaudiológica:
Entrevista estructurada.
Evaluación Psicoperceptual
Evaluación Miofuncional
Evaluación del lenguaje oral
Material didáctico.

MODALIDAD DE EVALUACIÓN DIAGNÓSTICA CONTINUA

Para realizar el análisis y evaluación de los desempeños de comprensión efectuados por los alumnos, se utilizó la Matriz Analítica Instruccional o Rúbrica, la que se aplicó para evaluar los trabajos de la Carpeta Proceso de Investigación Diagnóstica realizados por los alumnos de la asignatura Semiología Fonoaudiológica de la cohorte 2005.

La matriz tiene para el docente una finalidad concreta y determinada: debe estar orientada a responder la pregunta: "¿Cómo me doy cuenta –como docente– de que están comprendiendo lo que espero que comprendan?"[58]

A continuación se presenta un cuadro con la Matriz Analítica Instruccional específicamente construida para analizar los desempeños de los alumnos en la elaboración de la Carpeta Proceso de Investigación Diagnóstica.

---

[58] Pogré, P. y Lombardi, G. (2004) Ob. Cit., p. 96.

Cuadro 2: Matriz Analítica Instruccional de la Carpeta Proceso de Investigación Diagnóstica.

Matriz Analítica Instruccional
Carpeta Proceso de Investigación Diagnóstica

Dimensiones	Niveles de Comprensión			
	Maestría (óptimo)	Aprendiz (muy bueno)	Novato (bueno)	Intuitivo (Reajustar)
Contenidos	Demuestra óptimo dominio de conceptos disciplinares. Razonan dentro de redes conceptuales. Se mueven con flexibilidad entre detalles y ejemplos. Presenta estilo en el diseño, claridad, organización. Detalla las características del instrumento. Clasifica y utiliza material novedoso y acorde a la edad del evaluado	Demuestra dominio de conceptos disciplinares. Razonan dentro de redes conceptuales. Presenta organización. Detalla las características del instrumento. Clasifica y utiliza material didáctico y acorde a la edad del evaluado	Razonan dentro de redes conceptuales. Se mueven con dudas entre detalles y ejemplos. El proceso de investigación diagnóstica presenta escasa organización. Detalla algunas características del instrumento. Clasifica y utiliza material didáctico.	El alumno no razona dentro de redes conceptuales, presenta dudas. El proceso de investigación diagnóstica está desorganizado. No detalla las características del instrumento

Métodos	Está bien estructurada y respetan el hilo conductor. Proponen metas, usa estrategias, métodos, técnicas y construye un conocimiento confiable. Logra estrategias o procedimientos propios de la disciplina y respaldan las afirmaciones con fundamentos coherentes. Hace las conexiones apropiadas entre los propósitos y los conocimientos de los instrumentos.	Está bien estructurada, es clara, ordenada y respeta el hilo conductor. Propone metas, usan estrategias, métodos, técnicas. Hace las conexiones apropiadas entre los propósitos y los conocimientos de los instrumentos.	Está estructurado, ordenado y respeta el hilo conductor. Aplica los métodos propios del campo del saber de manera mecánica.	Hace conexiones inapropiadas o poco claras entre los propósitos y los conocimientos de los instrumentos. Aplica algunos de los métodos propios del campo del saber de manera mecánica, sin demostrar ningún tipo de reflexión, o verdadera apropiación de los mismos.
Propósitos	El alumno elabora una correcta interpretación respecto a la utilidad de los instrumentos evaluativos para acercarse a la práctica profesional. Obtiene conclusiones adecuadas. Hace una óptima integración entre conocimientos teóricos y prácticos.	El alumno interpreta los instrumentos evaluativos. Obtiene conclusiones. Hace integración entre conocimientos teóricos y prácticos.	El alumno elabora una incompleta interpretación respecto a la utilidad de los instrumentos evaluativos. Obtiene conclusiones incompletas. Hace una dudosa integración entre conocimientos teóricos y prácticos.	El alumno no elabora una correcta interpretación respecto a la utilidad de los instrumentos evaluativos. No logra llegar a conclusiones.

Formas de comunicación	Maneja los diferentes ítems de los protocolos evaluativos. Se expresa correctamente. Demuestran el conocimiento a través de la representación de figuras creativas con colores, formas, etc. Genera una presentación original. Presenta las fortalezas y debilidades del evaluado respecto al instrumento. Describe con precisión cronológica las consignas suministradas al niño y las respuestas del suceso.	Maneja los diferentes ítems de los protocolos evaluativos. Se expresa correctamente. Demuestran el conocimiento a través de la representación de figuras. Presenta las fortalezas y debilidades del evaluado respecto al instrumento. Describe las consignas suministradas al niño y las respuestas del suceso.	Maneja los ítems de los protocolos evaluativos. Se expresan inadecuadamente. Demuestran el conocimiento a través de la representación de figuras. Presenta algunas de las fortalezas y debilidades del evaluado respecto al instrumento. Describe algunas consignas suministradas al niño y las respuestas del suceso de manera superficial.	No maneja con seguridad los diferentes ítems contenidos en el proceso de investigación diagnóstica. Intenta demostrar el conocimiento a través de la representación de figuras. Las descripciones confusas con errores ortográficos. Aplica los instrumentos de manera mecánica, sin demostrar ningún tipo de reflexión.

A continuación se muestra un cuadro de síntesis de los resultados de los Niveles de Comprensión alcanzados por los 19 alumnos, que conforman un total de 10 grupos (9 de 2 alumnos y 1 individualmente) en las diferentes dimensiones a la Carpeta Proceso de Investigación Diagnóstica.

Cuadro3: Niveles de comprensión alcanzados por los grupos de alumnos en las diferentes dimensiones a la carpeta proceso de investigación diagnóstica.

COHORTE 2005 – Total de Alumnos 19 10 GRUPOS				
Dimensiones	Niveles de Comprensión			
	Maestría (Óptimo)	Aprendiz (Muy Bueno)	Novato (Bueno)	Intuitivo (Reajustar)
Contenidos	3	4	3	0
Métodos	3	3	4	0
Propósitos	3	3	4	0
Formas de Comunicación	2	3	5	0

Interpretación de los niveles de comprensión, alcanzados por los de 10 grupos (9 de 2 alumnos y 1 individualmente), en las diferentes dimensiones en la elaboración de carpeta proceso de investigación diagnóstica

De este modo se logra caracterizar la comprensión alcanzada por los grupos de alumnos:

Respecto a la dimensión de los *Contenidos,* se puede decir que de un total de 10 grupos de alumnos, 3 grupos, el 30%, obtiene un Nivel de Comprensión de Maestría (óptimo); 4 grupos de alumnos, el 40 %, obtiene un nivel de Comprensión de Aprendiz (muy bueno); 3, el 30%, un Nivel de Comprensión de Novato (Bueno).

Respecto a la dimensión de los *Métodos,* se puede decir que 3 grupos de alumnos, el 30%, obtiene un nivel de Comprensión de Maestría; 3 grupos de alumnos, el 30%, obtiene un nivel de Comprensión de Aprendiz (muy bueno); y 4 grupos de alumnos, el 40 %, obtiene un Nivel de Comprensión de Novato (Bueno).

Respecto de la dimensión de los *Propósitos,* se puede decir que 3 grupos de alumnos, el 30%, obtiene un Nivel de Comprensión de Maestría; 3 grupos de alumnos, el 30%, obtiene un Nivel de Comprensión de Aprendiz (muy bueno); y 4 grupos de alumnos, el 40 %, obtiene un Nivel de Comprensión de Novato (Bueno).

Respecto de la dimensión de los *Formas de Comunicación* se puede decir que 2 grupos de alumnos, el 20%, obtiene un nivel de Comprensión de Maestría (óptimo); 3 grupos de alumnos, el 30%, obtiene un nivel de Comprensión de Aprendiz (muy bueno); y 5 grupos de alumnos, el 50 %, obtiene un Nivel Comprensión de Novato (Bueno).

Conclusiones

Teniendo en cuenta los objetivos antes mencionados, se puede concluir que se ha logrado diseñar, implementar y evaluar un dispositivo didáctico construido especialmente para la comprensión del Diagnóstico fonoaudiológico; el cual dio muestras de su efectividad al ser aplicado al grupo de alumnos que cursaron la asignatura Semiología fonoaudiológica en el año 2005.

Esta propuesta didáctica implementada, ejemplificadora, con recursos innovadores y estrategias de enseñanza, demostró que no solo favorece la apropiación del conocimiento, sino también que propone saberes constructivos, metacognitivos, que ayudaron a consolidar la motivación de los que aprehenden.

Si bien esta investigación hace hincapié en "El proceso de comprensión del diagnóstico fonoaudiológico en la formación del Licenciado en Fonoaudiología"; la descripción de cómo se realizó se presentó a modo de ilustración y ejemplificación de la puesta en marcha del nuevo enfoque empleado. Permitió dar cuenta, de las estrategias que favorecieron y promovieron el despliegue de desempeños, que ayudaron a construir la comprensión, la reflexión y la comunicación de aquello que se aprendió. En este sentido, la concepción de enseñanza y de aprendizaje cumplió un rol fundamental, tanto en las actividades propuestas, como en el aprendizaje de los alumnos, protagonistas de esta investigación.

Esta pedagogía llevada a cabo significó participar de un proceso pragmático, activo y constructivo que privilegió las prácticas cotidianas; en las que predominó el pensamiento complejo y divergente. Implicó emplear procedimientos intelectuales de complejidad creciente.

Se construyeron las Matrices Analíticas Instruccionales o rúbricas. También conocidas como listas de criterios o matrices de comprensión; creadas para evaluar la "carpeta proceso de investigación diagnóstica" y el "informe técnico de diagnóstico fonoaudiológico". Estas constituyeron una herramienta muy valiosa, que permitió visualizar con claridad, y puntualmente, cada una de las partes de un todo determinado que se evaluó.

Se han logrado detectar los distintos niveles de comprensión alcanzados por los alumnos y sus respectivas dimensiones.

Estas matrices constituyeron un importante aporte, ya que en un futuro podrían servir de referencia para otros trabajos similares.

Además, de facilitar la evaluación por parte del docente, pueden propiciar el trabajo metarreflexivo de los alumnos sobre su propio proceso de aprendizaje.

El análisis de los datos obtenidos durante esta experiencia reveló que la puesta en práctica de estrategias cognitivas, contenidas en el marco de Enseñanza para la Comprensión, fue apropiada para la enseñanza del tópico generativo:

"¿Qué exámenes fonoaudiológicos proveen indicios suficientes para el diagnóstico, pronóstico y las posibles derivaciones a otros profesionales?".

Los alumnos:
- Demostraron buen dominio de conceptos disciplinares.
- Lograron enunciar con un lenguaje preciso, que refleja la comprensión de conceptos, términos disciplinares pertinentes y apropiados a la fonoaudiología.
- Demostraron conocimientos propios del campo del saber. Sus respuestas evidenciaron un conocimiento claro y diferenciado.
- Razonaron dentro de redes conceptuales.
- Emplearon vocabulario adecuado al contexto.
- Demostraron coherencia interna, entre los propósitos y las estrategias de exploración.
- Respondieron a la variedad de desempeños a los que fueron expuestos, demostraron flexibilidad y versatilidad.
- Lograron mejorar el dominio en la puesta en práctica de los instrumentos, y en la resolución de problemas relacionados con los métodos de investigación propios del campo.
- Manejaron los diferentes ítems de los protocolos evaluativos.
- Describieron con precisión cronológica las consignas suministradas al niño y las respuestas del suceso.

- Elaboraron una correcta interpretación respecto a la utilidad de los instrumentos evaluativos, para acercarse a la práctica profesional.
- Obtuvieron conclusiones adecuadas.
- Lograron integrar los conocimientos teóricos y prácticos.

Se puede afirmar que la adecuación de esta herramienta pedagógico-didáctica favoreció la enseñanza y el aprendizaje de la temática seleccionada por otras múltiples razones: la modalidad que se implementó de Evaluación Diagnóstica Continua como herramienta brindó oportunidades para mejorar la enseñanza, a través del permanente análisis del progreso de los alumnos, en pos de las metas de comprensión.

La contribución de los alumnos al proceso de retroalimentación y reflexión continua hizo que la evaluación se convirtiera en un importante instrumento, que proporcionó información valiosa a la hora de comprender el proceso de enseñanza y aprendizaje, a fin de lograr más y mejores resultados y profundizar su interpretación.

La experiencia de formación en la práctica, pensada como instancia que favorece la posibilidad de incorporar aprendizajes y saberes, permitió la transición de la universidad al ámbito del desempeño, la de alumno a profesional y la de la teoría a la práctica.

En síntesis, se puede afirmar que las experiencias de formación en la práctica representaron la oportunidad de desarrollar una serie muy diversificada de aprendizajes ligados al "saber estar" «saber ser" y «saber hacer».

Se puede decir que los alumnos fueron capaces de expresar sus ideas y opiniones con respecto de la manera en que aprendieron. Lograron establecer conexiones dentro de redes conceptuales fértiles. Resultaron capaces de conceptualizar con claridad y propiedad, utilizando terminología adecuada a la disciplina. Pudieron detectar sus falencias, debilidades y conocer los medios para solucionar tales deficiencias.

El compromiso generado desde la aplicación de esta propuesta didáctica, estimuló el intercambio y favoreció los canales de comunicación y de motivación.

Siendo esta una experiencia innovadora en lo referente a "El proceso de comprensión del diagnóstico fonoaudiológico en la formación del Licenciado en Fonoaudiología", se destaca la potencialidad del marco de Enseñanza para la Comprensión para promover marcos de pensamiento y llevar a la práctica las reflexiones sobre la teoría.

Aparece entonces el dispositivo empleado en esta investigación como una herramienta interesante, que permite enriquecer la formación de los futuros profesionales a la vez que los prepara con mayor versatilidad para enfrentar los desafíos que la sociedad actual impone.

Bibliografía

Aguerrondo, I.; Lugo, M. T.; Pogré, P.; Rossi, M. y Xifra, S. (2002) *La escuela del futuro,* Buenos Aires, Papers editores.
Azcoaga, J. (1997) *Los retardos del lenguaje,* Buenos Aires, El Ateneo.
Bermúdez de Alvear, R. (2003) *Exploración clínica de los trastornos de la voz, el habla y la audición. Pautas y Protocolos asistenciales,* España, Aljibe.
Bosch Galceran, L. (2005) *Evaluación fonológica del habla infantil,* Barcelona, Masson.
Buela- Casal, J. y Sierra, C. (1997) *Manual de evaluación psicológica. Fundamentos,* técnicas y aplicaciones, España, Siglo Veintiuno S.A.

Ferres, J. (2000) *Educar en una cultura del espectáculo*, Barcelona, Paidós.
Gallego Ortega, J. L. (2000) *Dificultades de la articulación en el lenguaje infantil*, España, Ediciones Aljibe.
Johnstin, E. B. y Johnston, A. V. (1992) *Desarrollo del lenguaje: lineamientos piagetianos. Un programa de intervención terapéutica grupal intensiva para el desarrollo del lenguaje en niños preescolares*, Buenos Aires, Médica.
Mosby (1996) *Diccionario de Medicina*, Barcelona, Océano Grupo Editorial.
Perkins, D. y Blythe, T. (1999) *Seminario comprensión y autogestión en el aula, las organizaciones y las comunidades*, Buenos Aires, Paidós.
Pogré, P. y Lombardi, G. (2004) *Escuelas que enseñan a pensar. Enseñanza para la Comprensión. Un Marco Teórico para la Acción*, Buenos Aires, Papers Editores.
Queiróz Marchesan, I. (2002) *Fundamentos de Fonoaudiología. Aspectos clínicos de la motricidad oral*, Buenos Aires, Medica Panamericana.
Schneider, S. (2005) *Las inteligencias múltiples y el desarrollo personal*, Colombia, Círculo Latino Austral.
Stone Wiske, M. (1999) (Comp.) *La Enseñanza para la Comprensión. Vinculación entre la investigación y la práctica*, Buenos Aires, Paidós.
Stone Wiske, M. (2006) *Enseñar para la Comprensión con nuevas tecnologías*, Buenos Aires, Paidós.

La síntesis química como tópico generador en la enseñanza de la química orgánica

Institución: Universidad Juan Agustín Maza.
Curso. Química Orgánica II.
Carrera: Farmacia y Bioquímica.
Ciudad, provincia y país: Mendoza, Mendoza. Argentina.
Autora: Marisa N. Molina
Contacto: marisanilemolina@hotmail.com

Introducción

La enseñanza en la universidad debe alentar a los estudiantes a convertirse en aprendientes autónomos, capaces de adquirir información de diversas fuentes, de sopesar alternativas para resolver problemas, de arribar a conclusiones defendibles y de actuar conforme a leyes y códigos éticos, todas competencias consideradas primordiales para las profesiones. Para alcanzar estos objetivos, deben realizarse cambios y revisiones de las currículas.

Por ello se incorporaron modificaciones en el proceso de enseñanza-aprendizaje de la Química Orgánica II a fin de lograr una mayor y mejor comprensión de la misma. Se replanteó la propuesta pedagógica y se incursionó en nuevas didácticas, teniendo en cuenta la formación de los futuros profesionales farmacéuticos, bioquímicos y técnicos químicos analistas. El proceso fue paulatino a partir del año 1990, con modificaciones en la selección de los contenidos considerados más importantes para las competencias y perfiles profesional-curricular, dejando de lado algunos que se habían impuesto como de preferencia o por costumbre.

Las representaciones y prácticas que contribuyeron a llevar adelante los cambios fueron:

- Necesidad de organizar hilos conductores generales para favorecer el abordaje tradicional de los contenidos y modificar el dictado de temas estancos o separados.
- Libros de textos no adecuados a las necesidades de la currícula.
- Dificultades para hacer evaluaciones adecuadas a los objetivos y metas propuestos.
- Concentración de contenidos teóricos y poca transferencia a situaciones reales cotidianas y relacionadas a las profesiones.
- Miedo en los alumnos para afrontar una asignatura "larga y compleja".

Como cuestiones favorecedoras se pueden mencionar:
- Una mejor comprensión de la concepción epistemológica, histórica y social de la disciplina (lo que algunos llaman la naturaleza de la ciencia).
- La separación en dos asignaturas, I y II, de acuerdo con la premisa de la división de los compuestos en alifáticos y cíclicos-aromáticos respectivamente.
- Mayor acercamiento de la institución a las problemáticas de la Educación Superior y a las pedagógico-didácticas, a través de la organización de cursos de actualización y pos-grados. Inicio del proceso de autoevaluación institucional y de preparación para la evaluación externa y acreditación de carreras.

Los requerimientos educacionales dados por la Ley de Educación Superior (1994) y los acuerdos emanados del Ente Coordinador de Facultades de Farmacia y Bioquímica de la Argentina (ECUAFYB) también introdujeron cambios. Uno muy significativo lo constituyó la re-distribución de la asignatura a segundo año, en el segundo semestre, así como la reducción de la carga horaria de clases teóricas para equipararlas a las prácticas. Estos cambios reafirmaron la necesidad de realizar modificaciones en el desarrollo curricular de Química Orgánica II, a fin de redirigir el proceso de enseñanza-aprendizaje hacia la comprensión de los principios científicos, sin perder de vista la relevancia que reviste su conocimiento y la aplicación de los mismos en las profesiones mencionadas.

Así, se modificó el programa agrupando los temas en una introducción y tres partes que incluyen la totalidad de las unidades. Se redefinieron los hilos conductores, las metas y expectativas de logro, las competencias curriculares, indicadores de logro y desempeños de comprensión, las formas de evaluación tanto parciales como finales. También se modificaron algunas de las prácticas experimentales de laboratorio y se incorporaron otras.

Fundamentación

La Química Orgánica II resulta ser una disciplina central y clave en el currículum de las carreras de Farmacia y Bioquímica, pues proporciona el *corpus* básico de conocimientos de los compuestos hidrocarbonados cíclicos, alifáticos y en especial los aromáticos, tanto de origen natural como artificial (sintéticos), para las asignaturas de los semestres siguientes. Su campo de estudio es amplio y el abordaje resulta un tanto complicado para los alumnos y también para docentes e investigadores de esta disciplina. El llamado padre de la síntesis química orgánica, Friedich Whöhler, en 1840 decía "la Química Orgánica me da la impresión de una selva tropical primitiva, llena de las cosas más extraordinarias". Esta imagen de algo inalcanzable es la que ha prevalecido desde hace años y para disiparla se le proporciona al alumno una explicación de sus orígenes. Con este ejemplo histórico se inicia el ciclo de clases, para alentar a los estudiantes a que puedan atravesar las posibles dificultades, acompañados por los docentes, y para despejar sus miedos o prejuicios.

El dominio de los principios epistemológicos que rigen a la Química Orgánica es fundamental a la hora de querer encarar su enseñanza en la universidad. Se puede decir que es la única rama de la ciencia que *crea por sí misma* sus propios objetos de estudio: las moléculas, las sintetiza, y las somete luego a un análisis. Estas moléculas tienen innumerables aplicaciones en los campos profesionales mencionados así como en otros relacionados, por ejemplo en la Medicina.

El estudio del átomo de carbono y sus relaciones con otros elementos es la base o piedra angular. La versatilidad del carbono proporciona múltiples posibilidades para la formación de estructuras moleculares, que no tiene límites excepto los de la imaginación del investigador.

Intelectualmente es muy estimulante puesto que posee una estructura lógica; hace un uso considerable de símbolos, lo que permite la construcción de un lenguaje propio; utiliza el principio de la analogía y el razonamiento hipotético-deductivo. Se caracteriza por un cierto contenido artístico pues es "la ciencia más el arte de hacer (construir) y deshacer moléculas"

El conocimiento de sus orígenes como disciplina autónoma, de los hacedores y los contextos sociales, culturales y políticos en los que se ha venido desarrollando a lo largo de más de dos siglos, no pueden dejarse de lado cuando se aborda su enseñanza.

Presentación del diseño y experiencias

Hilos conductores

Los principales ejes que describen los contenidos son:

- Reconocimiento de las estructuras moleculares cíclicas-aromáticas (teorías que permiten describirlas, propiedades generales).
- Nomenclatura, isomería y estereoquímica.
- Mecanismos de las reacciones orgánicas y síntesis secuenciadas de sustancias.
- Métodos de aislamiento y purificación.
- Determinación de las estructuras moleculares por diversos métodos de análisis (físico, químico, espectroscópico).
- Usos e importancia de compuestos aromáticos de interés farmacéutico, bioquímico, biotecnológico, bromatológico, toxicológico, etc.

El hilo conductor principal para el espacio curricular es "Los mecanismos de las reacciones orgánicas y las síntesis secuenciadas de sustancias", que atraviesan a la mayoría de las unidades temáticas del programa y termina con las rutas bio-sintéticas de compuestos naturales.

Tópico generativo

El tópico generativo elegido en esta propuesta es "La síntesis química de compuestos aromáticos", definida como la secuencia organizada por la lógica de las reacciones químicas de los compuestos orgánicos aromáticos, que permiten su conversión en otros de menor o mayor complejidad. Constituye un eje ordenador de contenidos de las unidades IV a XII. Las síntesis orgánicas suponen una serie de procesos cognitivos complejos. Pueden considerarse como un nueva construcción mental entre *"ciencia más arte"*. Resultan útiles como disparadores o motivadores para ordenar y organizar conceptos, investigar, desarrollar nuevas fórmulas, etc.

Metas de comprensión generales

Los alumnos comprenderán:
- Cómo se generan los compuestos aromáticos a partir de la re-conversión de uno en otro (sean moléculas sencillas como complejas).
- La importancia de realizar esquemas de síntesis orgánica, como un modelo análogo que caracteriza a la química orgánica teórica y experimental.
- Cuáles son los mecanismos de las reacciones características de los HC aromáticos.
- La existencia de diferencias y semejanzas entre compuestos aromáticos y alifáticos.
- Cómo relacionar tópicos de diversos temas de una manera integral.
- Cómo resolver problemas de contenidos desde diversos aspectos, además de proponer y elegir alternativas de solución diferentes.
- Cómo detectar y abordar situaciones problemáticas relacionadas a la química orgánica y a las profesiones.

Las preguntas que se incentivan son:

Dimensión de contenido: ¿qué es esta sustancia que hemos encontrado?, ¿cómo se originó?, ¿qué estructura molecular tiene?, ¿cómo puede transformarse un compuesto en otro?

Dimensión de método: ¿por qué una sustancia reacciona con unas y no con otras?, ¿qué nuevos productos se producen?, ¿qué métodos analíticos son más convenientes para estudiarla?, ¿qué características físico-químicas presenta?

Dimensión de propósito: ¿esta sustancia es la que esperábamos encontrar?, ¿esos productos nuevos pueden ser útiles?, ¿son tóxicos y peligrosos?

Dimensión de comunicación: los químicos dan a conocer los resultados de sus investigaciones en conferencias, simposios y congresos, publicaciones periódicas, libros, etc.

Estrategias didácticas

El abordaje es integral, teórico-conceptual y práctico-experimental en forma paralela.
Las estrategias empleadas son variadas:
- Exposición del docente en clases teóricas; presentación de casos históricos.
- Uso de Guía de estudio temática para resolución de ejercicios y problemas.
- Seminario de *Obtención y propiedades químicas de hc aromáticos,* con guía de estudio y trabajo grupal con exposición de los alumnos.
- Trabajos prácticos de laboratorio: *Síntesis de compuestos aromáticos,* con guía de procedimientos experimentales y trabajo grupal de los alumnos con guía de los docentes Jefes de Trabajos Prácticos.
- Aula-taller y trabajos prácticos de laboratorio: Reacciones químicas y análisis de HC aromáticos;
- Aula-taller integradora de *Síntesis orgánica,* con guía de estudio y problemas de síntesis secuenciadas (trabajo grupal con exposición de los alumnos).

Desempeños de comprensión

Los alumnos demostrarán la comprensión a partir de la resolución de los problemas planteados por el docente. Deberán:
- Diseñar esquemas de síntesis mediante la confección de los diagramas de flujo correspondientes, de sustancias de interés profesional.

- Reconocer cuáles son los pasos y criterios básicos de planificación de una síntesis orgánica; ventajas y desventajas de los diferentes métodos.
- Ejecutar la síntesis química de compuestos aromáticos en el laboratorio mediante técnicas específicas.
- Reconocer las reacciones químicas características de los compuestos aromáticos (mecanismos, alcances, limitaciones).
- Comparar las propiedades químicas de los compuestos aromáticos con los alifáticos.
- Confeccionar esquemas y redes conceptuales para relacionar diversos temas.
- Relatar los "casos históricos" presentados y emitir opinión sobre el impacto que tiene la química orgánica sobre la sociedad.

Evaluación de la comprensión

Es continua e integral, a través de:
- Demostración del dominio de los contenidos teórico-prácticos: con exposiciones orales y escritas en clases teóricas y prácticas, además de exámenes parciales y finales;
- resolución de esquemas de síntesis propuestos;
- elaboración de diagramas de flujos para síntesis orgánicas nuevas;
- ejecución adecuada de reacciones químicas en TP de laboratorio;
- obtención y purificación de los productos de síntesis en TP;
- presentación de informes de experimentación completos;
- hábitos de trabajo, habilidades y destrezas específicas demostradas;

- actitud inquisitiva y búsqueda de bibliografía pertinente;
- interés y participación en clases;
- responsabilidad y cooperación en el trabajo grupal;
- asistencia a todas las instancias de E-A exigidas.

Competencias curriculares

Los alumnos podrán así:
- Redefinir conceptos previos y hacer preguntas nuevas.
- Plantear supuestos e hipótesis.
- Relacionar contenidos teóricos y prácticos de temas diversos.
- Aplicar los conocimientos adquiridos en la resolución de problemas.
- Reflexionar, justificar y argumentar las secuencias sintéticas elegidas.
- Buscar información en diversas fuentes para defender su propuesta.
- Realizar autocrítica, debatir y compartir información con sus pares.
- Adquirir habilidades y destrezas para el trabajo experimental específico.
- Obtener una noción más acabada de la química de los compuestos aromáticos y del impacto que pueden producir en la sociedad.
- Desarrollar la capacidad de aprender y trabajar con diferentes propuestas didácticas.
- Contextualizar la información obtenida y transferirla a situaciones de la vida cotidiana y profesional.

Conclusiones

Las actividades y tareas descriptas para una mejor comprensión de la Química Orgánica II proponen la aplicación de los conocimientos adquiridos por los alumnos a diversas situaciones de aprendizaje problematizadas, de manera que puedan comprobar con su experiencia el interés y la utilidad de esos aprendizajes tanto en el contexto áulico como en el supuesto campo laboral. Por extensión, se supone que estarán más predispuestos para afrontar los vaivenes de la vida profesional.

Por lo expresado, esta propuesta permite desarrollar en el alumno la imaginación, la creatividad, el pensamiento científico, el autoaprendizaje y la metacognición, con una autovaloración positiva de sí mismo y de la Química Orgánica.

Bibliografía

Acevedo, J. A. y otros (2005) "Naturaleza de la ciencia y educación científica para la participación ciudadana. Una revisión crítica" en *Revista Eureka sobre Enseñanza y Divulgación de las Ciencias*, vol. 2, Nº 2, http://www.apac-eureka.org, pp. 121-140.

Chevallard, Y. (1998) (3º ed.) *La transposición didáctica*, Buenos Aires, Aiqué.

Gardner, H. (2000) (2º ed.) *La educación de la mente y el conocimiento de las disciplinas*, Barcelona, Paidós.

Gustche, D. y Pasto, D. (1978) *Fundamentos de química orgánica*, Barcelona, Reverté.

Izquierdo Aymerich, M. (2004) "Un nuevo enfoque de la enseñanza de la química: contextualizar y modelizar" en http://www.aqa.org.ar/pdf9246/9246art13.pdf.

Mayor, J. y Suengas, A. (1995) *Estrategias metacognitivas. Aprender a aprender y aprender a pensar*, Madrid, Síntesis.

Minnick, C. y Alvermann, D. (1994) (3º ed.) *Una didáctica de las ciencias*, Buenos Aires, Aiqué.

Novak, J. y Gowin, B. (1998) *Aprendiendo a aprender*, Barcelona, Martínez Roca.

Pozo, M. J. y otros (1994) *La solución de problemas*, Madrid, Santillana.

Stone Wiske, M. (1999) (comp.) *La enseñanza para la comprensión*, Buenos Aires, Paidós.

La enseñanza para la comprensión en robótica. Construcción de simuladores como actividades de comprensión

Institución: Facultad de Ingeniería y Ciencias Económico Sociales (FICES). Universidad Nacional de San Luis.
Ciudad, provincia y país: Villa Mercedes, San Luis. Argentina
Materia: Robótica.
Carrera: Ingeniería Electromecánica y Electrónica.
Autor: Oscar D. Morán.
Contacto: dmoran@fices.unsl.edu.ar,
monaster@fices.unsl.edu.ar

Introducción

En la asignatura Robótica de 5to. año de las carreras de Ingeniería Electromecánica y Electrónica, de la Facultad de Ingeniería y Ciencias Económico Sociales, de la Universidad Nacional de San Luis, se enseña el funcionamiento de los robots antropomorfos, principalmente enfocado al estudio del sistema de control de los mismos. Esto requiere la compleja tarea de enseñar cómo se mueven los ejes de los motores de las articulaciones, controlados numéricamente. Lograr que los alumnos se apropien de este conocimiento, que lo puedan usar con flexibilidad y más allá de lo que saben, es complicado.

Considerando que para comprender ideas complejas y formas de investigación, los estudiantes deben aprender haciendo, se diseñó un dispositivo didáctico basado en el marco teórico de la enseñanza para la comprensión, desarrollado en el Proyecto Cero de la Universidad de Harvard (Blythe, 1999). El mismo incluye actividades de comprensión que deben realizar los estudiantes, que consisten en la construcción de simuladores de complejidad creciente, hasta llegar al desarrollo del simulador de un robot con animación gráfica, utilizando el lenguaje de programación que viene incorporado en Matlab (Wiske, M. et al, 2006).

Progresivamente el alumno construye el *software* que le permite realizar la simulación del movimiento de una línea en el espacio, luego desarrolla el programa de un simulador del problema cinemático directo, el simulador del problema cinemático inverso, para culminar con un trabajo integrador, que consiste en construir un simulador con animación gráfica del control cinemático de un robot antropomorfo de tres grados de libertad.

En el dispositivo didáctico diseñado en esta investigación el alumno va construyendo el programa sentencia por sentencia profundizando en los conceptos ya que debe manipular todas las variables y utilizar los contenidos teóricos, para así construir el simulador, lo que favorece su comprensión. En el proceso de construir el programa de simulación utilizando un lenguaje básico de programación es donde el alumno va incorporando conceptos abstractos que de otra manera son difíciles de transmitir por parte del profesor y de comprender por parte del estudiante. Esta metodología se diferencia de las más difundidas, donde el profesor utiliza plataformas o software específicamente preparado, para montar una simulación. No se han encontrado antecedentes específicos en el que se utilice la construcción de simuladores como actividades de comprensión para la enseñanza del funcionamiento interno de un robot antropomorfo al nivel del movimiento combinado de cada una de sus articulaciones, impulsadas por actuadores rotativos o lineales, que es lo que se estudia en este trabajo. Existen algunos ejemplos del uso de simuladores como un instrumento de apoyo para la enseñanza de la robótica (Herías, F. A. C. et al, 2006; Bravo, C. A. J. et al, 2007). Hay ejemplos del uso combinado de *software* y *hardware* de robots educacionales para la enseñanza. (Alimisis, D. et al, 2007; Rawat, K. S. et al, 2003). También existen paquetes de simuladores y/o entrenadores comerciales para enseñar a utilizar robots o simuladores para analizar la integración de robots en medios productivos.

El estudio realizado en este trabajo es de tipo exploratorio-descriptivo. Es exploratorio dado que no se han encontrado antecedentes publicados sobre el diseño, implementación y evaluación de actividades de comprensión basadas en la construcción de simuladores por parte de los alumnos utilizando un lenguaje de programación, en un curso de robótica. Es descriptivo porque logra caracterizar los niveles de comprensión alcanzados por los estudiantes en cada una de las dimensiones de la misma en el contexto de la situación de enseñanza llevada a cabo en la asignatura utilizando el dispositivo diseñado.

Metodología

Con el objetivo de que el alumno "aprenda haciendo", se diseñaron una serie de actividades de comprensión a realizar por los alumnos, que se van concatenando de manera tal que la complejidad creciente de las mismas permiten lograr las metas parciales necesarias, hasta alcanzar la meta final, con la realización de un trabajo final integrador (TFI). El alumno debe realizar en forma individual cada trabajo práctico, con excepción del integrador que puede ser realizado por dos alumnos trabajando en equipo. Una síntesis de los trabajos prácticos a desarrollar como actividades de comprensión es la mostrada en la Tabla 1.

Hay tres actividades que se corresponden con los trabajos prácticos 4, 5 y 6, en las cuales el alumno, a partir de los conocimientos previos, debe obtener el modelo de Denavit - Hartenberg de un robot y desarrollar un *software* de simulación. Es importante destacar que en la construcción del simulador no se utilizan plataformas ni programas específicos preparados para realizar simulaciones, sino el lenguaje que viene incluido en Matlab.

Tabla 1: Síntesis de Trabajos Prácticos

Práctico N°	ACTIVIDAD DE COMPRENSIÓN	METAS DE COMPRENSIÓN
1	Realizar operaciones de transformaciones espaciales aplicando matrices de rotación 3x3 utilizando Matlab.	Dominar las transformaciones espaciales de rotación. Obtener destreza en el uso de Matlab para resolver este tipo de operaciones.
2	Realizar operaciones de transformaciones espaciales de traslación y rotación combinadas. Graficar vectores y mover líneas usando el lenguaje de programación incorporado en Matlab.	Dominar las transformaciones espaciales de traslación y de rotación combinadas. Animar objetos gráficos con Matlab. Obtener destreza en el uso de Matlab.
3	Obtención de modelos para distintas configuraciones de robots aplicando la metodología sistemática de Denavit-Hartenberg (Barrientos, 1997).	Obtener modelos de robots, en forma metódica y sistemática.
4	Obtención de la cinemática directa (CD) para distintas configuraciones de robots (Barrientos, 1997). Construcción de un *software* para simular la CD con animación gráfica, con ingreso de datos por teclado, para cada una de las configuraciones propuestas.	Comprender la solución de la cinemática directa de un robot.
5	Obtención de la cinemática inversa (CI) para distintas configuraciones de robot (Barrientos, 1997). Construcción de un *software* para simular la CI con animación gráfica con ingreso de datos por teclado para cada una de las configuraciones de robots propuestas.	Comprender la solución de la cinemática inversa de un robot.
6 Trabajo final Integrador	Construcción de un software para simular el control cinemático con animación gráfica de un robot antropomorfo de tres grado de libertad (Barrientos, 1997).	Comprender la solución del control cinemático de un robot. Integrar todos los contenidos.

Análisis de las actividades de comprensión

En la construcción de los simuladores el alumno, aparte de aplicar el conocimiento específico, debe programar utilizando las ecuaciones obtenidas en el modelo de D-H, lo cual es una situación más compleja de lo que normalmente se hace, y lo lleva a utilizar el conocimiento más allá de lo común. La realización del programa motiva a los estudiantes porque la actividad es interactiva, inspira su creatividad y representa un desafío que los lleva a generar cada vez programas más sofisticados.

Hay un *software* básico que los estudiantes deben realizar y es el que todos logran hacer, pero a partir de este, algunos estudiantes van modificando el programa agregando sofisticaciones orientadas a obtener más información del simulador, como por ejemplo sistemas de ejes coordenados en el extremo del modelo, la restitución automática de la posición del extremo del robot, etc. También modifican el aspecto del robot utilizado generando presentaciones estéticamente más representativas.

En el caso particular del trabajo final integrador donde se debe realizar la simulación del control cinemático de un robot, el simulador obtenido permite analizar, comprender y ejecutar la estrategia de control y ver en la pantalla como se va moviendo cada eje del mismo, obteniendo información gráfica sobre la posición, velocidad y aceleración de cada articulación en función del tiempo. En este caso el simulador del robot permite alcanzar varios puntos en el espacio en determinados tiempos.

Evaluación

Para el análisis y evaluación de las actividades o desempeños de comprensión realizadas por los estudiantes, basado en el marco conceptual de la enseñanza para la comprensión, se utilizó una matriz analítica instruccional conocida como rúbrica, tabla 2, (Pogré, 2004). Esta matriz fue creada específicamente para evaluar las actividades de los alumnos (Morán, 2009). Relaciona las dimensiones y niveles de la comprensión con criterios de evaluación que, a su vez, están relacionados con las metas de comprensión planteadas para un tópico generativo particular.

Tabla 2: Matriz o Rúbrica (simplificada)

Dimensión \ Nivel	Novato (bueno)	Aprendiz (Muy bueno)	Maestría (Óptimo)
Contenido	Criterios	Criterios	Criterios
Método	Criterios	Criterios	Criterios
Propósito	Criterios	Criterios	Criterios
Comunicación	Criterios	Criterios	Criterios

Por una razón de extensión se presentan los criterios sin desarrollar. A modo de ejemplo solo se desarrollan los correspondientes a la dimensión de los contenidos, para los diferentes niveles.

En la dimensión de los contenidos para el nivel de *novato* los criterios fueron: el robot simulado solo se posiciona en algunos octantes del espacio. El alumno no salva las indeterminaciones. No presenta alternativas para solucionar los límites impuestos al diseño. No siempre elige el camino más corto entre dos puntos. Las variables de posición, velocidad y aceleración están graficadas fuera de escala, debido a la falta de habilidad con el programa. El movimiento del robot no está perfectamente simulado, presenta saltos cuando pasa por indeterminaciones no salvadas.

En la dimensión de los contenidos para el nivel de *aprendiz* los criterios fueron: el robot simulado se posiciona correctamente en la mayoría de los octantes del espacio. Salva la mayoría de las indeterminaciones. No presenta alternativas para solucionar los límites impuestos al diseño. Elige el camino más corto entre dos puntos. Las variables de posición, velocidad y aceleración están bien graficadas. El movimiento del robot está perfectamente simulado. No presenta ideas innovadoras.

En la dimensión de los contenidos para el nivel de *maestría* los criterios fueron: el robot simulado se posiciona correctamente en todos los octantes del espacio. Todas las indeterminaciones están salvadas. Presenta variantes para solucionar los límites impuestos al diseño. Siempre elige el camino más corto entre dos puntos. Las variables de posición, velocidad y aceleración en función del tiempo están correctamente graficadas. El movimiento del robot está perfectamente simulado. Presenta ideas innovadoras al nivel de sofisticaciones.

La matriz o rúbrica de la tabla 2 se aplicó para evaluar los trabajos finales integradores de los alumnos de las cohortes 2007 que cursaron la asignatura robótica. Algunos autores consideran además de estos niveles el de ingenuo, pero los alumnos que realizan el trabajo integrador ya han superado ese nivel de comprensión, por lo que no es necesario analizarlo. Cada uno de los trabajos prácticos, parciales y principalmente los trabajos finales integradores fueron recuperados al finalizar el cursado y estuvieron disponibles para realizar el presente trabajo. Particularmente el trabajo integrador debe ser aprobado mediante un informe escrito y luego defendido en forma oral en clase.

Para determinar los niveles de comprensión de cada actividad final integradora se cuenta con el informe escrito del trabajo que incluye el código del programa, un CD con el simulador y las respuestas obtenidas durante la comunicación oral. También se cuenta con registros del seguimiento que se hace de los trabajos durante las consultas.

De esta manera, examinando toda la información disponible, se determinó para cada alumno, de acuerdo con la performance de sus trabajos, qué niveles de comprensión habían alcanzado para las diferentes dimensiones, según los criterios establecidos en la tabla 2, precisando para cada caso si se correspondía con el nivel de novato (bueno), aprendiz (muy bueno) o de maestría (óptimo). Es importante destacar que en el marco de la enseñanza para la comprensión los criterios de evaluación deben ser públicos y previamente establecidos, por lo que los alumnos tienen acceso a los mismos antes de presentar sus trabajos

Resultados y discusión

En la tabla 3 se observa que un 7,4% de los estudiantes alcanzan el nivel de novato. Estos estudiantes solo regularizan la asignatura y deben rendir un examen final. El 63% que alcanzan el nivel de aprendiz, más el 29,6% que obtienen el nivel de maestría, promocionan la asignatura, es decir que la aprueban sin examen final.

Se deduce que las características de las actividades de comprensión a realizar y el nivel exigido para promocionar aseguran que la mayoría de los estudiantes alcancen como mínimo un nivel de aprendiz (muy bueno) en cada dimensión de la comprensión.

Tabla 3: Resumen de Resultados

Dimensión \ Nivel	Novato (Bueno)		Aprendiz (Muy Bueno)		Maestría (Óptimo)	
Total de alumnos evaluados 27						
Contenido	2	7,4 %	17	63 %	8	29,6 %
Método	2	7,4 %	17	63 %	8	29,6 %
Propósito	2	7,4 %	17	63 %	8	29,6 %
Comunicación	2	7,4 %	17	63 %	8	29,6 %

Es notable que los desempeños de los alumnos sea uniforme respecto de las diferentes dimensiones de la comprensión; es decir, que aquellos trabajos que en contenido alcanzan un desempeño de un nivel de novato, luego lo mantiene en las otras dimensiones analizadas. Como se puede observar en la tabla 3, lo mismo sucede con los otros niveles.

Conclusiones

Se ha logrado diseñar, elaborar e implementar un dispositivo didáctico innovador basado en la construcción progresiva de un *software* de simulación a partir de un lenguaje de programación que permite completar, favorecer y facilitar la comprensión de los estudiantes. Para ello se elaboraron actividades que constituyen un proceso de construcción y apropiación de conocimientos fundamentales sobre los temas abordados.

El uso de la informática para realizar las actividades de comprensión permite perfeccionar y enriquecer los desempeños realizados por los alumnos de diversas maneras. El *software* construido a partir del modelo y la simulación hace visible conceptos abstractos y permite que los estudiantes comprendan ideas complicadas experimentando activamente con ellas, manipulando variables y observando la interacción dinámica entre los diferentes elementos que componen el programa de simulación del robot.

Un aporte de este trabajo es la construcción de la matriz analítica instruccional (tabla 2), ya que en el futuro puede servir de referencia para otros trabajos similares al presente y de esta manera ir enriqueciéndola y perfeccionándola. Esta matriz, por otra parte, puede ser utilizada para la evaluación de los estudiantes, en cuyo caso es recomendable su difusión pública. Esto induce al alumno a realizar una autoevaluación que mejora el nivel de sus desempeños.

Bibliografía

Alimisis, D. y otros (2007) *"Robotics & Contructivism in Education: The TERECoP project"* en *http://www.terecop.eu/downloads/P-Alimisis.pdf*, Proceedings of the 11th European Logo Conference, Bratislava, Eslovakia.

Barrientos, A., y otros (1997) (1º ed.) *Fundamentos de Robótica*, Madrid, McGraw-Hill.

Blythe, T. (1999) *La Enseñanza para la Comprensión: Guía para el docente*, Buenos Aires, Paidós.

Bravo, C. A. J. y otros (2007) "Laboratorios virtuales y remotos basados en EJS para la enseñanza de robótica industrial" en http://rua.ua.es/dspace/bitstream, XXVIII Jornadas de Automática, Huelva, España.

Herías, F.A.C. y otros (2006) *"Flexible Virtual and Remote Laboratory for Teaching Robotics"* en http://www.formatex.org/micte2006/pdf/1959-1963.pdf, *IV International Conference on Multimedia and Information and Comunication Technologies in Education*, Sevilla, España.

Moran, O. D. (2009) *Enseñanza para la Comprensión en Robótica - Tópicos que implican movimientos controlados numéricamente,* Tesis de Magíster. Universidad Nacional de San Luis, Facultad de Ciencias Humanas, San Luis, Argentina.

Pogré, P. y Lombardi, G. (2004) *Escuelas que Enseñan a Pensar: Enseñanza para la comprensión un marco teórico para la acción,* Buenos Aires, Papers editores.

Wiske, M. S. y otros (2006) *Enseñar para la Comprensión con nuevas tecnologías,* Buenos Aires, Paidós.

Rawat, K. S., y Massiha, G. H. (2003) "*Model Driven Robot Simulation: RoboCell*" en http://www.aseegsw.org/Proceedings/ASEE-GSW-raw1.pdf, *Proceedings of the 2003 ASSE Gulf – Southwest anual conference the University of Texas at Arlignston,* USA.

La necesidad de trabajar la enseñanza para la comprensión en la formación de los pedagogos

Institución: Facultad de Ciencias Humanas. Universidad Nacional de San Luis.
Ciudad, provincia y país: San Luis, San Luis. Argentina.
Curso: Problemática pedagógica del nivel superior.
Carrera: Profesorado y Licenciatura en Ciencias de la Educación.
Autora: Marta A. Moyano.
Contacto martamoyano@unsl.edu.ar

Introducción

En el presente trabajo se da cuenta de nuestra experiencia desarrollada con alumnos del Profesorado y Licenciaturas en Ciencias de la Educación y de la Escuela Marina Vilte, carreras dependientes de la Facultad de Ciencias Humanas de la Universidad Nacional de San Luis.

La formación en el nivel universitario es un tema que suscita permanentemente nuevas miradas sobre las prácticas docentes que implican caminos de búsqueda y aperturas. Estos caminos están transitados por más interrogantes y cambios que por respuestas concretas. Desde esta perspectiva cabe preguntarse: ¿qué tipo de preparación es la más adecuada a la hora de formar un estudiante que entienda que las prácticas son el punto de partida para generar cambios significativos en su quehacer profesional?

Desde el ámbito de la formación en las universidades ¿cuál es la preparación acorde a los nuevos paradigmas epistemológicos?

Estas cuestiones y muchas más han ocasionado líneas de trabajos e investigaciones ricas y productivas que dan respuesta a los diversos interrogantes en el Proyecto de Investigación del cual formamos parte: PROICO N° 4-0105,

"Las prácticas educomunicacionales. Su impacto en la comprensión de los sujetos que interactúan en situaciones de enseñanza y de aprendizaje".

Procuramos comprender cómo se desarrollan las prácticas en el nivel superior de la enseñanza y para ello analizamos nuestras propias prácticas tomando como punto de partida a una adecuada enseñanza universitaria, la cual entendemos como un proceso de búsqueda y construcción científica y crítica del conocimiento. Esta enseñanza debe ayudar a que el alumno adquiera progresivamente autonomía y capacidad para reflexionar sus propias acciones.

Fundamentos

Sabemos que la formación docente es un tema complejo atravesado por diversos factores a los que se debe agregar, las propias prácticas docentes. Sabemos que estas se constituyen como un espacio de poder y de disputas ya que aquí se da el encuentro intersubjetivo en el cual intervienen elementos conscientes pero también inconscientes. De igual manera sabemos que en la práctica áulica, los formadores de docentes explicitamos o no, un modelo antropológico, un modelo epistemológico, un modelo pedagógico-didáctico y un modelo psicológico. Este último nos demuestra cuál es el modelo de enseñanza y de aprendizaje en el que el sujeto formador-docente es quien propone y toma decisiones estratégicas que no solo implica reconstruir su propia formación, sino que también propicia una reflexión sobre la propia práctica en el sujeto educando.

Trabajamos un modelo de aprendizaje que pone énfasis en el proceso, procurando formar sujetos críticos en los cuales los procesos de toma de conciencia fortalecen la autonomía personal. Este modelo de aprendizaje adoptado pone énfasis en la toma de conciencia de sí mismo, de sus propios procesos psicológicos (cognoscitivos, afectivos, psicomotores) y a partir de "ese volverse sobre sí", poder descentrarse e ir en busca del otro, para aprender juntos, valorar obstáculos y facilitadores a fin de repensar el error y trabajarlo con sentido positivo.

Desde esta perspectiva proponemos la teoría de la Enseñanza para la Comprensión a cuyo frente se hallan David Perkins y otros docentes e investigadores, quienes elaboraron un marco conceptual que significó una propuesta de trabajo para el aula que promueve la comprensión de los alumnos.

Martha Stone Wiske (2006) en su libro "Enseñar para la comprensión con nuevas tecnologías" explicita un concepto formulado por Perkins, quien define que comprender un tema es poder realizar una presentación flexible de él: explicarlo, justificarlo, extrapolarlo, relacionarlo y aplicarlo de manera que vaya más allá del conocimiento y la repetición rutinaria de habilidades. Comprender implica poder pensar y actuar flexiblemente utilizando lo que uno sabe. Desde esta perspectiva es que nos interesa investigar nuestras propias prácticas e implementar diferentes estrategias de enseñanza.

Hemos definido a las estrategias como el conjunto unificado de actividades seleccionadas y organizadas para producir aprendizajes significativos que estimulen procesos psicológicos superiores y favorezcan operaciones cognitivas y meta-cognitivas. De esta manera, trabajar el tema de las estrategias de enseñanza en la formación docente no solo es un desafío que nos conduce a mirar-nos y analizar-nos, sino que nos compromete a cambiar nuestros hábitos de trabajo como resultado de incorporar a la reflexión e investigación como uno de los hábitos cotidianos. En este sentido nos interesa que los sujetos formados comprendan que las actividades que forman parte de las estrategias trabajadas en el aula no constituyen un camino cerrado, sino que estamos propiciando el inicio de un proceso básico en la formación docente que conlleva introspección, diálogos intrapsicológicos y toma de conciencia, que implique reflexión-acción y fortalezcan la autonomía.

Sandra Schneider (2005) define como estrategias inteligentes a los entornos educativos que incluyen la organización del espacio dentro y fuera del aula donde pueden proponerse actividades que requieran mucha movilidad, donde los alumnos necesiten observar, indagar en diferentes fuentes. Cualquier entorno que estimule la curiosidad, la motivación y la creatividad es válido, siempre y cuando esté bien articulado con la intensión educativa y con los objetivos que el docente se ha propuesto llevar adelante.

En nuestro caso hemos usado como estrategias de enseñanza las propuestas desde este marco teórico de la Enseñanza para la Comprensión, por entender que no solo trabajamos estrategias didácticas innovadoras sino también modalidades discursivas que es necesario rescatar en la formación docente justamente por su valor formativo.

Análisis de las estrategias de enseñanza utilizadas y algunas evidencias

Podemos agrupar las herramientas utilizadas de la siguiente manera:
- modalidades narrativas: se examinan aquí los portfolios y las carpetas-proceso.
- modalidades que propician la argumentación: trabajamos los ensayos y las investigaciones personales.

En esta oportunidad vamos a analizar las modalidades que estimulan la argumentación. Veamos brevemente a cada uno de ellos:

Los ensayos

Los hemos comprendido como un género literario que permite que el autor exprese su pensamiento y reflexión ante una cuestión, un tema, etc. El autor expresa sus argumentaciones tomando como base una teoría a través de la cual trata de interpretar un problema o teoría o tema, explicitando una postura crítica ante ella. Constituye asimismo una herramienta didáctica e informativa, pues enseña de manera original y amena un corpus teórico contextualizado que trasunta una determinada cosmovisión personal sobre el tema trabajado.

En el ensayo convergen la ciencia y la literatura, ya que une la objetividad de hechos, fenómenos, etc. (ciencia) y la subjetividad personal. Desde lo literario permite conocer el pensamiento y modo de expresión del autor. Desde lo científico debe mostrar un desarrollo lógico y sistemático.

Asimismo el autor del ensayo debe mostrar un enfoque profundo o superficial del tema, pero siempre expone un juicio crítico. Es un ejercicio de opinión y como tal implica una toma de posición consciente. A continuación ofrecemos un ejemplo:

> Respecto al Eje N° 2 referido a la Enseñanza del Nivel Superior, la profesora da puntas de hilo mediante un video en el cual subyace como pregunta: ¿seguimos formando entre cuatro paredes o respondemos a las necesidades sociales? Bueno, la opinión generalizada del grupo es trabajar sobre la formación docente frente a las exigencias de la sociedad. Aquí empezamos las discusiones, los interrogantes y la necesidad de buscar cada vez más bibliografía, nada nos alcanzaba, ¡qué problema! Finalmente decidimos: la formación docente como proceso inicial. Bueno, trabajamos con la bibliografía donde desde el título del art. se hacía referencia a nuestra inquietud. La tesis propuesta se relacionó con los vertiginosos cambios sociales, realizamos un recorrido histórico, pues no es lo mismo ser docente hoy,

que en el inicio del sistema argentino, luego de reformular varias cuestiones que no estaban claras, nos dimos cuenta que faltaba profundidad en los razonamientos (Alumna, cohorte 2010, San Juan).

Entre las teorías de base que el grupo seleccionó explicitan en el desarrollo que han optado por la Enseñanza para la Comprensión:

> Al tomar como base este marco la teoría *Zero* de la Universidad de Harvard, se promueve un aprendizaje que estimula la adquisición, la internalización y la transferencia del aprendizaje a otros contextos, esto nos permitirá salir de las cuatro paredes. Para esto es necesario que las instituciones formadoras de profesores tomen conciencia de que el currículo basado en el saber dado como fijo e inalterable se hace cada vez menos creíble, por lo tanto es necesario otro enfoque... (cohorte 2010 San Juan).

Respecto a las *investigaciones personales* diremos que las hemos caracterizado como una estrategia didáctica que desestructura la clase tradicional, requiere básicamente de sujetos autónomos y participativos para que cada uno pueda apropiarse de los conocimientos de acuerdo con sus propias decisiones, gustos, intereses, características personales, y ritmos de aprendizaje. Implica un alto grado de libertad pero requiere compromiso por parte del alumno.

En la consigna que suministramos al grupo de alumnos del Prof. y Lic. en Ciencias de la Educación se les proponía realizar un primer borrador, para el cual debían considerar los siguientes ítems:
- Explicitar algunas ideas previas acerca de: ¿qué es investigar?, ¿quiénes se dedican a investigar?, ¿cómo se lleva adelante una investigación?, ¿es lo mismo investigar en ciencias sociales que en ciencias naturales?, entre otros.

- Luego del documental sobre el tema: antecedentes y problemáticas pedagógico-didácticas actuales en el Nivel Superior en Argentina, los alumnos debían:
- Elegir un tema para investigar, para ello es importante tener presente, cuáles son los temas favoritos y por qué.
- Elegir uno o dos compañeros/as para trabajar o bien decidir si trabajarían individualmente. Aquí importaba que anotaran: ¿qué sé? ¿qué sabemos sobre el tema?, ¿qué quiero saber? ¿qué queremos saber sobre el tema?
- Elaborar un listado de preguntas para conocer más sobre el tema elegido.
- Confeccionar un listado de posibles fuentes de información, por ejemplo: un libro, un artículo de revista, una revista sobre la temática, una entrevista a una persona clave, fotos, gráficos, ilustraciones, películas, etc.
- Armar un "banco de datos" con la información que se va obteniendo y guardarla como síntesis, resumen o gráficos.

Se les recomendó que previamente lean, revisen las preguntas y efectúen las modificaciones correspondientes. Confeccionado este primer borrador, empezar a escribir el trabajo de investigación solicitado.

Aquí se les ofrece ayuda sobre cómo trabajar en la introducción, desarrollo y conclusiones. Ofrecemos un breve párrafo testimonial:

El presente trabajo tiene por objetivo abordar la construcción socio-histórica del periodo colonial y del paso hacia la modernidad, aludiendo a las tensiones, conflictos y luchas que en cada periodo se fueron gestando en la Educación Superior, centrándonos en la tensión que se da en esa época (pero que tiene vigencia en la actualidad), entre una universidad de carácter formativo y una

universidad de carácter profesionalizante. Para realizar esta tarea haremos especial hincapié en las siguientes dimensiones:
- contexto socio-político económico,
- política educativa (finalidades, instituciones, currículo)
- otras caracterizaciones que surjan.

Intentaremos mirarlo desde el contexto de cada época, yendo así desde lo macro a lo micro e intentando comprender las influencias de aquellos siglos en la actualidad. Para el desarrollo del trabajo tendremos en cuenta las principales características del periodo colonial y de la modernidad. No dejaremos de lado la creación de las primeras universidades y colegios a cargo de órdenes religiosas en las cuales el ingreso era restringido y orientado a la formación de futuras clases dirigentes. (Investigación, cohorte 2006).

Para finalizar

Desde la perspectiva del discurso didáctico y apelando a conceptos aportados por Helena Calsamiglia de Blancafort y Amparo Tusson Valls (2004) quienes definen el discurso como una práctica social, una forma de acción entre las personas que se articula a partir del uso lingüístico contextualizado, ya sea oral o escrito, diremos que tanto las narraciones como las argumentaciones son dos estrategias de enseñanza altamente adecuadas para la formación superior, ya que ambas propician una preparación superior completa.

Desde el punto de vista de la teoría trabajada, esto es, la Enseñanza para la Comprensión, tanto las narraciones como las herramientas que propician las argumentaciones, es decir los ensayos y las investigaciones personales, constituyen espacios de aprendizajes reflexionados y valorados como tal. Es necesario considerar que cuando se intenta la justificación de una opinión, el desarrollo de un punto de vista, la reflexión para tomar una decisión, se pone en funcionamiento el proceso argumentativo.

Las grandes estructuras argumentativas como: la inducción, la deducción y el razonamiento causal, son las que están presentes en las estrategias mencionadas. En las investigaciones personales se ponen en juego los razonamientos causales y las deducciones en tanto que en los ensayos los alumnos parecen utilizar con mayor frecuencia la inducción y la deducción.

Por otra parte, cuando los alumnos están trabajando con las investigaciones personales, están formulando hipótesis o formulando preguntas, confrontando ideas, reformulando las propias ideas, elaborando estrategias, buscando información, realizando análisis, etc.

Por lo dicho anteriormente podemos concluir provisoriamente que utilizamos en nuestro espacio cotidiano en el aula estrategias que contribuyen a iniciar a nuestros futuros docentes en la toma de conciencia de un proceso de crecimiento personal y profesional fructífero, ya que cuando el educando se involucra activamente investigando, haciéndose preguntas y buscando soluciones, se está problematizando.

Los resultados obtenidos, luego de aplicar conceptos de la Enseñanza para la Comprensión, nos permiten señalar que se generó una actitud positiva en el grupo de trabajo.

La propuesta les permitió trabajar desde sus intereses con creatividad, lo que contribuyó a incrementar la confianza en sí mismos.

La construcción de los port-folios y las carpeta-proceso funcionaron como un adecuado dispositivo pedagógico para reflexionar sobre sí mismos, sus temores y angustias, los que al explicitarlos ayudaron para poder mirar-se en el rol docente que deberán asumir en breve.

Respecto a nuestros interrogantes centrales diremos que, en concordancia con los rasgos que caracterizan una adecuada enseñanza universitaria, al trabajar con el marco teórico de la Enseñanza para la Comprensión estamos en camino ya que:
- Desde esta teoría se propone y trabaja un conjunto de estrategias que son enseñadas críticamente, a fin de estimular la autonomía y la capacidad de reflexión en los alumnos.
- La teoría permite mejorar los flujos de información y comunicación.
- Se trabaja con un concepto de evaluación como elemento diagnóstico.
- Se valoran a los alumnos con sus saberes previos y se consideran protagonistas junto al docente del proceso de enseñanza y de aprendizaje.
- La teoría permite construir conocimientos compartidos.

Por ello sostenemos que hoy por hoy es necesario trabajar la Enseñanza para la Comprensión en las aulas universitarias, especialmente con los estudiantes de Ciencias de la Educación, pues ellos deben vivenciar y experimentar que es posible cambiar el paradigma de enseñanza ya que serán quienes formarán futuros docentes.

Bibliografía

Calsamiglia de Blancafort y Tusson Valls: (2004) *Las cosas del decir*, Barcelona, Ariel.

Giordano, M. F. y Moyano, M. (2003) "La enseñanza para la comprensión en la formación universitaria" en *Revista Alternativas. Serie Espacio Pedagógico*, Año VIII, N°.33, San Luis, Laboratorio de Alternativas Educativas, pp.61-70.

Perkins, D. (2002) "Marcos para pensar" en *Revista Alternativas. Serie Espacio Pedagógico,* AñoVII, N° 29, San Luis, Laboratorio de Alternativas Educativas, pp. 111-122.

Schneider, S. (2005) *Las inteligencias múltiples y el desarrollo personal*, Colombia, Cadiex.

Stone Wiske, M. (2006) *Enseñar para la comprensión con nuevas tecnologías*, Buenos Aires, Paidós.

PROPUESTA DE ENSEÑANZA PARA LA COMPRENSIÓN EN LA ASIGNATURA INTRODUCCIÓN A LA ADMINISTRACIÓN

Institución: Facultad de Ingeniería y Ciencias Económico Sociales (FICES). Universidad Nacional de San Luis.
Ciudad, provincia y país: Villa Mercedes, San Luis. Argentina.
Curso: Introducción a la Administración.
Carrera: Licenciatura en Administración.
Autoras: Alicia Pacheco y Alejandra Gil.
Contacto: apacheco@fices.unsl.edu.ar, cagil@fices.unsl.edu.ar

Introducción

El trabajo consiste en una propuesta formulada para comenzar a implementar en nuestras prácticas docentes el marco de la Enseñanza para la Comprensión (EpC) en la asignatura Introducción a la Administración de la Licenciatura en Administración de la Facultad de Ingeniería y Ciencias Económico Sociales, de la Universidad Nacional de San Luis. Asignatura que corresponde al segundo año de la carrera y que se desarrolla en el primer cuatrimestre. Esta propuesta fue formulada en el año 2010 con la intención de comenzar a implementarla el próximo año.

La inquietud por desarrollar nuestras prácticas docentes en el marco de la EpC surge al tomar conocimiento del mismo como alumnas de la Especialización en Educación Superior de la Facultad de Ciencias Humanas e Universidad Nacional de San Luis. El conocimiento del marco de la EpC nos ha permitido reflexionar sobre nuestras prácticas de enseñanza. No hemos encontrado en el mismo ninguna "receta", ni tampoco lo vemos como una herramienta, sino que ha guiado la reflexión para formular nuevas actividades orientadas a la comprensión de los estudiantes.

Somos dos las personas que integran el "equipo docente" de la asignatura, un profesor adjunto y un auxiliar de primera. Como alumnas de la carrera de Especialización en Educación Superior, ambas realizamos el trabajo final del módulo Procesos Didácticos, planteando una programación didáctica para la asignatura, en el marco de la EpC. A partir de esa actividad que implicó un proceso de aprendizaje del marco teórico de la EpC y una reflexión sobre nuestra práctica docente, decidimos modificar la programación didáctica de la asignatura incluyendo actividades que favorezcan la reflexión y la comprensión de la asignatura.

Superamos la concepción acerca de los estudiantes respecto a:
- no quieren leer la bibliografía;
- no comprenden porque no le dedican tiempo al estudio;
- no realizan "lectura comprensiva" de la bibliografía sugerida.

Esto fue posible luego de reconocer que a comprender se aprende "comprendiendo", es decir, realizando diversas actividades que favorezcan la comprensión, y que esas actividades las debe proponer y guiar el docente, y que los alumnos universitarios no necesariamente han adquirido habilidades para la comprensión a pesar de ser sujetos escolarizados. Asumimos que debemos replantear nuestras prácticas y reformular la programación didáctica de la asignatura.

El marco de la EpC nos ha llevado a reflexionar sobre estas tres preguntas básicas:
- ¿Qué queremos que realmente los estudiantes comprendan?
- ¿Cómo sabemos que lo comprenden?
- ¿Cómo saben ellos que lo comprenden?

La indagación sobre estos aspectos nos llevó a:
- recortar contenidos;

- incorporar actividades de lectura y escritura de textos académicos para favorecer la comprensión;
- formular evaluaciones continuas.

Las actividades han sido pensadas especialmente para favorecer la comprensión y el uso flexible del conocimiento. Actividades que consisten en lectura y escritura de textos académicos, exposiciones orales, resoluciones de casos aplicando el marco teórico de la disciplina y en la formulación de una metodología de evaluación continua que permita, tanto al docente como a los estudiantes, reconocer los grados de comprensión logrados.

Reflexionar en el marco de la EpC ayuda a reconocer que la enseñanza como acción intencional no siempre deviene en aprendizaje o comprensión por parte de otro, pero que los docentes podemos y debemos mejorar nuestras prácticas de enseñanza a fin de favorecer procesos de aprendizajes comprensivos. Mejorar nuestras prácticas en el marco de la EpC implica darle al estudiante la posibilidad de pensar y actuar flexiblemente con el conocimiento, ayudarlo a que no solo se apropie del conocimiento que se pretende enseñar, sino que sea capaz de utilizarlo en diferentes situaciones.

Al repensar las prácticas en el marco de la EpC se han evidenciado algunos defectos de la programación didáctica hasta ahora implementada, y uno de ellos, significativo por cierto, ha sido pretender que los estudiantes fuesen autónomos en la construcción del aprendizaje cuando aún no han aprendido a serlo. Nos ha permitido reconocer también que para lograrlo requieren del apoyo sistemático del docente. Decidimos pasar de la queja o la resignación a la acción, reconociendo la importancia de enseñar a leer y escribir textos universitarios (Carlino, 2005), proponiendo una lectura y escritura crítica, "no de sumisión hacia la autoridad del texto, sino como un proceso dialéctico de comprensión, crítica y transformación" (Giroux, Mc Laren, 1998:155), como práctica de la buena enseñanza y enseñanza para la comprensión.

Asumimos que como docentes universitarios debemos dominar el contenido de la disciplina que pretendemos enseñar, es decir: conocer y comprender el proceso de construcción de la disciplina, las articulaciones hacia el interior de la misma y con otras disciplinas. Ser capaces de mostrar, explicar a los estudiantes las estructuras fundamentales de la disciplina que enseñamos y construir representaciones simplificadas de la información básica de la asignatura, señalando relaciones significativas entre los diferentes conceptos, ideas, técnicas que la componen. Pero todo esto no es suficiente, una buena práctica de enseñanza en este ámbito nos exige poseer formación docente. Es necesario entonces el conocimiento didáctico del contenido, elemento central de los saberes del profesor, en tanto es la combinación adecuada entre el conocimiento de la disciplina a enseñar y el conocimiento pedagógico y didáctico referido a cómo enseñarla.

Propuesta elaborada para la asignatura Introducción a la Administración

Se intenta recuperar la disciplina y su objeto de estudio, destacando la construcción socio histórica del campo disciplinar diagramado en una estructura conceptual que facilite la comprensión.

Las actividades formuladas son diversas, mostramos aquí solo aquellas que hacen énfasis en la lectura y la escritura.

Respuesta escrita sobre la bibliografía
- Guías de Lectura
- Elaborar resúmenes sobre lo leído

- Tutorías individuales
- Ponencia escrita y su presentación oral
- Respuesta escrita a preguntas de examen (tanto exámenes parciales como examen final integrador.

El desarrollo de la asignatura se completa con otras actividades como clases expositivas a cargo del docente, análisis y resolución de casos.

Respuesta escrita sobre la bibliografía

El objetivo de esta actividad es que los alumnos realicen una lectura de la bibliografía recomendada previa al desarrollo del tema en clase. Por propia experiencia (como alumna y como docente), por manifestaciones de colegas, por resultados de diferentes investigaciones sabemos de la importancia de "entender de lo que habla el docente" para poder entablar un diálogo promotor de aprendizaje, para poder plantear dudas, para dar sentido y significación al tema desarrollado. A su vez, la respuesta dada por los alumnos me permitirá identificar aquellos temas que presentan dificultades para su comprensión y volver a explicarlos. La actividad consiste en formular dos o tres preguntas sobre la bibliografía de lectura obligatoria para cada tema. Las preguntas estarán dirigidas a indagar los conceptos claves que trate el texto, como así también a contextualizar el texto y el autor, y a relacionar el texto con el programa de la asignatura.

Esta actividad se plantea como obligatoria y los alumnos deben entregar sus respuestas escritas al inicio de la clase. La entrega de las preguntas servirá para computar la asistencia a clase.

Se realizara la devolución en la clase siguiente con las observaciones correspondientes. Se seleccionarán algunas respuestas en cada clase para leer (sin mencionar el autor), remarcando las que están muy bien a modo de ejemplo; indicado las que presentan dificultades con la intención de señalar errores de comprensión, de redacción, coherencia, y volver a explicar el tema.

Guías de Lectura

Esta actividad tiene como objetivos guiar al alumno en el estudio de la bibliografía, orientar el análisis del texto hacia aquellas ideas y conceptos que considero fundamentales. La actividad tendrá destinado un espacio y un tiempo dentro del aula. Se planteará que las mismas sean resueltas en grupo de no más de tres alumnos. Esto debido a que nuestros alumnos tienen una alta carga horaria de clases, y experiencias anteriores han demostrado que les resulta muy dificultoso cumplir con esta actividad. Como el crédito horario de la asignatura está distribuido en dos clases semanales de tres horas, se plantea destinar una clase para la presentación del tema y una clase semanal para trabajar en clase la lectura de la bibliografía y escritura. En el caso de que la guía sea extensa, se seleccionarán algunas preguntas para trabajar en clase. Las actividades propuestas estarán orientadas comparar, sistematizar, descubrir tesis subyacentes, sacar conclusiones, argumentar, etc.

Las respuestas serán puestas en común y debatidas en al aula con la activa participación de los alumnos y el docente con la finalidad de mejorar el trabajo.

Elaborar resúmenes sobre lo leído

Esta actividad tiene como finalidad promover segundas y terceras lecturas que siempre son necesarias para lograr aprendizajes significativos. Es una actividad que se propondrá como optativa. Los resúmenes tendrán una extensión limitada y podrán ser utilizados en el examen final. Se explicitará en un documento que se entregará al inicio del cuatrimestre las características que debe reunir el resumen: extensión breve, jerarquización de conceptos, selección de los más relevantes. Los alumnos deberán recuperar sus conocimientos previos sobre lo que es un resumen, tema que desarrollan en el modulo de ingreso Análisis y Comprensión de textos.

Tutorías individuales

Esta actividad tiene como objetivo identificar el grado de comprensión y aprendizaje que los alumnos van logrando a partir de la lectura y escritura propuestas sobre la bibliografía y retroalimentar lo escrito por ellos. Se propone una reunión personal individual, obligatoria, con una frecuencia mensual con fecha previamente establecida de común acuerdo donde se realizará un análisis entre el docente y el estudiante de algunas de sus producciones. La actividad consiste en leer juntos algunas de las guías de lecturas y resúmenes. El estudiante expone lo que realizó y el docente aprovechará esta instancia para repreguntarle aquellas cuestiones o ideas que no estén expresadas con claridad. Se valora la actividad del estudiante, más allá de la calidad de la misma el cumplimiento de las consignas como así la asistencia a la reunión pactada. De ser necesario se indicarán errores, problemas y se volverán a explicar los temas que no estén comprendidos para, por último, realizar sugerencias para orientar futuras actividades.

Ponencia escrita y su presentación oral

Esta actividad tiene por objetivos fomentar la lectura voluntaria y autónoma de textos y promover la escritura de textos académicos como así también su defensa oral. Se llevarán al aula varios libros y artículos que forman parte de la bibliografía complementaria. Los alumnos elegirán cual leer, relacionándolos con algún tema de la última unidad del programa. La actividad consiste en escribir una ponencia y exponerla oralmente. Es una actividad que se desarrollará en grupo de tres alumnos y dispondrán de seis semanas para su elaboración. La exposición se hará en una clase destinada para tal fin, antes de finalizar el cuatrimestre. Es una actividad evaluativa que reemplaza al segundo parcial. En el tiempo destinado para su elaboración los alumnos se reunirán con el docente en tres ocasiones de acuerdo con un cronograma propuesto, para presentar el plan y trabajar juntos la jerarquización de contenidos, presentar título e idea central y argumentos, y, por último, presentar una versión preliminar de la ponencia completa. En cada reunión recibirán de parte del docente la retroalimentación correspondiente, remarcando lo que esté bien y señalando dificultades.

Al momento de la presentación oral, la actividad será evaluada de acuerdo con criterios explicitados por escrito y entregados con anterioridad.

Respuesta escrita a preguntas de examen (tanto exámenes parciales como examen final integrador)

Es una actividad para acreditar los conocimientos que los alumnos han aprendido, pero por su característica es simultáneamente una actividad de enseñanza y aprendizaje. Es una actividad que se desarrollará en etapas, con la intención de que la evaluación sea un proceso que contribuya al aprendizaje, por eso se prevé la preparación previa, la escritura, la retroalimentación escrita de parte del docente y la posibilidad de reescritura de ser necesario. Esta modalidad se propone para los exámenes parciales y para el examen final escrito integrador. Se distribuirá con suficiente antelación a la fecha del examen un listado amplio de preguntas posibles a realizar durante el examen. Las preguntas permitirán orientar el estudio. También se entregará a los alumnos documentos explicitando los criterios a utilizar en su corrección.

A modo de ejemplo de esta propuesta se formulan una serie de actividades tomando la primera unidad de programa Introducción a la Administración.

INTRODUCCIÓN A LA ADMINISTRACIÓN
Unidad N°1
Temas generativos
1. ¿Qué tipo de conocimiento es la Administración? ¿Cuál es su objeto de estudio y ámbito de aplicación?

Metas de comprensión
- Conocer y comprender la problemática epistemológica y metodológica de la Administración.
- Reconocer el objeto de estudio y ámbito de aplicación de la Administración.

Desempeños de Comprensión

Las actividades que se proponen para esta unidad son las siguientes:
- *Respuesta escrita sobre la bibliografía*
- *Guías de Lectura*
- *Tutorías individuales*
- *Respuesta escrita a preguntas de examen (parciales)*

La dinámica de las de las clases se sintetiza en los siguientes momentos:
- **Presentación** por parte del docente del tema teórico correspondiente, ubicación del tema en el programa de la asignatura, fundamentación. Presentación del autor recomendado como bibliografía para estudiar del tema y explicación de por qué el autor ha sido seleccionado.
- **Recuperación** de los temas tratados en la clase anterior: a) devolución de las respuestas escritas a preguntas sobre la bibliografía. Se observan las que están muy bien, se comentan las que denotan alguna dificultad,

sin dar nombres de sus autores. b) Puesta en común y debate de las guías de lectura que los alumnos deberán resolver al realizar la lectura de la bibliografía recomendada para el estudio del tema. El docente explicará aquellos aspectos que presenten dificultad para su comprensión, realizará observaciones sobre las respuestas que presenten dificultades, remarcará las que estén muy bien, se dará espacio a los alumnos para que formulen sus dudas y realicen consultas, permitiendo a los compañeros responder con la intención de favorecer el aprendizaje colaborativo. Y responderá a las consultas de los alumnos.

- **Desarrollo** por parte del docente del teórico correspondiente integrando los conceptos. Respuesta a consulta de los alumnos respecto a la bibliografía leída para este teórico.
- **Resolución de guías de lecturas** que serán resueltas en dos clases.

Para el desarrollo de esta metodología se requiere de la activa participación de los alumnos

Evaluación Diagnóstica Continua

- Elaboración de respuesta a las preguntas escritas sobre la bibliografía. Las entregarán al inicio de la clase. Recibirán la retroalimentación en la clase siguiente.
- Exposición y puesta en común de las guías de lectura. Se dedicará un tiempo para exponer las respuestas a las guías de lectura. Los alumnos debatirán y enriquecerán las respuestas dadas.
- Asistencia a dos tutorías mensuales obligatorias. Los alumnos, según una planificación previa, deberán a asistir a reuniones de tutorías con el docente donde se canalizarán dudas, se intercambiarán experiencias, se buscará dar soluciones a las dificultades que se presenten para lograr las metas de comprensión

- Evaluaciones teórico prácticas individuales escritas. Se deberán desarrollar evaluaciones escritas, individuales, con contenidos teóricos y prácticos.

Respuesta escrita sobre la bibliografía básica

INTRODUCCIÓN A LA ADMINISTRACIÓN -2010
Profesora: ALICIA PACHECO

Respuesta escrita sobre la Bibliografía básica Unidad N°1
Estimados alumnos, el objetivo de esta actividad es que realicen la lectura de la bibliografía, previo al desarrollo del tema en clase. *Realicen la lectura teniendo en cuenta los temas del programa*
Deberán entregar las respuestas al inicio de la próxima clase. *La entrega de las preguntas servirá para computar la asistencia a clase.*

Bibliografía a leer
CASTELLANO, Nélida "LA ADMINISTRACIÓN COMO CIENCIA Metodología de Investigación Científica Proyecto y Tesis" 2003. Asoc. Coop. de la fac. de Ciencias Económicas de la UNC. Córdoba. Argentina. Capítulo I EL MARCO EPISTEMOLÓGICO DE LA ADMINISTRACIÓN (adjunto fotocopias)

1. Nombre los autores y su correspondiente obra, sobre los que se ha basado la profesora Nélida Castellano para escribir este libro.

2. Que autor cita Nélida Castellano para definir epistemología. ¿de que obra del autor está extraído este concepto?

3. Extraiga el concepto de epistemología dado y explique qué preguntas responde la epistemología

Respuesta escrita sobre la bibliografía básica
Guía de Lectura y escritura

INTRODUCCIÓN A LA ADMINISTRACIÓN -2010
                                   Profesora: ALICIA PACHECO
                         Auxiliar docente: ALEJANDRA GIL

Unidad I

Temas Generativo: ¿Qué tipo de conocimiento es la administración?

Bibliografía para analizar

Castellano, Nélida "La administración como ciencia. Metodología de Investigación Científica Proyecto y Tesis" 2003. Asoc. Coop. de la Fac. de Ciencias Económicas de la UNC. Córdoba. Argentina. Capítulo I EL MARCO EPISTEMOLÓGICO DE LA ADMINISTRACIÓN (*adjunto fotocopias*)

Guía de lectura para el Prefacio y Capítulo 1

1. A partir del cuadro de la página 30 identifique los distintos tipos de conocimiento que plantea el autor y argumente las características de cada uno. Construya ejemplos.

2. ¿Cuál es la hipótesis de Jorge Hermida respecto a qué tipo de conocimiento es la Administración? ¿Con qué otro autor coincide?

3. Según Bernardo Kliksberg, citado en esta obra, ¿cuáles son los cuatro tópicos que presentan problemas para que la Administración alcance su madurez como ciencia? Enumere y explique.

Condiciones de producción de parciales[59]

INTRODUCCIÓN A LA ADMINISTRACIÓN -2010
Profesora: ALICIA PACHECO
Auxiliar docente: ALEJANDRA GIL

Respuesta escrita individual a tres preguntas, similar a las provistas como orientación.
Sin consulta de fuentes (escritas ni orales). Extensión máxima dos carillas. Tiempo estimado dos horas reloj. Se sugiere hacer un borrador antes de escribir el texto definitivo.

Criterios de calificación
1. El texto construido debe mostrar jerarquización de los conceptos, pertinencia en relación con lo que se pregunta y utilizando el vocabulario propio de la disciplina, relevancia, expresar aquello que consideran más importante de acuerdo con la bibliografía estudiada.
2. Texto autónomo, es decir que no requiera de explicaciones adicionales para ser comprendido.
3. Los escritos deberán ser legibles con facilidad (letra clara, prolijidad).

Escala de calificación a utilizar
A: (10, 9, 8) Respuesta bien enfocada. Aborda explícitamente lo que se pide, jerarquizando conceptos. El texto es autónomo y guarda cohesión, coherencia y pertinencia.
B: (7, 6) Responde la pregunta pero no indica claramente jerarquización. La cohesión y coherencia textual es deficiente. El texto es confuso, lo que dificulta su lectura.
C: (5, 4) Responde regularmente a la pregunta, pero de manera incompleta. Texto que no muestra jerarquía entre los conceptos, sin cohesión y coherencia.
D: (debe recuperar) Respuesta desacertada, con errores significativos.

---

[59] Adaptado de Carlino (2005) pp. 133, 134, 135, 136.

Bibliografía

Boix Mansilla, V. y Gardner, H. (1999) "Diferentes disciplinas y diferentes comprensiones" en Seminario *Comprensión y Autogestión en el aula, las organizaciones y las comunidades*, Buenos Aires.

Carlino, P. (2005) *Escribir, leer y aprender en la universidad: una introducción a la alfabetización académica*, Buenos Aires, Fondo de Cultura Económica.

Gardner, H. (1999) "Reflexiones sobre las inteligencias múltiples: Mitos y Mensajes" en Seminario *Comprensión y Autogestión en el aula, las organizaciones y las comunidades*, Buenos Aires.

Perkins, D. y Blythe, T. (1999) "Ante todo la Comprensión" en Seminario *Comprensión y Autogestión en el aula, las organizaciones y las comunidades*, Buenos Aires.

Aprender a investigar en el marco de la enseñanza para la comprensión

Institución: Facultad de Ciencias Humanas. Universidad Nacional de San Luis.
Ciudad, provincia y país: San Luis, San Luis, Argentina
Curso: Seminario.
Carrera: Licenciatura en Fonoaudiología.
Autora: Lilia E. del C. Rossello,
Contacto: lrossello@unsl.edu.ar

Introducción

Como actores directamente involucrados en la educación superior, y ante la necesidad de una revisión y transformación continua de las prácticas docentes, surge esta investigación, a partir de una de las problemáticas relativas a la Educación, la cual se refiere al mejoramiento de los procesos de enseñanza y de aprendizaje tendientes a favorecer y facilitar la comprensión de los alumnos, mediante prácticas educativas fundamentadas teóricamente, desde un lugar diferente al del simple transmisor de conocimientos.

Esta reflexión tuvo como finalidad lograr una adecuada interrelación entre teoría y práctica, fortaleciendo el rol de diseñadores de procesos didácticos, a través de nuevas alternativas pedagógicas, que fundamentalmente promuevan la comprensión y la comunicación de la docencia en este nivel; reconociendo que los efectos, funcionalidad, uso, adaptaciones y recreaciones de estos diseños, una vez que se ejecutan, pasan a ser propiedad de los destinatarios.

Los procesos didácticos son trayectos de formación y enseñanza que constituyen las prácticas docentes, y le imprimen una finalidad. Estos se encuentran insertos en la trama compleja que se desarrolla desde la tríada docente-alumno-conocimiento.

Una pedagogía de la comprensión necesita más que una idea acerca de la naturaleza de la comprensión y su desarrollo. Un marco conceptual debe responder preguntas claves tales como: qué tópicos o temas vale la pena comprender, qué aspectos deben ser comprendidos, cómo podemos promover la comprensión, de qué manera sabemos o nos damos cuenta de lo que comprenden los alumnos, y cómo o de qué manera los estudiantes se dan cuenta que comprenden. Para responder a estos interrogantes se tuvieron en cuenta los elementos que conforman el marco de Enseñanza para la Comprensión: Tópicos Generativos, Metas de Comprensión, Desempeños de Comprensión y Evaluación Diagnóstica Continua. Dentro de este último se destacan las matrices de evaluación con las diferentes dimensiones y niveles (cualidades de la Comprensión), las cuales no habían sido consideradas hasta el momento en las actividades prácticas de la asignatura, ni tampoco contemplado un cúmulo de conocimientos e ideas que contribuyen al buen diseño de las actividades de comprensión y construcción de la matriz o rúbrica para la evaluación continua.

Los elementos mencionados crean una estructura de pensamiento acerca de cómo organizar de manera más completa la práctica de la enseñanza alrededor de nuestros propósitos educativos más importantes. Con el aporte teórico del marco de Enseñanza para la Comprensión, se logró fundamentar, rediseñar, mejorar y evaluar el proceso didáctico implementado en cada uno de los trabajos prácticos de la asignatura Seminario de la Carrera de Licenciatura en Fonoaudiología, Plan de Estudio ordenanza 25/88 CS.

Construcción de la matriz de evaluación para el análisis de los trabajos finales de los alumnos

Para la evaluación de los trabajos finales del Seminario se construyó la Matriz de Evaluación que se incorpora a continuación (Cuadro 1).

Para la elaboración de la misma se tuvo en cuenta, por un lado: las dimensiones de la comprensión y, por el otro, los indicadores que dan cuenta de los diferentes Niveles de comprensión esperados. Solo al efecto de facilitar la lectura se presentan separados por hoja los indicadores esperados para cada uno de los Niveles de comprensión (1.1 Maestría, 1.2 Aprendiz, 1.3 Principiante o Novato, 1.4 Ingenuo o Intuitivo.

Cuadro 1.
Matriz de evaluación de los trabajos finales del seminario
Indicadores del nivel de Maestría

		DESCRIPCIÓN
CONTENIDO	Creencias intuitivas transformadas	Constituye el título la primera muestra de pertinencia del problema seleccionado. La temática escogida es significativa para el avance del conocimiento disciplinar en Fonoaudiología. El tema fue accesible facilitando su desarrollo. Logró determinar correctamente el área temática o territorio de estudio. Es original, creativo. Muestra objetividad, seguridad y honestidad intelectual.
	Redes conceptuales ricas y coherentes	Denota una consulta bibliográfica previa. La bibliografía es suficiente y citada según determinadas normas universales. Las conclusiones y sugerencias son atinentes. Puede moverse con flexibilidad entre otros ejemplos y generalizaciones, dentro de una red conceptual rica y coherente. Cuenta con un marco teórico y conceptual que justifica la investigación.
MÉTODO	Sano escepticismo	El planteamiento del objeto de estudio constituyó un problema de investigación que merecía emprender la actividad. Fue capaz de discernir acerca del tipo de estudio más apropiado.
	Construir conocimiento en el dominio	Elaboró adecuadamente el Plan o Proyecto, teniendo en cuenta los diferentes ítems: título, formulación del problema, objetivos, justificación, marco teórico, metodología, transferencia y bibliografía. Fue capaz de usar métodos aceptables y confiables para concretar y validar su trabajo de Seminario. Logró describir la manera de operacionalizar las variables. Pudo delimitar universo y muestra o unidades de observación. Usó técnicas e instrumentos apropiados para el tipo de estudio. Tuvo en cuenta los recursos humanos y materiales disponibles.
	Convalidar el conocimiento en el dominio	Demostró habilidad para organizar su trabajo, distribuir su tiempo y establecer prioridades.

PROPÓSITO	Conciencia de los objetivos del conocimiento	Los interrogantes que justificaron la realización del presente estudio fueron disparadores que motivaron la actividad científica de la presente investigación. El alumno demuestra capacidad de compromiso, más allá del entorno del aula, lo que indica dominio de su comprensión.
	Múltiples usos del conocimiento y consecuencias	Es consciente de que el conocimiento adquirido se vincula a propósitos, intereses o necesidades. Se advierten posibilidades de transferencia. Son evidentes los aportes brindados a la comunidad científica e interesados en la temática. Son útiles y provechosos los resultados de la Investigación
	Dominio y autonomía	Reconoce la variedad de usos posibles acerca de lo aprendido. Logra independencia en el uso del presente conocimiento.
COMUNICACIÓN	Dominio de los géneros de desempeño	El alumno es capaz de redactar un informe, ensayo, tesis con estilo y modo particular, permitiendo su comprensión. El estilo del escrito definitivo resultó sencillo y directo facilitando una lectura comprensiva. Siguió tentativamente los pasos para concretar el Informe Científico. Su lenguaje fue técnico con estructuras gramaticales correctas. La redacción científica fue llana, precisa y directa.
	Uso efectivo de sistemas de símbolos	La bibliografía fue citada teniendo en cuenta reglas universales para tal fin. El escrito fue redactado en 3° persona. Se tuvieron en cuenta otras normas secundarias como: márgenes, sangrías, separación entre párrafos, entre títulos, uso de comillas, abreviaturas, etc. Uso correcto de citas o referencias. Los párrafos son cortos, con frases breves y concretas. La ortografía y las citas bibliográficas no presentaron inconvenientes.
	Consideración de la audiencia y el contexto.	El alumno es capaz de comunicar públicamente los resultados arribados, teniendo en cuenta el destinatario o comunidad concreta a la cual se dirige, de manera efectiva. Tuvo en cuenta el público o contexto demostrando flexibilidad y adecuación a diferentes audiencias (profesionales, alumnos de la carrera, padres, maestros). En la defensa oral y pública del Seminario, hizo uso de un lenguaje apropiado, coherente, claro, atractivo en su devolución.

Indicadores del nivel de aprendiz

		DESCRIPCIÓN
CONTENIDO	Creencias intuitivas transformadas	Hay riqueza de ideas y manejo de la teoría en la elaboración del marco teórico, pero prevalen algunas creencias intuitivas. El conocimiento teórico está separado del sentido común.
	Redes conceptuales ricas y coherentes	Los ejemplos específicos son usados para generalizar. Poca creatividad. Pueden existir algunas contradicciones.
MÉTODO	Sano escepticismo	Pueden ser autocríticos sobre lo que piensan, saben o leen, en especial en lo referido al método o procedimiento. Cuando hay un método alternativo caen en confrontaciones.
	Construir conocimiento en el dominio	Entienden el valor del método para construir el conocimiento científico pero tienden a usar un solo método.
	Convalidar el conocimiento en el dominio	Saben que es importante convalidar el conocimiento con los valores morales o lo juicios estéticos. Usan mecánicamente métodos y procedimientos de convalidación sin tener en cuenta lo más amplio.
PROPÓSITO	Conciencia de los objetivos del conocimiento	Pueden identificar cuestiones y objetivos esenciales que impulsan la construcción del conocimiento. Reflexionan sobre la importancia de lo que aprenden. Analizan consecuencias lógicas prácticas, sociales y morales de usar el conocimiento apoyando por ejemplo una posición del mundo y generando un cambio no intencional.
	Múltiples usos del conocimiento y consecuencias	Usan lo aprendido para resolver problemas prácticos o generar explicaciones- Usan lo aprendido libremente pero sin considerar los intereses de los demás. Reinterpretan las experiencias cotidianas, por ejemplo, los valores que orientan las decisiones.
	Dominio y autonomía	Perciben como los intereses individuales afectan la forma en que se construye el conocimiento y como se puede desarrollar una posición personal en lo que se aprende, sin tomar un punto de vista alternativo.

COMUNICACIÓN	Dominio de los géneros de desempeño	Buen nivel de comprensión, se mueven con flexibilidad dentro del género. Mantienen las reglas cuando exploran nuevos géneros.
	Uso efectivo de sistemas de símbolos	Buen uso del sistema de símbolos, reconocen más de un sistema y eligen cuál es el más óptimo para lo que tienen en mente.
	Consideración de la audiencia y el contexto.	Se manejan mecánicamente cuando el contexto determina la comunicación. No hay conciencia de las dificultades de la comunicación, solo tiene peso la intención de lograr comunicar algo. Con ayuda toman en cuenta al público, son sensibles a las diferencias de género, intereses, necesidades, nivel de conocimiento, antecedentes culturales.

Indicadores del nivel de principiante o novato

		DESCRIPCIÓN
CONTENIDO	Creencias intuitivas transformadas	Mezclan creencias con conocimiento científico. Domina el pensamiento intuitivo.
	Redes conceptuales ricas y coherentes	Hay conexión simple o frágil entre conceptos o ideas. Con ayuda pueden generalizar.
	Sano escepticismo	Ven la importancia de convalidar el conocimiento pero la validez es externa, como un libro de texto, expertos o docentes.
MÉTODO	Construir conocimiento en el dominio	Reconocen que el método es necesario para construir el conocimiento, pero es mecánico. La justificación se centra en la experiencia inmediata, realizan afirmaciones que no están vinculadas a reglas.
	Convalidar el conocimiento en el dominio	No sienten necesidad de averiguar si sus creencias son correctas.
PROPÓSITO	Conciencia de los objetivos del conocimiento	Saben que hay una guía para la investigación pero no tienen claro que los objetivos se vinculan con el dominio y se hace todo mecánicamente.
	Múltiples usos del conocimiento y consecuencias	El uso del conocimiento está ligado a hacer tareas como escribir un informe o hacer una presentación. Con ayuda pueden ver que tiene relación con la vida cotidiana.
	Dominio y autonomía	Al principio necesitan ayuda para utilizar el conocimiento en situaciones nuevas, pero no pueden poner una posición personal en lo nuevo que están aprendiendo.

COMUNICACIÓN	Dominio de los géneros de desempeño	Se siguen las reglas como pautas e instrucciones. Pueden tener éxito con ayuda. No se presta atención a las formas específicas en las cuales el contexto configura la comunicación. Sienten como falta de atención por parte del público la falla en la comunicación, o como falla técnica.
	Uso efectivo de sistemas de símbolos	El sistema de símbolos les es familiar, usan ejemplos, diseños simples, para trasmitir lo aprendido. Usan términos sin entenderlos.
	Consideración de la audiencia y el contexto.	La comunicación iguala a la trasmisión. Se tiene en cuenta la audiencia pero no se logra salir del egocentrismo.

Indicadores Del Nivel Ingenuo o Intuitivo

		DESCRIPCIÓN
CONTENIDO	Creencias intuitivas transformadas	Faltan conceptos disciplinarios, hay creencias intuitivas, míticas. El conocimiento parece aburrido, no diferenciado.
	Redes conceptuales ricas y coherentes	Los ejemplos y generalizaciones están desconectados. Con ayuda pueden comprender un ejemplo pero sin pasar a puntos de vista más amplios.
	Sano escepticismo	No distinguen el conocimiento. No se cuestionan el mundo. Solo ven lo que captan. No hay necesidad de un método específico.
MÉTODO	Construir conocimiento en el dominio	El único método que puede utilizar es el de ensayo-error. Aceptan las cosas porque es así.
	Convalidar el conocimiento en el dominio	No hay criterio de convalidación, solo mágicos o míticos.
PROPÓSITO	Conciencia de los objetivos del conocimiento	No son conscientes de los objetivos que impulsan la investigación, ni de lo que aprenden. No ven el sentido de desarrollar una posición personal sobre lo que aprenden.
	Múltiples usos del conocimiento y consecuencias	No se plantean un fin más allá de hacer la tarea. No hay relación de lo aprendido con la vida cotidiana.
	Dominio y autonomía	Necesitan apoyo para comprender el uso del conocimiento

COMUNICACIÓN	Dominio de los géneros de desempeño	Los géneros o tipos de desempeño no tienen importancia. No hay reglas específicas.
	Uso efectivo de sistemas de símbolos	El sistema de símbolos se usa sin reflexión, la comunicación es chata y poco clara. No hay intención comunicativa o estética.
	Consideración de la audiencia y el contexto.	La comunicación es egocéntrica. No se tiene en cuenta el público ni el contexto. Hay incomunicación.

La Matriz de Evaluación presentada para cada nivel, con las cuatro dimensiones, fue elaborada en forma conjunta con los alumnos y luego aplicada al análisis de los Trabajos Finales de Seminario en el año 2005.

Los trabajos realizados se identifican del siguiente modo:

Trabajo 1: "Factibilidad de Presencia de Trastornos Vocales en Personas que Padecen Bulimia y/o Anorexia"

Trabajo 2: "Incidencia de Alteraciones Deglutorias en Personas que Padecen Bulimia y/o Anorexia".

Trabajo 3: "Incidencia de las Disfunciones Deglutorias en el Sub- Sistema Fonológico Fonético".

Trabajo 4: "Descripciones de las Causas más frecuentes de Respiración Bucal en Pacientes que asistieron a la Clínica Fonoaudiológica de la U. N. S. L durante el período 2003-2005"

Trabajo 5: "El Impacto de la Atención Temprana Bilingüe (L.S.A/L.O) en Niños Sordos Pre-Locutivos".

A continuación se detallan los logros obtenidos para cada trabajo.

Análisis de los trabajos finales de seminario

Trabajo 1: "Factibilidad de presencia de trastornos vocales en personas que padecen bulimia y/o anorexia".

	DESEMPEÑO ALCANZADO	NIVEL
CONTENIDO	Eligió un nivel exploratorio, realizando un primer acercamiento hacia el tema elegido. La elección del tema estuvo vinculada a un interés real acerca de una problemática actual. Seleccionó antecedentes publicados recientemente sobre la enfermedad que presentan estos pacientes, de autores reconocidos en la temática.	Maestría
	Reconoció la importancia del conocimiento disciplinar y agregó a lo bibliográfico entrevista con profesionales. Las ideas se mostraron organizadas siguiendo un hilo conductor. En las conclusiones realizó interpretaciones coherentes con el marco teórico. El trabajo denotó intención de profundizar nuevos aspectos de la temática sobre las enfermedades de la voz, debido a que desde la disciplina fonoaudiológica los argumentos teóricos son insuficientes, lo que impidió formular redes conceptuales.	Aprendiz
MÉTODO	El diseño fue correcto, siguió los pasos del método científico. La muestra fue intencional y el instrumento confiable y válido. La aplicación fue adecuada e hizo un tratamiento cualitativo de los datos.	Maestría
PROPÓSITO	Mostró un importante compromiso con la tarea de investigación y la realidad, reconociendo la problemática como emergente de un contexto socio histórico actual.	Maestría
COMUNICACIÓN	El informe presentado cumplió con los requisitos formales en cuanto al diseño, usó un lenguaje claro y estilo impersonal. El vocabulario profesional fue usado con flexibilidad, de forma espontánea. La lectura del mismo fue clara, no presentó dificultades para lograr la comunicación. Logró alcanzar una veta crítica y reflexiva sobre la temática.	Maestría.

Trabajo 2: "Incidencia de alteraciones deglutorias en personas que padecen bulimia y/o anorexia"

	DESEMPEÑO ALCANZADO	NIVEL
CONTENIDO	La elección del tema estuvo vinculada a un interés real acerca de una problemática actual. Determinó el área de la temática correctamente y redactó objetivos constituyendo el problema de investigación hacia un punto claro. El marco teórico fue amplio aunque primó lo eminentemente médico con concepciones de autores reconocidos en la temática. Reconoció la importancia del conocimiento disciplinar y agregó a lo bibliográfico entrevistas con profesionales. Las ideas se mostraron organizadas siguiendo un hilo conductor. Los enunciados generales fueron aplicados con precisión en hechos particulares. En las conclusiones realizó interpretaciones coherentes con el marco teórico. El trabajo denotó intención de profundizar nuevos aspectos en la temática sobre las alteraciones deglutorias en estos pacientes, debido a que desde la disciplina fonoaudiológica los argumentos teóricos son insuficientes, impidiendo formular redes conceptuales.	Maestría Aprendiz
MÉTODO	Siguió correctamente los pasos para la elaboración del Informe Científico. Los instrumentos para la recolección de datos fueron los adecuados, recogiendo y presentando la información en forma precisa. Limitó la población y la muestra, y describió correctamente las variables.	Maestría
PROPÓSITO	La motivación e interés hacia la temática fue el punto de partida para la realización del trabajo. Se comprometió con la tarea reconociendo la importancia del avance de la disciplina fonoaudiológica en temas vinculados con la salud de la población.	Maestría
COMUNICACIÓN	El lenguaje fue usado de manera correcta, apropiado para la elaboración de un informe científico. La redacción sencilla facilitó la lectura, en un estilo impersonal y directo. Buen uso de las citas y transcripción de párrafos (cortos), correcta ortografía y presentación. El lenguaje técnico utilizado para la defensa de los resultados arribados, fue efectivo para el contexto, con flexibilizaciones ante la audiencia.	Maestría.

Trabajo 3: "Incidencia de las disfunciones deglutorias en el sub-sistema fonológico fonético"

	DESEMPEÑO ALCANZADO	NIVEL
CONTENIDO	Elaboró un diseño para realizar una investigación descriptiva sobre las causas de la respiración bucal, para ello desarrolló un marco teórico amplio con bibliografía específica. Hizo una correcta selección de material.	Maestría
MÉTODO	Elaboró correctamente su trabajo científico, siguiendo los ítems y eligiendo un nivel de investigación apropiado. Utilizó técnicas e instrumentos adecuados. Demostró habilidad para organizar el tiempo y los recursos.	Maestría
PROPÓSITO	El objetivo de la investigación estuvo más allá de la aprobación de la asignatura, aunque no lo manifiesta en forma expresa. Hizo hincapié en la importancia de la prevención en los trastornos de la respiración, lo que denotó que visualiza la investigación como una herramienta fundamental para la Fonoaudiología como disciplina de la salud. Solo se evidencia posibilidades de transferencia a la comunidad científica fonoaudiológica, sin considerar a otros interesados en la temática (médicos, profesores de Ed. Física, profesionales de la voz, etc.).	Maestría Aprendiz
COMUNICACIÓN	Buen uso del lenguaje técnico y coloquial. Comunican de manera efectiva los resultados obtenidos. La redacción fue de manera impersonal, adecuada, siguiendo un estilo sencillo y directo. La bibliografía fue citada sin tener en cuenta reglas universales para este fin.	Maestría Aprendiz.

Trabajo 4: "Descripciones de las causas más frecuentes de respiración bucal en pacientes que asistieron a la clínica fonoaudiológica de la UNSL durante el período 2003-2005"

	DESEMPEÑO ALCANZADO	NIVEL
CONTENIDO	Para la elaboración del marco teórico, hizo una selección adecuada de bibliografía, conceptos que logró integrar, y aplicar a la descripción del tema. Resumió ideas precisas para definir operacionalmente las variables, enriquecidas con ejemplos específicos del tema. Utilizó información reciente, lo que indica una búsqueda acabada sobre los antecedentes del tema.	Maestría
MÉTODO	El diseño estuvo correctamente elaborado, siguiendo los pasos de la investigación científica. Para recoger los datos eligió un método confiable, ya que trabajó con los legajos de los casos atendidos en la clínica fonoaudiológica, seleccionando aquellos sujetos que presentaban alteraciones en el sistema fonológico-fonético, utilizando un número considerable de casos. Los datos son trabajados en forma cualitativa; desde el punto de vista cuantitativo, solo hizo mención a la frecuencia y porcentaje, sin analizar otras variables estadísticas.	Maestría
PROPÓSITO	Más allá de la intención de cumplir con la aprobación de la asignatura, demostró interés por la temática. Se interesó por la construcción del conocimiento en el área de las patologías rescatando a la investigación como un camino para la compresión y ampliación de la teoría. No resultaron evidentes los aportes viables de transferir a la comunidad científica e interesados en la temática.	Maestría Aprendiz
COMUNICACIÓN	Gracias a la lectura de material específico del tema, utilizó términos técnicos en abundancia, la trasmisión de las ideas fue clara y logró aplicar con precisión los conceptos a la revisión de casos elegidos. La presentación del informe fue adecuada, con uso correcto de citas, referencias, vocabulario y relación entre los textos utilizados. La redacción fue de manera impersonal, adecuada.	Maestría.

Trabajo 5: "El impacto de la atención temprana bilingüe (L.S.A/L.O) en niños sordos pre-locutivos"

	DESEMPEÑO ALCANZADO	NIVEL
CONTENIDO	Demostró manejo de la teoría en la elaboración del marco teórico, pero prevalecieron algunas creencias intuitivas. Poca creatividad.	Aprendiz.
MÉTODO	Realiza pocas críticas, el método es simple, limitado. La muestra estuvo constituida por dos niños sordos, considerados representativos para un acercamiento a la problemática a investigar. Para la recolección de datos construyó una entrevista semi-estructurada para los padres, maestros y profesionales que estuvieron con los sujetos en observación, considerándose incompleta.	Aprendiz.
PROPÓSITO	Identificó objetivos que impulsaron la construcción del conocimiento. Pudo reflexionar sobre la importancia de lo investigado y aprendido. Al principio necesitó ayuda para utilizar el conocimiento en esta nueva situación de aprendizaje.	Aprendiz Novato
COMUNICACIÓN	Logró expresarse en forma comprensiva dentro del lenguaje técnico específico de la disciplina. Hubo flexibilidad en el uso del lenguaje y sus reglas de comunicación. Si bien tuvo en cuenta la audiencia, no logró salir del egocentrismo. Ortografía con errores. La redacción no fue lo suficientemente clara. La cita de bibliografía no fue realizada según reglas universales para este fin. Citas incompletas.	Aprendiz Novato.

A partir de los resultados obtenidos al evaluar cada uno de los trabajos finales mediante la utilización de la Matriz de Evaluación, se consideró interesante visualizar en un cuadro síntesis los logros.

Cuadro 2. Síntesis de los niveles de comprensión alcanzados en cada dimensión

		TRABAJO 1				TRABAJO 2				TRABAJO 3				TRABAJO 4				TRABAJO 5			
		M	A	N	I	M	A	N	I	M	A	N	I	M	A	N	I	M	A	N	I
CONTENIDO	Creencias Intuitivas transformadas	X				X				X				X					X		
	Redes conceptuales		X				X				X				X				X		
MÉTODO	Sano escepticismo	X				X				X				X					X		
	Construir conocimiento en el dominio	X				X				X				X					X		
	Convalidar el conocim. en el dominio	X				X				X				X					X		
PROPÓSITO	Conciencia de los objetos del conocimiento	X				X					X					X			X		
	Múltiples usos del conocimiento y consecuencia	X				X				X				X					X		
	Dominio y autonomía	X				X				X				X						X	
COMUNICACIÓN	Dominio de los géneros de desempeño	X				X				X				X					X		
	Uso efectivo del sistema de símbolos	X				X				X				X					X		
	Consideración de la audiencia y del contexto.	X				X					X					X			X		

M= Maestría, A= Aprendiz, N= Novato, I= Ingenuo

A partir de los datos presentados en el Cuadro 2 se realiza el siguiente análisis.

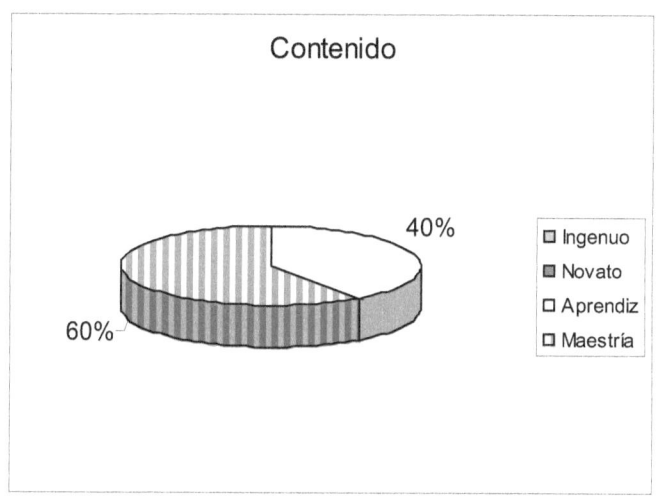

	F	%
Ingenuo	0	0%
Novato	0	0%
Aprendiz	4	40%
Maestría	6	60%
	10	100%

El 60% de los alumnos alcanzó el nivel de maestría en el *plano de los contenidos,* para lo cual se tuvo en cuenta: la pertinencia del título del trabajo; la significatividad de la temática escogida para el avance del conocimiento disciplinar; la elaboración de un marco teórico conceptual que justificase la investigación, determinando correctamente el territorio de estudio, la realización de trabajos originales y creativos que pusieran de manifiesto una exhaustiva consulta bibliográfica previa; objetividad, seguridad y honestidad intelectual; el uso suficiente de bibliografía; elaboración de conclusiones y sugerencias atinentes, llegando a moverse con flexibilidad entre otros ejemplos y generalizaciones, dentro de una red conceptual rica y coherente.

El 40% restante obtuvo el nivel de aprendiz: se observó el manejo de la teoría en la elaboración del marco teórico, pero se separa el conocimiento teórico del sentido común, existían algunas contradicciones y poca creatividad.

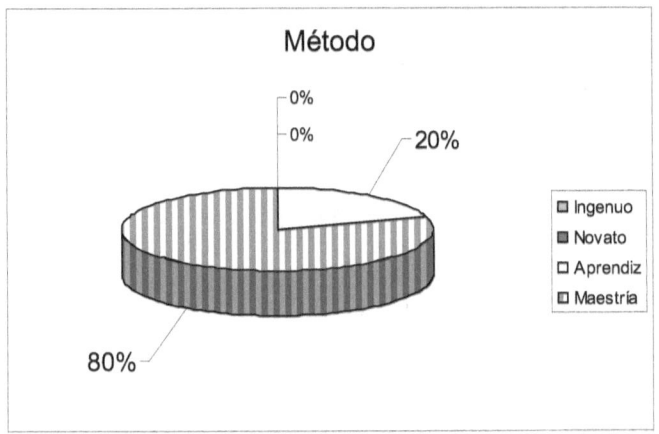

	F	%
Ingenuo	0	0%
Novato	0	0%
Aprendiz	3	20%
Maestría	12	80%
	15	100%

El 80% de los trabajos alcanzaron el máximo nivel de comprensión en lo referente al *plano de la metodología*, mostrando capacidad para usar métodos aceptables y confiables para concretar y validar su trabajo de Seminario; el planteamiento del objeto de estudio constituyó un problema de investigación que merecía emprender la actividad; se elaboraron adecuadamente los planes o proyectos, teniendo en cuenta los diferentes ítems: título, formulación del problema, objetivos, justificación, marco teórico, metodología, transferencia y bibliografía, pudiendo discernir acerca del tipo de estudio más apropiado. Lograron describir la manera de operacionalizar las variables, delimitar universo y muestra o unidades de observación; usar técnicas e instrumentos apropiados para el tipo de estudio, tuvieron en cuenta los recursos humanos y materiales disponibles; demostraron habilidad para organizar su trabajo, distribuir su tiempo y establecer prioridades.

El 20% restante obtuvo el nivel de aprendiz.

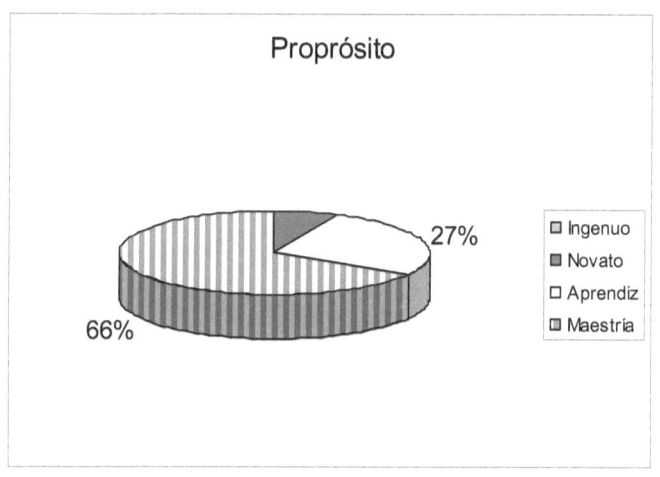

	F	%
Ingenuo	0	0%
Novato	1	7%
Aprendiz	4	27%
Maestría	10	67%
	15	100%

En el *plano del propósito*, un 67% de los trabajos obtuvieron el nivel de maestría. Se consideraron las posibilidades de transferencia, los aportes brindados a la comunidad científica e interesados en la temática, si los resultados de la investigación fueron útiles y provechosos; si los interrogantes que justificaron la realización del presente estudio fueron disparadores que motivaron la actividad realizada, etc. Manifestaron capacidad de compromiso más allá del entorno del aula, lo que indicó dominio de su comprensión y conciencia de que el conocimiento adquirido se vincula a propósitos, intereses o necesidades, reconociendo la variedad de usos posibles acerca de lo aprendido y logrando independencia en el uso del presente conocimiento. El 27% alcanzó un nivel inmediato inferior, correspondiente a aprendiz y solo un 6% fue de novato.

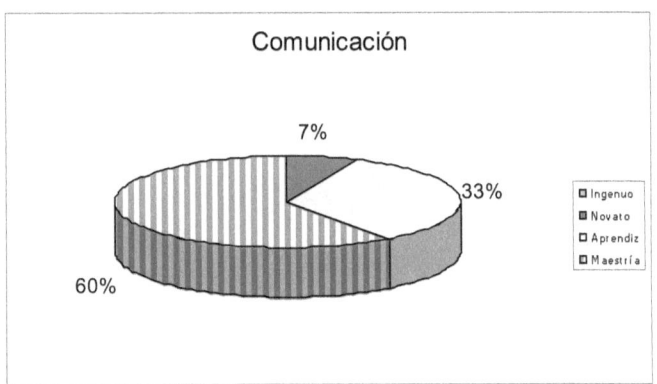

	F	%
Ingenuo	0	0%
Novato	1	7%
Aprendiz	5	33%
Maestría	9	60%
	15	100%

El 60% del total alcanzó el nivel de maestría teniendo en cuenta la defensa oral y pública del Seminario, uso del lenguaje apropiado, coherente, claro, atractivo en su devolución; estilo del escrito definitivo en forma sencilla y directa facilitando una lectura comprensiva; uso correcto de citas o referencias, bibliografía citada según las reglas universales para tal fin; seguir los pasos para concretar el escrito definitivo, redactando el informe en 3º persona o de modo impersonal, permitiendo su comprensión, con un lenguaje técnico y estructuras gramaticales correctas; párrafos cortos con frases breves y concretas; redacción científica llana, precisa y directa, teniendo en cuenta otras normas secundarias como: márgenes, sangrías, separación entre párrafos, entre títulos, uso de comillas, abreviaturas, etc.; buena ortografía, pudiendo el alumno comunicar públicamente los resultados a los que arribó, teniendo en cuenta el destinatario o comunidad concreta a la cual fue dirigida, de manera efectiva, demostrando flexibilidad y adecuación a diferentes audiencias (profesionales, alumnos de la carrera, padres, maestros).

Un 33% alcanzó el nivel de aprendiz y solo un 7% quedó en el nivel de novato.

Bibliografía

Aguerrondo, I.; Pogré, P. y otros (2002) *La Escuela del Futuro*, Buenos Aries, Papers editores.

Giordano, M. F. y Cerizola, N. (2002) "Morderse la Cola como un Perro" en *Revista Alternativas. Serie Espacio Pedagógico*, Año VI, Nº 26, San Luis, Laboratorio de alternativas Educativas.

Perkins, D. y Blythe, T. (1999) *Seminario Comprensión y Autogestión en el Aula. Las Organizaciones y las Comunidades*, Buenos Aires.

Pogré, P. y Lombardi, G. (2004) *Escuelas que enseñan a pensar. Enseñanza para la Comprensión. Un marco teórico para la acción*, Buenos Aries, Papers editores.

Rossello, L. (1990) "Utilidad de la Observación, Entrevista y Cuestionario en la Técnica Seminario". Documento elaborado para la asignatura Seminario de la Lic. en Fonoaudiología.

Rossello, L. E. del C. (1991) "El Informe Científico", Documento elaborado para la asignatura Seminario de la Lic. en Fonoaudiología.

Rossello, L. E. del C. (1991) "Fuentes del Conocimiento", Documento elaborado para la asignatura Seminario de la Lic. en Fonoaudiología.

Rossello, L. E. del C. (1993) "Técnica de Trabajo en Grupo", Documento elaborado para la asignatura Seminario de la Lic. en Fonoaudiología.

Rossello, L. E. del C. (1993) "Citas", Documento elaborado para la asignatura Seminario de la Lic. en Fonoaudiología.

Rossello, L. E. del C. (1997) "La Observación", Documento elaborado para la asignatura Seminario de la Lic. en Fonoaudiología.

Rossello, L. E. del C. (1996) "Tipos de Trabajos Científicos" Documento elaborado para la asignatura Seminario de la Lic. en Fonoaudiología.

Rossello, L. E. del C. (1998) "Partes que componen un Libro", Documento elaborado para la asignatura Seminario de la Lic. en Fonoaudiología.

Rossello, L. E. del C. (2002) "Errores Metodológicos de Frecuencia en Trabajos Científicos" Documento elaborado para la asignatura Seminario de la Lic. en Fonoaudiología.

Rossello, L. E. del C. (2004) "Guía para la elaboración del diseño o plan de tesis". Documento elaborado para la asignatura Seminario de la Lic. en Fonoaudiología.

Scheneider, S. (2005) *Las inteligencias múltiples y el desarrollo personal,* Colombia, Círculo Latino Austral.
Stone Wiske, M. (1999) (comp.) *La Enseñanza para la Comprensión. Vinculación entre la investigación y la práctica,* Buenos Aires, Paidós.

PARTE III.
OTROS ÁMBITOS DE APLICACIÓN DE LA EpC

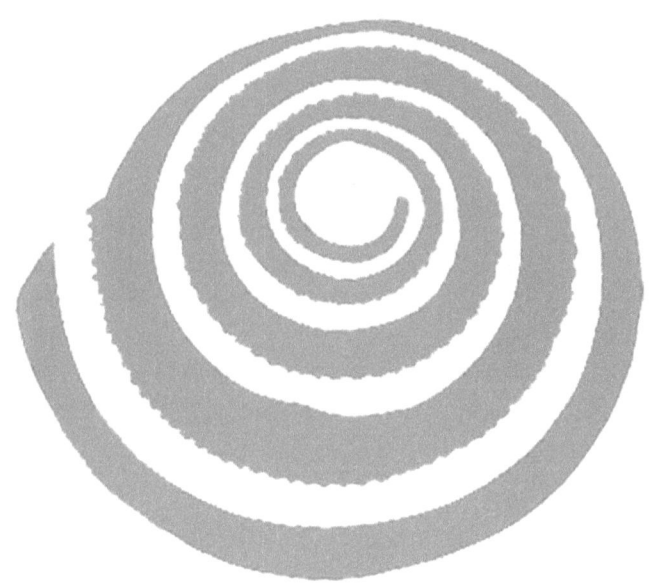

Aprendizaje de las consonantes del sistema fonético-fonológico inglés a través del marco de enseñanza para la comprensión: una propuesta de capacitación

Institución: Instituto de Formación Docente Continua- San Luis (IFDC - SL).
Ciudad, provincia y país: San Luis, San Luis, Argentina
Autora: María C. Arellano Lucas
Contacto: ceciliasoule@yahoo.com.ar

Introducción

A través del análisis de los datos suministrados por la Junta de Clasificación provincial y por la investigación "La Enseñanza del inglés como Lengua Extranjera en los niveles EGB3 y Polimodal en las escuelas de la Región 1 de la Provincia de San Luis. Análisis de situación y Propuesta Pedagógica", el problema que se detecta como acuciante desde el Departamento de Inglés del Instituto de Formación Docente Continua SL es la escasa o deficitaria formación tanto en las competencias lingüísticas como metodológicas y disciplinares de los docentes de Inglés del sistema educativo que inciden en la enseñanza y el aprendizaje de los contenidos mínimos de Lengua Extranjera propuestos para EGB 3 y Polimodal.

La provincia de San Luis cuenta en la actualidad en su sistema educativo con un 78% de docentes del área inglés que no tienen título de profesor de inglés. Los docentes que en este momento se desempeñan en el sistema con títulos habilitantes o supletorios en general están motivados y se dedican con entusiasmo a su tarea, pero no poseen una formación adecuada que sustente su práctica. En muchos casos es notable el bajo nivel de competencia lingüística y metodológica de estos docentes, lo que obviamente repercute en la calidad de su enseñanza y en los procesos de apropiación de los alumnos.

Mejorar la calidad educativa en el área de inglés es un proceso que llevará su tiempo. Asumiendo que los docentes que están en ejercicio continuarán en el sistema, se pretende actualizar sus saberes disciplinares y metodológicos mediante propuestas de capacitación continua.

Es en el marco de la Carrera de Especialización y Maestría en Enseñanza Superior de la Facultad de Ciencias Humanas de la UNSL que, como trabajo final en el año 2003, se propuso generar un proyecto que diseñase un ámbito de reflexión y actualización que permitiese a los docentes del sistema educativo provincial resignificar y mejorar su propia práctica, desarrollando conocimientos, competencias y actitudes que los posicionasen críticamente ante su profesión para así mejorar la calidad de la enseñanza y, consecuentemente, la del aprendizaje.

La Fonética y la Fonología son ciencias lingüísticas que analizan la sustancia fónica y su selección y organización, de acuerdo con ciertos patrones en cada idioma en el discurso oral. Según Dalton, C. y Seidlhoffer, J. "El primer y principal punto sobre el que se debe acordar es que es una ventaja, más bien un requerimiento imprescindible, que los docentes de idioma conozcan "*sobre*" el mismo. La proficiencia práctica no es suficiente; si lo fuese, cualquier persona capaz de hablar un idioma estaría calificada para enseñarlo. Pero la competencia pedagógica no necesariamente deviene de la competencia lingüística, ya que esta involucra la habilidad de identificar aspectos específicos del lenguaje, seleccionarlos y combinarlos de modo tal que el aprendizaje sea efectivo."[60] Adoptando esta postura es

---

[60] Dalton, C. y Seidlhoffer, J. (1994) *Pronunciation*, Cambridge, Oxford University Press, p. 45.

que se consideró fundamental proporcionar a los docentes no titulados del sistema educativo provincial algunos principios disciplinares de Fonética y Fonología Inglesa, una de las ciencias que contribuye a la comprensión y uso del sistema lingüístico del inglés.

Objetivo general del proyecto

Implementar una propuesta pedagógica enmarcada en la Enseñanza para la Comprensión para optimizar los procesos de "desempeño flexible" (Comprensión) de las consonantes del inglés británico *standard* que resultan especialmente difíciles para los hablantes del español argentino atendiendo los conceptos disciplinares de modo y punto de articulación y la asociación con la ortografía.

Objetivos específicos del proyecto

- Promover, orientar y evaluar el avance progresivo del desempeño de los educandos hacia el logro de metas de comprensión y al uso reflexivo y creativo de los conceptos, teorías y procedimientos disponibles en el dominio.
- Analizar, reflexionar, adquirir y automatizar los fonemas propios del idioma Inglés, desarrollando habilidades de reconocimiento e identificación auditiva y lectora, así como las de producción oral y escrita de los acentos *standard* elegidos (RP o GA) a través de la comprensión y resignificación de los fundamentos teóricos que subyacen a la práctica propia de este campo disciplinar para, de este modo, lograr un desempeño apropiado y eficaz en situaciones comunicativas concretas.

- Emplear reflexivamente los modelos de indagación propios de la fonética y fonología, progresando desde un enfoque intuitivo hacia uno analítico que apoye la comprensión disciplinaria.
- Desarrollar estrategias para ser capaz de diagnosticar, monitorear y solucionar problemas de pronunciación propios o de pares, logrando mayor autonomía y capacidad de reflexión sobre los procesos de aprendizaje de una lengua.

Propuesta para el taller de capacitación a docentes bajo el marco de enseñanza para la comprensión

Para este proyecto se selecciona como dinámica de trabajo el "taller". El mismo propone crear un espacio para la interacción, el enriquecimiento mutuo y permanente dentro del ámbito áulico, valorando los aportes y contribuciones de todos y cada uno de los participantes. El objetivo de esta forma pedagógica es lograr la integración de teoría y práctica a partir de una instancia que relacione al alumno con su campo de acción y lo haga conocer su realidad objetiva. Este recurso también permite la integración de los conceptos y su aplicación, la crítica y la expresión, procurando fortalecer las potencias creadoras y la espontaneidad. Con este tipo de metodología se apunta a:
- integrar la reflexión y la acción.
- desarrollar la capacidad de análisis, creatividad y crítica de la realidad.
- afianzar conductas participativas y de comunicación.

Este es, entonces, un proceso sistémico, integrado, fundamentado y participativo, eminentemente valorativo y con matices personales.

Los principales temas relacionados con la pronunciación que el docente de inglés analiza en su formación son los rasgos segmentales (fonemas y alófonos vocálicos y consonantales), suprasegmentales (acentuación, entonación y ritmo) y paralingüísticos, tratando de describir y clasificar las características específicas del sistema de sonidos inglés en permanente comparación con el castellano. En este taller se desarrolla el tema de las consonantes del inglés. Para así hacerlo, se toman como punto de referencia los análisis *cross*-lingüísticos de la fonología comparada que determinan los principales problemas relacionados con la lengua madre de los alumnos. Al tratarse de docentes, se enfatiza el análisis lingüístico de estos fonemas segmentales. Es decir que se examina en detalle el proceso de articulación y los órganos fonadores, el alfabeto fonético internacional, la clasificación y descripción articulatoria de cada sonido considerando punto y modo más vibración de las cuerdas vocales y las reglas generales de asociación con la ortografía. Del mismo modo, se realizan todas las actividades prácticas posibles para asegurar el desarrollo de las habilidades específicas de producción oral y escrita y de reconocimiento auditivo, necesarias para la adquisición y uso comunicativo de los fonemas mencionados. Ya que este taller está dirigido a docentes no titulados en ejercicio y atendiendo a su desempeño profesional, se apunta no solo a la mejora de su performance personal sino también a la adquisición de conocimientos y destrezas propias de la fonética y a desarrollar un buen modelo para que puedan influir positivamente sobre sus alumnos.

Según Gimson (1962) "Lo que está claro es que, al enseñar pronunciación, estamos preocupados principalmente por desarrollar habilidades motoras y auditivas más que por inculcar el tipo de agilidad lógica tal como la requerida para el aprendizaje de la gramática, por ejemplo."

Al tratarse de docentes, en este caso, no es suficiente que logren una buena pronunciación (lo cual podría alcanzarse solo a través de la modelización e imitación propuesta por los enfoques metodológicos tradicionales), sino que deben ir "más allá" del aprendizaje y/o adquisición de los rasgos fonético-fonológicos típicos de la lengua extranjera y llegar a comprender realmente los contenidos y significado profundo de esta disciplina. Hoy, al reflexionar a la luz del marco teórico de la Enseñanza para la Comprensión, ese "más allá "adquiere un verdadero sentido. Entendiendo a la comprensión, según Perkins (1999), como la habilidad de pensar y actuar con flexibilidad a partir de lo que uno sabe, como un desempeño flexible relacionado con otros conocimientos y capacidades ya aprendidos. Cuando uno aprende una lengua extranjera espera automatizar los conocimientos *de* y *sobre* la lengua para poder emplearlos espontánea y efectivamente en situaciones comunicativas concretas. Siempre se pretende transferir y adaptar apropiadamente el conocimiento del sistema lingüístico a producciones, escritas u orales, para desenvolverse con flexibilidad. La pronunciación es uno de los elementos cruciales de la lengua que debe adquirirse y, como suele resultar muy difícil y hasta frustrante, este marco de enseñanza permitirá no solo un mayor entendimiento y comprensión del significado y la relevancia de los contenidos, sino también un desarrollo óptimo de los procedimientos y habilidades requeridas para la articulación apropiada del inglés. Entonces, se puede definir a la "comprensión" en el contexto específico de la enseñanza de la fonética y fonología inglesa a docentes de LE, de acuerdo con una visión denominada "*perspectiva de desempeño*", como la habilidad de pensar y actuar con flexibilidad con lo que uno sabe (saberes disciplinares) + la adquisición/automatización de la producción apropiada de sonidos (habilidades psicomotrices). La comprensión, entonces, incumbe la

ENSEÑAR PARA COMPRENDER

capacidad de hacer con un tópico o concepto una variedad de actividades tales como explicar, presentar analogías, demostrar y dar ejemplos, generalizar, etc. que van más allá del conocimiento o de las habilidades y estrategias.

Atendiendo a los elementos constitutivos del marco de Enseñanza para la Comprensión, esta es la propuesta para el taller:

Los *hilos conductores* son el conjunto articulado de contenidos claves que se desean enseñar. Guían la tarea tanto del profesor como de los alumnos y están íntimamente ligados con los objetivos que se persiguen en el curso. Las metas abarcadoras son:

¿Cómo se han desarrollado la fonética y la fonología históricamente en las ciencias lingüísticas?

¿Cuál es la importancia de articular correctamente? ¿Cuáles son los órganos fonadores y cómo funcionan en el proceso de producción de sonidos?

¿Qué es un fonema? ¿Cuáles son los fonemas consonánticos del inglés?

¿Cómo se articulan? ¿Cómo se reconocen y discriminan auditivamente?

¿Cómo se simbolizan según las convenciones internacionales de la disciplina? ¿Cómo se clasifican y describen las consonantes? ¿En qué se asemejan o diferencian del castellano? ¿Cómo pueden describirse para comprenderlas y automonitorearse o diagnosticar errores de producción?

¿Qué relaciones pueden establecerse entre los sistemas fonológico y ortográfico?

¿Cuál es el uso y función de los fonemas en el discurso oral? ¿Qué problemas comunicativos puede ocasionar su articulación inapropiada?

¿Qué estrategias, habilidades y procedimientos se ponen en juego para lograr tal adquisición y/o aprendizaje?

¿Cómo se relaciona con mi personalidad e idiosincrasia? ¿Cómo la aprendo yo mejor?

Los *tópicos generativos* se relacionan con la selección de contenidos a ser enseñados. Rescatan los conceptos, ideas, tópicos que resultan imprescindibles para abordar un campo del saber. Son puntos centrales o núcleos sistémicos de los cuales parten múltiples líneas de comprensión y a partir de los cuales se pueden realizar numerosas y ricas conexiones interdisciplinares, multidisciplinares y con la realidad. Permiten construir redes de significados y encontrar "diversas puertas" por las que acceder al conocimiento dependiendo de las combinaciones de inteligencia y capacidades personales de los educandos. Deben ser lo suficientemente desafiantes e interesantes para el alumno como para que se sienta motivado e incentivado en la búsqueda de conocimiento, y apropiadamente graduados como para que puedan relacionarlos y resignificarlos en sus estructuras mentales con los conocimientos previos oportunamente adquiridos. Los tópicos de este taller son:
- Fonética y Fonología: definición y desarrollo histórico.
- El habla: su aspecto fisiológico y mecanismo. Órganos de fonación.
- Alfabeto Fonético Internacional: descripción y clasificación de sonidos. Comparación con el castellano.
- El valor de la articulación correcta de los fonemas. Relación con la inteligibilidad comunicativa. Importancia para el proceso de comunicación, implicancias y valorización social, etc.
- Relación entre fonemas y el sistema ortográfico.

Las *metas de comprensión* se refieren a aquellos contenidos (conceptuales, procedimentales o actitudinales) que pretendemos que nuestros alumnos alcancen. Orientan el proceso de enseñanza-aprendizaje y están íntimamente ligadas y articuladas con los otros elementos del proceso didáctico. Deben estar fundamentalmente relacionadas con los supuestos epistemológicos propios de la disciplina

y deben hacerse públicas y explícitas para que los alumnos las compartan. Estas metas de comprensión están también ligadas a las habilidades o estrategias básicas requeridas:
- Promover, orientar y evaluar el avance progresivo del desempeño de los educandos hacia el logro de metas de comprensión y al uso reflexivo y creativo de los conceptos, teorías y procedimientos disponibles en el dominio.
- Identificar cómo transfieren los conocimientos disciplinares aprendidos a la resolución de problemas vinculados con el aprendizaje del idioma y, en particular, lo que atañe a la pronunciación.
- Analizar, reflexionar, adquirir y automatizar los fonemas propios del idioma inglés, desarrollando habilidades de reconocimiento e identificación auditiva y lectora así como las de producción oral y escrita de los acentos *standard* elegidos (RP o GA) a través de la comprensión y resignificación de los fundamentos teóricos que subyacen a la práctica propia de este campo disciplinar para, de este modo, lograr un desempeño apropiado y eficaz en situaciones comunicativas concretas.
- Examinar contrastivamente los sistemas fonético-fonológicos de la lengua materna y la extranjera con el fin de realizar abducciones, analogías, inducciones y deducciones que desarrollen la comprensión y faciliten los procesos de apropiación y resignificación del conocimiento del sistema fonético-fonológico del inglés.
- Adquirir y emplear creativa y apropiadamente el alfabeto fonético a través de transcripciones para hacer uso efectivo y consciente de la pronunciación.
- Desarrollar estrategias para ser capaz de detectar, diagnosticar, monitorear y solucionar problemas de pronunciación propios o de pares, logrando mayor autonomía y capacidad de reflexión sobre los procesos de aprendizaje de una lengua.

Los *desempeños de comprensión* son las actividades que los alumnos realizan para adquirir, practicar y consolidar los conocimientos. A través de las mismas los alumnos reconfiguran, expanden y aplican los nuevos aprendizajes conectándolos con los que ya poseían. De este modo reorganizan su estructura conceptual y resignifican el bagaje previo de conocimientos y habilidades al lograr nuevas síntesis articuladas e integradoras y al poder transferir los desempeños a situaciones novedosas y reales. Destaco aquí algunos desempeños de comprensión que me parecen válidos. Sin embargo, cabe destacar que esta es una disciplina que requiere de mucha práctica y vasta exposición al discurso auténtico y pedagógico, por ende estas actividades pueden resultar pocas para lograr las metas que se persiguen. Solo representan algunas posibilidades.

Reconocimiento y discriminación auditivos:

- El docente lee "*pares de palabras que se diferencian en un fonema*" (Minimal Pairs: /sip / zip) y los alumnos tienen que identificar cuál es el sonido.
- El docente lee una palabra de los pares de palabras que se diferencian en un fonema y los alumnos tienen que identificar cuál fue pronunciada.
- El docente lee una palabra de los pares de palabras que se diferencian en un fonema cometiendo un error de articulación y los alumnos tienen que identificar cuál es.
- El docente lee una palabra que tiene un símbolo al lado y los alumnos tienen que decir si es verdadero o falso de acuerdo con lo que pronuncia el profesor.
- El docente lee una oración que contiene dos palabras apropiadas pronunciando solo una palabra y los alumnos deben determinar cuál es.

- Se dan palabras transcriptas y los alumnos deben identificar en qué orden se pronuncian.
- Se leen palabras y los alumnos deben determinar si se articularon en inglés o en castellano.
- Los alumnos escuchan una palabra y describen los procesos de articulación involucrados.
- Se dictan palabras y los alumnos deben encolumnarlas según los sonidos que escuchen.
- Dictado: es la estrategia más utilizada. Se comienza dictando palabras para ser escritas con el alfabeto romano y luego con los símbolos fonéticos. Después se procede a dictar oraciones y textos completos de complejidad creciente.
- Bingo.
- Se escuchan diálogos grabados y los alumnos deben ir transcribiendo las frases.
- Se escuchan conversaciones grabadas y los alumnos responden preguntas específicas en las que tengan que reconocer cuales fueron los fonemas pronunciados para poder comunicarse. Por ejemplo: "*Where did he put the milk?*"(¿Dónde puso la leche?) "*In the pot, not in the port*" (En el pote no en el puerto).
- Se ve un video en inglés y los alumnos deben completar oraciones, clasificar palabras, enumerar oraciones en orden de aparición, etc.
- Corrección de pares: esta técnica en la que un alumno lee y el otro debe detectar los errores. Es fundamental, ya que requiere de un alto entrenamiento auditivo además de la aplicación directa de la teoría de articulación a la práctica. Es, por otro lado, especialmente necesaria atendiendo al rol docente de los alumnos.

Producción oral:

- Se escuchan y repiten palabras en inglés. El docente exagera los sonidos para que se pueda visualizar la articulación.
- Los alumnos leen usando espejos para corroborar la articulación apropiada.
- Los alumnos deben producir un sonido y asociarlo con uno de los diagramas analizados para representar el punto y modo de articulación.
- Los alumnos producen cada sonido tocándose la laringe para verificar si se trata de consonantes con o sin voz (Si vibran, tienen voz y no se requiere de tanto esfuerzo respiratorio y muscular) Proceden a clasificar los sonidos en un cuadro.
- Los alumnos articulan un sonido sin pronunciarlo y los compañeros deben descubrir de cuál se trata.
- Se comienza con la articulación de fonemas, luego se los practica en palabras (básicamente a través de la modelización) y progresivamente se introduce la lectura de oraciones significativas preparadas pedagógicamente. Es esencial la práctica intensiva y corrección en este nivel.
- Se leen trabalenguas y poemas en una competencia.

Se comienza con la producción espontánea y actividades más comunicativas, siempre con palabras que contengan los sonidos estudiados:

- Se preparan role-plays o dramatizaciones con distintos tópicos, luego de haber leído y transcripto algún texto sobre el mismo.
- Rompecabezas: se le da a cada alumno del grupo de cuatro personas una descripción del personaje y los alumnos tienen que producir una conversación, cumpliendo con lo estipulado para su rol.

- Se prepara un árbol genealógico con nombres propios que contengan un sonido a practicar y se les pide a los alumnos que narren una anécdota sobre los personajes.
- Se presentan imágenes en una filmina y los alumnos deben describirlas y luego ordenarlas y narrar la historia.
- Historia en cadena: se solicitan palabras con los sonidos practicados y un alumno comienza formulando una oración con una de ellas. El alumno que sigue debe continuar la narración, comenzando con el sonido de la última palabra que pronunció el compañero y así sucesivamente.
- Se presentan dos imágenes similares pero con pequeñas diferencias y los alumnos deben describir comparativamente las mismas.
- Se dan tópicos a cada alumno y se organiza una rueda de discusión. En cinco minutos exactos, ni uno más ni uno menos, cada alumno expone su tema y luego se realiza el intercambio de opiniones.
- Se organiza un debate en el que la clase se divide en dos y deben defender una postura determinada. El que más argumentos lugre sostener, gana.
- Se divide la clase en grupos. Cada uno tiene un entrevistador y tres entrevistados famosos. Se hacen y responden preguntas varias.
- El utilizar técnicas teatrales en el aula resulta muy productivo. Los alumnos preparan a lo largo de dos o tres clases una escena de una película. Primero deben decodificar el diálogo y transcribirlo, y luego realizan la "puesta en escena" en clase. Esta actividad les resulta desafiante y no solo practican los sonidos sino también, aunque intuitivamente, los patrones de acentuación y entonación, los rasgos paralingüísticos y el lenguaje corporal.

Teoría

- Se comienza por pedir a los alumnos que definan "lenguaje". Tomando los aportes de los alumnos, se comienzan a desarrollar las propiedades inherentes de la lengua (el lenguaje como sistema compuesto por subsistemas, su dinamismo, complejidad, variabilidad, relación con el contexto, etc.) La docente hace referencia al desarrollo histórico de la disciplina en esta área temática, haciendo referencia al campo investigativo. Luego se procede a preguntar a los alumnos cómo creen ellos que se aprende o enseña pronunciación. Considerando lo que los alumnos dicen, se exponen las diferentes corrientes didáctico-metodológicas por las que ha atravesado la enseñanza de la fonética. Se discute sobre si es posible adquirirla o aprenderla y cuál sería el mejor modo de hacerlo. Se provee información breve sobre diversas actividades y formas de hacerlo. Este tipo de actividad metacomprensiva los beneficia, considerando su perfil profesional.
- Se procede a describir y explicar los órganos fonadores. Es esencial el uso de diagramas y gráficos para que puedan visualizar el proceso.
- Se muestran los símbolos que representan a cada fonema y luego se los clasifica y describe de acuerdo con el punto y modo de articulación. Nuevamente se utilizan diagramas de la posición de los articuladores (lengua, dientes, labios y paladar) para poder comprender mejor el procedimiento. Siempre se practica detalladamente la articulación correcta a través de la modelización. Luego se les pide a los alumnos que provean ejemplos para cada sonido. La forma de significar esta teoría es a través de solicitarles a los alumnos continuamente que describan sonidos, o bien corrigiéndolos y dándoles este tipo de *feedback* cuando pronuncian mal, para

así poder darse cuenta de que estos conceptos son necesarios para la práctica. Además, deben emplear la terminología específica y apropiada.
- Para explicar la relación entre la ortografía y la pronunciación se emplean distintos tipos de inferencias:
  - *Analogía:* cuando los sonidos y las letras del alfabeto romano coinciden: p se pronuncia / p / y al t / t /, ej. *Pot*
  - *Inducción:* brindando varios ejemplos de palabras que contengan un sonido aunque la ortografía sea diferente: *tea- see- Pete-* se pronuncian con la vocal / i /.
  - *Deducción:* se dan las reglas para que los alumnos las apliquen. Ej. Cuando tenga una "a" ortográficamente antes de una "n", "m", o "s", la vocal será larga y pronunciada con la parte posterior de la cavidad bucal: / a / ej. *class, can't*, etc.
  - *Abducción:* Se le da una serie de palabras en las que puedan aplicar las reglas que ya conocen, y los alumnos deben encerrar en un círculo las palabras que contengan un determinado fonema, identificando los rasgos propios de un caso como constituido por la misma esencia que caracteriza al todo.

Cabe destacar que al pronunciar o realizar una transcripción la asociación debe realizarse de modo automático, por ende se la practica en cada uno de los desempeños mencionados.

Creo que estos aportes teóricos son relevantes en cuanto sean significativos para los alumnos y les ayuden a desarrollar procesos cognitivos superiores. Comenzamos con la identificación, selección y organización de conceptos para luego continuar con el empleo de los mismos, las ejemplificaciones, las explicaciones, las inferencias, etc. hasta arribar a la resolución de problemas.

Producción escrita

Esta habilidad se desarrolla con el objetivo de que los alumnos visualicen la pronunciación correcta. Esto se logra a través del uso del alfabeto fonético-fonológico y es un medio de separar la percepción auditiva de los alumnos de la representación ortográfica. Es una de las estrategias que más dificultad causa a los alumnos ya que es bastante abstracta y sienten que deben "aprender a hablar y escribir" de nuevo con un sistema simbólico desconocido hasta el momento.

- Se presenta una transcripción en filmina y los alumnos deben leerla. Este desempeño sirve para asociar los fonemas con los símbolos.
- Se dan palabras para que los alumnos busquen en el diccionario.
- Se lee un texto y se presenta la transcripción. Los alumnos deben corregir los errores de pronunciación del profesor de acuerdo con los símbolos.
- Se presenta una palabra transcripta y los alumnos deben buscar homófonos (palabras que se pronuncian igual aunque tengan distinto significado y representación gráfica: *meat-meet* /mit/) Luego se clasifican las palabras en grupos.
- Se dan los homófonos y se los debe encolumnar según la transcripción.
- Se dan palabras y los alumnos deben buscar las pronunciaciones alternativas o posibles en el diccionario.
- Se trabaja con cuadros clasificatorios de símbolos según los patrones fonéticos u ortográficos. Se reconocen los sonidos y se los agrupa de acuerdo con el punto y modo de articulación.
- La ejercitación básica consiste en la progresiva transcripción de palabras, frases, oraciones o conversaciones, con y sin ayuda del diccionario.

Integradores

Se les solicita a los alumnos que lleven a cabo un proyecto. Deberán seleccionar un texto de nivel avanzado que contenga no solo usos generales o neutros de tonos, sino también casos de énfasis o contraste. En el texto marcarán acentuación y entonación, dividiéndolo en unidades tonales. También deberán grabar dicha conversación (duración: 5 minutos) y elegir 20 enunciados representativos de los patrones entonacionales y explicarlos.

Como se pude apreciar, se emplean actividades controladas y más libres, que apuntan al desarrollo de las habilidades de escucha, habla y notación gráfica, siempre complementando la práctica de las competencias comunicativa y lingüística. Se trata de proveer actividades variadas que motiven a los alumnos y les permitan emplear algunas de sus múltiples inteligencias. La mayoría de las mismas pretenden promover el aprendizaje colaborativo y establecer relaciones interdisciplinares.

Reflexiones sobre la evaluación

Evaluar es un término polivalente cargado de múltiples connotaciones y diversos sentidos y significados. La evaluación en el aula es una actividad, ya sea formal e informal, que ocupa un alto porcentaje del tiempo disponible. Generalmente, es sobresimplificada y se realiza sin la suficiente reflexión por parte de los docentes, quienes la consideran un elemento fosilizado, rutinizado y ritualizado. Hoy, y mirándola desde una perspectiva crítica, podemos definirla de un modo totalmente distinto; para así, resignificarla. Asumiendo la realidad como compleja, dinámica, incierta y cambiante, y a la educación como una práctica social que refleja esta misma realidad, consideraremos a la evaluación educativa como un fenómeno intrínseco e inherente al proceso de enseñanza y aprendizaje, de carácter multidimensional, multifacético y multidireccional, capaz de ejercer múltiples funciones y condicionada por múltiples atravesamientos (personales, sociales, institucionales, axiológicos, ideológicos, psicológicos, etc.) que la configuran y a los que configura en un proceso dialéctico.

Pero, ¿por qué evaluar? La función básica sería para recabar información, para descubrir datos e indicios de lo que está ocurriendo en el proceso de enseñanza-aprendizaje. Eisner Elliot sostiene que "evaluar es ayudar al otro, con menor formación en lo que está haciendo, a que vea lo que de otro modo quedaría oculto". La información relevada no solo le permite al alumno comprender lo que aprende y cómo lo hace, progresando hacia el autoaprendizaje y sirviendo de guía y facilitador, sino que también permite al docente comprobar las estrategias didácticas y su efectividad.

Pero ¿cómo evaluar? Los métodos y técnicas de evaluación mejoran su potencial educador, en tanto nos permitan conocer la manera en que los alumnos han realizado el aprendizaje y el grado de apropiación que los estudiantes han logrado de un conocimiento que se considera importante y digno de ser conocido. La evaluación debe ser realizada, según Celman, S. (1998), mediante la construcción de instancias capaces de "evidenciar los procesos de sistematización de información, indagación, problematización, relaciones de categorización, generalización, diferenciación, inducción, deducción, abducción de principios, aplicación y creación de procedimientos, resolución de problemas, etc., si se ha trabajado en tal dirección antes y durante el período de enseñanza-aprendizaje". Una evaluación de estas características, se transformará, indudablemente, en una instancia más de aprendizaje. "La calidad de la misma dependerá del grado de pertinencia al objeto evaluado, a los sujetos involucrados y a la situación en la que se ubiquen" (Celman, S. 1998). Debe tener en cuenta la relación existente entre el enfoque del área del conocimiento, los interrogantes que se plantean, las operaciones cognitivas que se priorizan y el tipo de toma de la misma. Obtener información acerca de qué se desea evaluar no es el fin en sí mismo. Tal como lo plantea Celman, S. "su riqueza, y mayor dificultad, consiste en las reflexiones, interpretaciones y juicios a que da lugar", la metodología y los instrumentos usados críticamente, previa toma de postura teórico-epistemológica. Este proceso reflexivo debe estar guiado por marcos referenciales epistemológicos y didácticos, los criterios ideológicos educativos y las consideraciones del contexto. La evaluación así entendida es un área de altas potencialidades educativas y de amplias posibilidades de incidencia en la transformación del proceso.

¿Qué es lo que se evalúa? Los contenidos referidos a los fonemas propios del sistema Fonético-Fonológico Inglés. Esto incluye los conceptos referidos al uso y funciones de los contenidos mencionados; los procedimientos de reconocimiento, selección fundada, integración y comprensión global de todos los procesos de este taller; la aplicación de reglas ortográficas referidas a la temática; el uso de terminología específica; la capacidad de discriminación auditiva en las variedades estándar, etc., y actitudes de sensibilidad a las características propias de la cultura foránea e idiosincráticas de los hablantes en situaciones comunicativas específicas, respeto por las diferencias socioculturales y tolerancia por las mismas.

La *evaluación diagnostica continua* es entendida como el proceso sistemático de indagación que permite tanto al docente como a los alumnos obtener información acerca del desarrollo y la evolución del proceso de enseñanza-aprendizaje. Debe contemplar todos los elementos del proceso didáctico (metas, hilos, tópicos, y desempeños) y debe poseer criterios claros, coherentes y compartidos por todos. Es importante rescatar la instancia de retroalimentación durante y después de la instancia evaluativa para que los alumnos alcancen a entender los fundamentos de las decisiones tomadas por el profesor.

En cada clase se escucha leer a los alumnos y se corrigen las transcripciones o los análisis de textos que han trabajado en sus casas. Estas dos últimas instancias no implican calificación y lo más importante es el *feedback* inmediato que reciben. También se trabajan técnicas de automonitoreo y corrección entre pares.

El procedimiento alternativo diseñado para este taller de capacitación es el *portfolio*. Los alumnos realizan una compilación de sus trabajos realizados que aportan evidencias respecto de sus conocimientos, habilidades, y su disposición en el curso. Aquí incluyen trabajos realizados en clase y tareas no presenciales que llevan a cabo en sus casas que proporcionan evidencias concretas para analizar conjuntamente, tales como el grado de desarrollo, crecimiento y comprensión del educando. Este tipo de procedimiento permite analizar el progreso y realizar críticas constructivas basadas en el desempeño global e integral del alumno. Se negocian los trabajos que se incluyen en el mismo y los criterios de evaluación, que también son públicos. Los alumnos toman conciencia del aprendizaje que les resultó significativo, profundizan sobre la intencionalidad de la intervención educativa y asumen su responsabilidad y lugar protagónico en el proceso de enseñanza y aprendizaje. Con esta disciplina que provoca tanta frustración en los alumnos, es fundamental el clima de seguridad y confianza que se genera, ya que se afianzan las relaciones comunicativas con el docente y se produce un tipo de aprendizaje mas colaborativo y cooperativo.

En el portfolio, los alumnos incluyen, entre otros:

- Diálogos en los que marcan los patrones fonéticos y justifican su elección.
- Conversaciones en las que han realizado la misma actividad en base a grabaciones que son decodificadas.
- Juegos.
- Transcripciones que incluyen todos los rasgos segmentales.
- Grabaciones realizadas sobre textos analizados con todas las características anteriormente mencionadas.
- Programas de radio llevados a cabo en grupo, luego de haber sido expuestos a este tipo de comunicación.
- Reportes con comentarios que destacan tanto los aciertos como desaciertos en las producciones orales que realizan.
- Cuestionarios de metacomprensión, estrategias y estilos de aprendizaje.
- Un proyecto integral que incluye actividades complejas y habilidades de orden superior, más hábitos de trabajo grupal. Los alumnos deberán seleccionar un texto de nivel intermedio y deberán explicar la situación comunicativa y caracterizar a los hablantes. El texto escrito será transcripto. Luego, filmarán dicha conversación y elegirán diez enunciados representativos de los patrones marcados y deberán efectuar las explicaciones pertinentes.

En primer lugar, cabe destacar que a través de este tipo de evaluación es posible considerar los contenidos actitudinales tales como respeto y tolerancia hacia el otro y hacia la cultura foránea, responsabilidad, participación en la construcción de conocimiento compartido, cooperación, etc.

En cuanto a los procesos cognitivos necesarios para este tipo de trabajo, se requieren, entre otros:

- Selección y organización de datos, conceptos y procedimientos.
- Aplicación de los mismos, identificación y uso de criterios para la selección del texto.
- Aplicación de principios y generalizaciones.
- Uso de la terminología apropiada.
- Procesos de comprensión y ejemplificación.
- Establecimiento de relaciones de comparación y diferenciación, integrando teoría y práctica.
- Resolución de problemas y explicación de opciones.
- Aplicación e integración de las cuatro macro-habilidades (escucha-lectura, producción escrita y oral).
- Articulación con otros saberes en cuanto al dominio del idioma.

En este tipo de instancia evaluativa es posible hallar indicios de la aplicación global e integrada de conocimientos, estrategias y habilidades que permiten analizar el grado de comprensión y profundidad de todos los contenidos y habilidades. Por supuesto, este tipo de actividades se realiza con frecuencia en clase con los alumnos, se establecen los criterios de evaluación con participación de los mismos, y se pone especial énfasis en el *feedback*, tanto durante como después de la evaluación. Resulta interesante observar como los alumnos desarrollan capacidades de co y automonitoreo y diagnóstico, además de que se logra bajar los niveles de ansiedad y frustración, por cuanto la evaluación es, de este modo, comprendida como un momento más de aprendizaje. Para el docente es una herramienta valiosísima en tanto permite valorar más comprensivamente, holísticamente, y se pueden tomar decisiones en cualquiera de los momentos de la clase que apunten a la optimización del proceso didáctico. Son importantes los procesos de meta-análisis y metacognición que ayuden a tomar conciencia de los modos que tenemos de hacer las cosas y a realizar permanentes revisiones y cuestionamientos constructivos que puedan dar lugar a que el docente sea protagonista crítico y analítico de sus propias prácticas.

Bibliografía

Avery, P. y Ehrlich, S. (1994) *Teaching American Pronunciation*, Oxford, University Press.
Barbier, J. M. (1973) *La evaluación en los procesos de formación*, Buenos Aires, Paidós.
Bertoni, A. y otros (1998) *Evaluación. Nuevos significados para una práctica compleja*, México, Kapeluz.
Brazil, D. (1994) *Pronunciation for advanced learners of english*, Cambridge University Press.
Camilloni, A.; Celman, M. y otros. (1998) *La evaluación de los aprendizajes en el debate didáctico contemporáneo*, Buenos Aires, Paidós Educador.
Celce-Murcia, M.; Brinton, D. y Goodwin, J. (1996) *Teaching pronunciation –A Reference for teachers of english to speakers of other languages*, Cambridge University Press.
Chadwick, C. B. y Rivera, N. (1997) *Evaluación formativa para el docente*, Buenos Aires, Paidós Educador.
Dalton, C. y Sedloffer, J. (1994) *Pronunciation*, Cambridge, Oxford University Press.
Eisner, E. (1985) *The art of educational evaluation*, Oxford, The Palmer Press.
Finch, D. & Ortiz Lira, H. (1982) *A course in english phonetics for spanish speakers,* London, Heinneman.
Gimson, A. C. y Cruttenden, A. (1994) *An introduction to the pronunciation of English*, London, Edward Arnold.
Guba, E. G. y Lincoln, Y. S. (1982) *Effective evaluation*, California, Jossey Bass.

Martin-Knieo, G. O. (2001) *Portfolios del desempeño de maestros, profesores y directivos*, Buenos Aires, Paidós.

Nona, L. (1998) (comp.) *El uso de portafolios. Propuestas para un nuevo profesionalismo docente*, Buenos Aries, Amorrortu editores.

O'Connor, J. D. & Fletcher, C. (1989) *Sounds english*, London, Longman.

Perkins, D. (1992) *La escuela inteligente: del adiestramiento de la memoria a la educación de la mente*, Buenos Aires, Ediciones Gedisa.

Stone Wiske, M. (1999) *La Enseñanza para la Comprensión. Vinculación entre Investigación y práctica*, Buenos Aires, Paidós.

Whitley, S. (1992) *Spanish/English contrasts: a course in spanish linguistics,* Washington DC, Georgetown University Press.

PROYECTO INTERDISCIPLINARIO. EMPLEO DE LAS REPRESENTACIONES VISUALES COMO HERRAMIENTAS SIGNIFICATIVAS PARA EL LOGRO DE CONEXIONES ENTRE LAS DISCIPLINAS

Institución: Colegio de la Universidad Nacional de La Pampa.
Ciudad, provincia y país: Santa Rosa, La Pampa, Argentina.
Autora: Marta B. Fainstein.
Contacto: mrkohan@cpenet.com.ar

Aspectos pedagógicos y fundamentación

"La educación es la 'fuerza del futuro' porque es uno de los instrumentos más poderosos para realizar el cambio. [...] Debemos reconsiderar la manera de organizar el conocimiento. Para eso debemos romper las barreras tradicionales entre las disciplinas y concebir cómo conectar lo que hasta ahora se encontraba separado. Debemos reformular nuestras políticas y nuestros programas educativos".

Federico Mayor, Director General de la UNESCO.

Las comunicaciones y lo visual

Uno de los fenómenos culturales más significativos de la segunda mitad del siglo XX ha sido, sin lugar a dudas, la revolución en las comunicaciones y su impacto tanto en el espacio social e institucional como en la vida privada de las personas. En este nuevo escenario, lo visual parece predominar por sobre otros registros de la experiencia humana. Es indudable que estas transformaciones ponen en tensión al espacio educativo, que debe adecuarse a nuevas claves culturales, a nuevas estéticas (a menudo caracterizadas por la inestabilidad y la mutabilidad) y a la transformación, también, en las propias estructuras del conocimiento. Así, podría decirse que los medios y las imágenes no solamente no son aliados al sistema educativo sino que lo interrogan. Es necesario superar la posición defensiva de la escuela frente a los medios, que sí pueden educar y contribuir con otras pedagogías y otras formas de reflexionar.

Una pedagogía de los medios y la imagen no se restringe a incorporar a los medios audiovisuales como meros auxiliares para la tarea escolar. El problema es mucho más arduo que el de la simple incorporación de equipamiento. El campo de reflexión educativo sobre los medios y la imagen parte de reconocer que ellos conllevan ciertos lenguajes y formas culturales que le son propios, y nos introduce en la comprensión de sus reglas. Las imágenes y los medios instalan nuevos problemas que hacen al vínculo de los sujetos con el mundo, y que contienen aspectos racionales pero también estéticos y emocionales. Estos problemas involucran tanto a las instituciones educativas como al mundo de la producción audiovisual, y ninguno debería quedar al margen. El diagnóstico precedente (resumido) pertenece a "Educación, imágenes y medios", Seminario que forma parte de la Trayectoria Integrada de Posgrados de FLACSO Argentina.

Las Tecnologías de la Información y la Comunicación responden a ciertas características que las convierten en un recurso originalmente interdisciplinario, sin límites espacio/tiempo, multisensoriales (pasibles a facilitar el acceso a personas con capacidades diferentes), interactivas y personalizadas, entre otras, características que las convierten en el medio adecuado para lograr esa integración. Los lenguajes instalados por estas tecnologías proporcionan nuevas maneras de ver las cosas, influyendo y hasta modificando los significados y contenidos. De allí la propuesta de utilizar el pensamiento visual como instrumento complementario sensitivo/racional en el conocimiento y la comprensión de culturas y épocas diferentes con el fin de promover una identidad reflexiva y abierta, usado con criterios de "otro lenguaje".

Otras consideraciones: en la práctica la educación secundaria, y aun la universitaria, con excepción de las modalidades orientadas específicamente a Comunicación, Diseño o Artes, relega a espacios muy reducidos el análisis plástico, o lo utiliza en general con fines ilustrativos o complementarios, no como herramienta analítica.

Por otra parte, todavía se enseñan las asignaturas como si estuvieran completamente desconectadas entre sí, de modo que cada sector del saber constituye una parcela separada. Sucede que, mientras se incrementan las relaciones entre las distintas áreas del conocimiento en el mundo extraescolar, en este se mantiene la tajante división entre las disciplinas. El uso que se hace de la navegación por Internet, que es un ámbito descontextualizado (en sentido espacio-tiempo) tiende a arrojar información desordenada y poco eficaz como motivadora de intereses extracurriculares Habitualmente se corta y se pega para cumplir con el trabajo pedido. Hay poco uso de sus posibilidades metalingüísticas.

Experiencia e implementación personal del proyecto

Es un proyecto desarrollado en forma personal, destinado, en principio, a alumnos y docentes del tercer ciclo o últimos tres año de la educación secundaria.

Con posterioridad conocí a través de la web propuestas interdisciplinarias de distintas instituciones de varios países, logrando contactarme con algunos investigadores que me permitieron acceder a material específico, del cual expongo conceptos, indicados en la bibliografía.

Esquema general del espacio

Descripción general del proyecto. Objetivos.

Integrar las distintas áreas disciplinares a través del pensamiento visual, mediado por el empleo de las TICS, con la intención de reconocer y comparar la cosmovisión, el sistema de valores y el orden simbólico que los lenguajes y códigos presentes en las representaciones de todas las disciplinas usan en la descripción y explicación de sus conceptos. Ejemplo: sistemas Geocéntrico, Antropocéntrico o Heliocéntrico. El proyecto apunta a educar la percepción, desarrollar la curiosidad y la imaginación, tanto en lo específicamente expresivo como en la formulación de hipótesis y metodologías en todas las áreas usando representaciones propias de las disciplinas y aquellas que asumen el papel de estimuladoras para lograr la vinculación entre las mismas en el compartimentado esquema educativo actual. Favorecer la expresión de un criterio personal, evitando la "domesticación de la mirada."

La imaginación artística y la científica no están separadas por un límite infranqueable, de hecho, la ciencia moderna se constituyó a partir de técnicas de observación y de reproducción de lo real ligadas a la pintura y la literatura. Las ilustraciones minuciosas que poblaban los catálogos de animales y plantas, los relatos orales que luego se traducían en dibujos, el uso de la perspectiva y la fotografía, demuestran que la representación visual de los fenómenos está en la base de la ciencia y del arte.

En un mundo que tiende a la esquematización y masificación de la experiencia cultural, el enfrentar clichés y estereotipos demuestra que, como cualquier idioma, el visual se puede convertir en una herramienta o una trampa.

En diversas experiencias internacionales se promueve una mayor integración de la currícula y se reconoce que la educación artística, a través de sus múltiples formas de expresión y apreciación, puede contribuir de modo significativo a este diálogo interdisciplinario.

Los Estudios Visuales

Los Estudios Visuales son un nuevo campo de investigación que considera las variadas formas de producción de imágenes, en las que el arte está incluido, junto a otro tipo de productos y prácticas. W. J. T. Mitchell, que quizás es más responsable del modo en que el término se utiliza ahora, percibe la cultura visual "como un campo de estudio, un punto focal para los intereses de estudiosos que trabajan en muchas disciplinas y desde variados puntos de vista, el cual está inextricablemente conectado con la filosofía del lenguaje". Basándose en el reconocimiento del papel de la subjetividad en la búsqueda de objetividad, reconocimiento que estableció que los campos de estudio son el registro de una «arqueología» del discurso, los estudios visuales están a menudo preocupados por la forma en que los objetos revelan los compromisos éticos y políticos de quienes los estudian.

Ver en bibliografía la descripción ampliada del concepto de Cultura Visual como "La problemática relación de la historia del arte con los estudios visuales".

Objetivos generales

Expectativas de logros. Esta propuesta pretende introducir en todos los niveles del sistema educativo el análisis y uso de las posibilidades del lenguaje artístico /visual. El proyecto apunta a educar la percepción, desarrollar la curiosidad y la imaginación, tanto en lo específicamente expresivo como en la formulación de hipótesis y metodologías en todas las áreas usando representaciones propias de las disciplinas y aquéllas que asumen el papel de estimuladoras, para lograr la vinculación entre las mismas en el compartimentado esquema educativo actual.

Se intenta ampliar la capacidad de observación/descripción y la identificación y comparación del entorno visual-conceptual como comunicante de información, hechos, ideas y valores. Permitir la formulación de preguntas acerca de cuestiones humanas universales y respecto de sí mismo. Realizar conexiones, líneas de razonamiento, considerar diversos puntos de vista, favorecer la expresión de un criterio personal. Se busca lograr competencias y saberes insertos en la realidad de la vida cotidiana, conocer y evaluar las acciones humanas propias y ajenas, a través de una capacidad crítica fundamentada, dejando su espacio a la esfera emocional.

Explorar diversos puntos de vista y estimular la búsqueda de interconexiones y referencias. Responder a la necesidad de simbolización y significado, cosa que la liviandad y esteticidad de las propuestas mediáticas, en su mayoría, han eludido.

Utilizar el pensamiento visual como instrumento complementario sensitivo/racional en el conocimiento y la comprensión de culturas y épocas diferentes, con el fin de promover una identidad reflexiva y abierta, usado con criterios de "otro lenguaje".

Según el catedrático de la Universidad Autónoma de Barcelona, historiador y teórico de la comunicación, Roman Gubern, habría un sentido preverbal en la imagen que la hace más eficaz que la palabra. La imagen es un simulacro de aquello que representa, mientras la palabra es una convención arbitraria. Habla de "ilusión referencial": el espectador tiene la impresión de que está frente al objeto que la imagen representa.

Todo signo visual y sonoro tiene una gran capacidad informativa en cuanto hace referencia a su objeto. La imagen está precipitando una cultura a base de presencias, de realidades y no de conceptos.

El hombre antes que comunicación hablada o escrita es comunicación visual, sonora, es decir, concreta. Si es cierto que todo signo está constituido por un significante y un significado, en los signos lingüísticos el significante lleva artificial y mecánicamente al significado. No así en los otros signos, en los cuales el significante adquiere preponderancia de caracteres subjetivos únicos e insospechados. Según el autor Gutiérrez, Francisco (1982) estas consideraciones reafirman la importancia de la educación de la perceptividad, considerando que en las imágenes lo comunicado está en la comunicación. Leer signos icónicos significa interpretarlos, lo cual es en gran parte un contenido de los mismos signos. Se necesita para ello de una lectura denotativa y un nuevo adiestramiento, sobre todo en el adulto, a causa de una formación casi exclusivamente intelectual, la cual ha "embotado nuestras facultades perceptivas más elementales". Una percepción sensorial global puede resultarnos algo desconcertante.

Competencias-capacidades

Pensar visualmente. Razonamiento en las Artes.

En el uso cotidiano la palabra "razonamiento" presenta una definición elástica. En algunas ocasiones esta se utiliza de una manera estrecha, al referirse a un pensamiento formal, objetivo y lógico. Otras veces se usa como sinónimo de pensamiento o inteligencia en general. En términos sencillos, el razonamiento se refiere al proceso de elaboración de conclusiones, interpretaciones o explicaciones. Es lo que hacemos cuando tratamos de comprender el significado de algo o cómo funciona una cosa, utilizando toda la información que tenemos disponible de una forma sensible y reflexiva.

¿Por qué enseñar a los estudiantes a razonar acerca del arte?

Debido a que el arte es algo vivo y comprometedor y debido a que invita a la interpretación de forma natural, mucha gente encuentra la estructura de razonamiento más visible en el arte que en otras áreas.

Similitudes y diferencias entre el razonamiento sobre el arte y el razonamiento en otras áreas: el razonamiento sobre el arte tiene la misma estructura que el razonamiento en otras disciplinas y en la vida cotidiana. El razonamiento en el arte y en las demás disciplinas no solo comparten la misma estructura sino que también comparten los mismos estándares. Por ejemplo, en todas las disciplinas es importante hacer observaciones cuidadosas, tener claridad en cuanto a las diferencias entre las observaciones y las interpretaciones, identificar áreas de incertidumbre, y estar consciente de prejuicios. La razón por lo general se contrasta con emociones, intuiciones y con otras experiencias internas "subjetivas" y los filósofos han debatido ampliamente acerca de ello.

Aunque la estructura del razonamiento es similar en las distintas disciplinas, existen diferencias disciplinarias importantes. Una diferencia se refiere a los tipos de observaciones e impresiones que legítimamente se constituyen como razones. Por ejemplo, en arte, la respuesta emocional de la gente puede ser una razón legítima para tener en cuenta en una interpretación. Por otro lado, en las ciencias por lo general las emociones no constituyen una razón legítima para apoyar una interpretación.

Otra diferencia importante entre el razonamiento en el arte y el razonamiento en las ciencias es que en las obras de arte hay múltiples interpretaciones. Las interpretaciones tienden a ser buenas cuando hay un buen razonamiento, cuando son producto de observaciones cuidadosas y buenas inferencias. Por ello, ninguna puede verse objetivamente como correcta o incorrecta. Una pintura puede tener diferentes interpretaciones.

Por otro lado, un fenómeno físico, tal como un eclipse parece tener solamente una explicación científica correcta. En ciertos temas, como el fenómeno de la luz, la ciencia moderna tiene más de una interpretación, lo cual mostraría que las diferencias no son tan taxativas.

Pensamiento - características del razonamiento en las TICS

Francisco Gutiérrez (1982) en la obra "El lenguaje Total. Hacia una pedagogía basada en los nuevos lenguajes de los medios de comunicación social", nos expone las siguientes consideraciones sobre el tema:

La percepción visual y sonora son operaciones fundamentales para el acto de conocer.

La comprensión no viene después de la audición o de la visión, es innata a la percepción. El lenguaje total es aquel que reintroduce al hombre en un universo de percepción porque es, antes que nada y esencialmente, una experiencia personal, global, donde la percepción opera integrando los diversos sentidos. La página de una revista o periódico no pretende hablar directamente a la razón, sino a los sentidos.

Los nuevos lenguajes nos han demostrado que comunicarse no consiste solamente en transmitir ideas, hechos, sino en ofrecer nuevas formas de ver las cosas, influyendo y hasta modificando, de esa forma, los significados o contenidos.

La comunicación y la educación están profundamente ligadas. Ambas se complementan y se nutren, sin comunicación no hay educación.

Las nuevas tecnologías de la información y la comunicación responden a ciertas particularidades que las convierten en un recurso originalmente interdisciplinario, sin límites espacio/tiempo, multisensoriales (pasibles a facilitar el acceso a personas con capacidades diferentes), interactivas, personalizadas, (me refiero muy especialmente a la PC, dadas sus características intrínsecas de uso personal e interactivo en las aulas).

Objetivos específicos

El tema se desarrolla exponiendo el valor de la *Iconografía* como método para la investigación de la historia del arte figurativo convertido en una categoría analítica amalgamada con disciplinas complementarias como historia, psicología social, hermenéutica, estética, sociología, etc. Un contexto de síntesis e interdisciplinariedad del *Warburg Institute*, de fuerte tradición iconográfica en Inglaterra, representada en las consideraciones del historiador de arte Ernst H Gombrich, según el cual el artista no pinta lo que ve, sino que ve lo que pinta, derribando así el mito del ojo inocente. Esto implica que la suma de experiencias estéticas pasadas, deseos y expectativas conforman nuestra percepción del mundo. También plantea el empleo de la imagen como evidencia histórico-cultural no fija ni cristalizada, sino sujeta a constantes modificaciones: la teoría de la retroalimentación de la expresión. Las imágenes conforman un reservorio inagotable de sentidos.

Martin Jay (estudios visuales) menciona las contradictorias nociones de "conocimiento" o de "razón pura", nociones que suponen un ojo sin dirección, un ojo que no interpreta, una percepción "inmaculada".

En la "Iconografía como ciencia de Interpretación" Hadjanicolau dice que, desde principios del S XIX, esta se convirtió en una técnica de las ciencias humanas y de la historia del arte, dedicada en particular a la descripción y sistematización de las convenciones y sistemas tipológicos utilizados en el pasado para representar personas (reales o legendarias) sea de la personificación de ideas o conceptos, sea de escenas narrativas.

Uno de los métodos de lectura de las imágenes consiste en considerar al «artista un filósofo político, por citar el título de un artículo de Quentin Skinner que reinterpreta el famoso fresco que Ambrosio Lorenzetti pintó en el *Palazzo Pubblico* de Siena. Naturalmente, el problema de hacer visibles los conceptos abstractos, de concretizarlos, no es solo de los artistas. La metáfora y el símbolo han desempeñado siempre un papel importante en política." La imagen de Jánío Quadros en 1961, recién elegido presidente de Brasil, con una escoba en la mano para simbolizar su deseo de acabar con la corrupción, no fue solo un hallazgo televisivo, sino la resurrección de una vieja tradición.

Contenidos: técnicas, aptitudes, hábitos

Fundamentación del recurso interdisciplinario

La comprensión interdisciplinaria se apoya en la premisa de que cada visión individual se concentra en un área en cada problema particular y, por lo tanto, puede ser enriquecida con una buena selección de visiones complementarias, con las cuales anula la limitación que tiene una disciplina en particular.

La integración entre las dos culturas: ciencias, por un lado, y humanidades por el otro, pretende ser tanto interna, casos de las ciencias y las matemáticas, atendiendo a sus comunes raíces, y una segunda integración, externa, donde ambas intercambian ideas y herramientas con otros campos fuera del paradigma del método científico o lógico-analítico.

La integración externa, introduce una integración más evidente, por establecer puentes entre paradigmas. Antes de que los hechos científicos puedan ser conectados a eventos históricos, o convertirse en herramientas para resolver problemas tecnológicos, necesitan organizar los conceptos generales que subyacen en cada disciplina y la reconocen como un dominio del conocimiento.

El desafío que quienes enseñan enfrentan en sus intentos de desarrollar fructíferos intercambios interdisciplinarios es, por ejemplo, el de evidenciar cómo trabaja cada disciplina, favoreciendo distintos modos de pensar y representar el conocimiento (narrativo, visual, numérico) reconociendo a su vez las fuerzas y debilidades de cada una de las disciplinas, tanto como la posibilidad de interacción entre ellas. En consecuencia, combinando las visiones apropiadas en el estudio de un tópico particular, se abre la posibilidad para que los estudiantes de los más diversos perfiles cognitivos encuentren un punto de acceso significativo a los temas que estudian (Gardner, 1991).

El buen resultado del intercambio de conceptos y/o modos de pensar entre y acerca de las disciplinas, hace que ese intercambio se convierta en una parte fundamental en la producción de conocimiento. Reconceptualizar el conocimiento disciplinar en los ámbitos de estudio, en formas que ponen el acento en su dinamismo, invita a los educadores a ver el trabajo disciplinario y el interdisciplinario, como complementarios y mutuamente enriquecedores.

Esto no implica de ninguna manera dejar de lado la enseñanza tradicional, sobre todo en los primeros años de la EGB (hasta segundo o tercer año del secundario).

La propuesta intenta minimizar la brecha entre las Humanidades y las Ciencias y de estas entre sí, dada la evidencia (relatada por los propios profesores en reuniones por nivel) de la poca capacidad para efectuar relaciones entre materias (casos de Historia y Filosofía), dificultades para utilizar conocimientos de ciencias sociales en lo cotidiano, en interpretar consignas (Biología), el pasaje de términos en Matemáticas y la utilización de esta última en Física

Unidades temáticas

Algunos temas tratados años 2003-2009.
-Biología: Simetría.
Tipos de reflexión especular. Simetría en la naturaleza, en el arte, en la geometría, en la arquitectura, etc. Cuerpos geométricos de Kepler. El movimiento: seres inanimados y vivos, influencia de la gravedad en la morfología de los cuerpos.
En CD: clase con profesora de la materia.
-Problemas del conocimiento: Galileo Galilei.
La idea de la importancia del descubrimiento de Galileo no solo en el ámbito científico, sino también político, las representaciones del mundo de su tiempo y la relación con los espacios de poder. Imágenes: medalla de Cosme (Cosmo) de Medici, iniciador de la dinastía, que fue mecenas de Galileo, el cual empleó los descubrimientos de Galileo Galilei para elaborar una historia que legitimara su origen, a través de un relato con fundamentos científico-mitológicos. Comentario de "Galileo Cortesano" de M. Bragioli, (revista "La Nación" del 1/3/09) con imágenes de sus descubrimientos astronómicos e inventos ópticos. Ver CD.
-Física: 2º Ley de la Termodinámica. Entropía.
Reversible-irreversible ("Retrato de Dorian Grey") Pinturas religiosas del Renacimiento (yo fui como tú, tú serás como yo). Imágenes fotográficas de envejecimiento, cambios de la naturaleza y el entorno, etc. Mito inmortalidad

(Drácula, Frankenstein películas, historias). Paso del tiempo- degradación- reciclado- juego de PC con carga de vida que se gasta. Mecanismos de energía perpetua (imágenes de Da Vinci, Escher). Disciplinas: Física, Biología, Geografía, Literatura, Historia.

Ciencias físicas y biológicas: distancia focal, modos de ver de la ciencia a través del tiempo (observación directa, ver según las creencias: lo que se permite, lo que se cree) lo que permiten la tecnología y los instrumentos de la visión: lentes, técnicas, foto, cine, rayos x, nanotecnología, etc.

Ver CD

-Psicología: años 60 a través de la moda, las costumbres y las letras de canciones de Bob Dylan

-Historia: visión del contexto Inglaterra en el siglo XIX a través de las descripciones en las novelas de Dickens y su correlato en representaciones: caricaturas, fotos, ilustraciones, etc. La ciudad industrial: hacinamiento.

-Literatura/ciencia/ética: Dr, Jekyll y Mr. Hyde, análisis del entorno y el personaje

-Filosofía, Ética, las conductas humanas descriptas a través del tiempo desde las pinturas medievales, de "Los proverbios" de Brueghel, a Molina Campos y Berni y las actitudes de los Simpson.

-Literatura: Manuel Puig, *Boquitas Pintadas*. Contexto artístico: el Pop Art, modas, tendencias. El imaginario del *marketing*. La fascinación por el mundo del cine. Sus temas y la relación con la orientación personal del artista. Lo popular, el melodrama y el *kitsch*, el problema de la censura. Su tiempo.

-Literatura: *El Quijote*. Recorrido visual de sus andanzas. El arte barroco en arquitectura. Representaciones de los personajes: Gustave Doreé, Dalí. Caricaturas.

-Ética: instituciones y censura. Imágenes de quema de libros. Imágenes cinematográficas (*Farenheit 451*, *El nombre de la rosa*). Uso de las imágenes para evidenciar cambios en el tiempo; costumbres, intereses, para difundir modelos y modas. La censura como peligro permanente: la tolerancia y el criterio personal como resguardo. La transgresión del canon: imágenes de Goya sobre la Inquisición, de Dalí sobre la guerra. Censura de desnudos, temas políticos, periódicos: *Yo acuso*, de Zola. Reparos contra H. Potter (Internet, grupos extremos).

Valores: estético- ético- comunicativo

Estrategias didácticas para la interdisciplinaridad

A-Conceptualizar.

Propone desligar al campo conceptual de su adscripción a una disciplina en particular posibilitando una ampliación del campo perceptivo. Promover la formación de un punto de vista personal fundamentado, considerando el de otras culturas y formas de ver.

Según H. Gardner, los conceptos son "las herramientas de la intersubjetividad": ellos facilitan la discusión sobre la base de un lenguaje común. Pero los conceptos no son fijos, "viajan" entre las disciplinas, entre períodos históricos, entre distintas comunidades y geografías.

Ejemplos

Concepto: Simetría- Equilibrio

Disciplinas: Física, Plástica, Biología, Arquitectura, Geometría, etc. (relato de una experiencia en CD)

Concepto: Surrealismo- Expresionismo –Futurismo.

Disciplinas: Literatura, Cine, Psicología, Sociología.

B-Contextualizar.

Ubicar conceptos de cada disciplina (la descripción, el fenómeno, la teoría, etc.) en su entorno temporal/espacial. Presentar los mismos como problemas vitales y reales tratando de reconstruir el camino del creador del conocimiento, el descubrimiento, etc.

Tratar períodos artísticos específicos y relacionar lo plástico- semántico- social.

Producir conexiones externas entre áreas no relacionadas del conocimiento (Ej. matemática-historia-descubrimientos)

C-Plantear y resolver problemas:

Recrear la importancia del conocimiento para la sociedad y el modo de encarar los problemas cercanos o de actualidad desde diversos puntos de vista, utilizando mecanismos de conexión entre ellos: problemas éticos, religiosos, bioambientales, sociales, etc.

Exploración intensiva de temas disciplinares. Biología: teoría de Darwin, actualidad de su polémica; aceptación o negación. Historia: negación de hechos del pasado.

Didácticas para el uso de los recursos visuales en distintos medios.

Representaciones que se usarán en las descripciones de los objetos de estudio.

Representación del poder: escenarios, monumentos, ritos.

Representación del mundo: paradigma, cosmovisiones.

Representación del cuerpo humano: actitudes, estereotipos, modelos.

Representación de la "realidad": verdad, falsedad, verosimilitud.

Ver CD

Contenidos Procedimentales:

Utilización de las manifestaciones estético/ visuales en distintos soportes, atendiendo a diversos contextos y momentos socioculturales desde el análisis crítico y el desarrollo de distintas instancias de reflexión, investigación, intervención, manipulación, resignificación, construcción, que favorecen la producción de sentido en la emisión y recepción de los discursos visuales.

Se contemplarán bajo los siguientes criterios:
- Canon. Ej.: modelo humano egipcio/griego, actual.
- Espacio/tiempo. Ej.: en pinturas religiosas, futurismo, instantánea.
- Verdad/falsedad/ verosimilitud. Ej.: perspectiva, ilusión, realismo.
- Imagen como texto. Ej.: narrativas, pintura/caricatura en secuencias.
- Imágenes referidas a otras. Ej.: citas, metáforas, alegorías.
- Expresión/ información. Ej.: entre lo descriptivo y lo expresivo.

Otros criterios de análisis:

Estilo: es un cambio de código, una convención cultural que asegura pertenencia. Identifica con otros miembros del grupo y excluye a quienes no están en él. Es una actividad de estetización que logra un nuevo sistema significativo a partir de la apropiación y recombinación de prácticas y objetos, creando un conjunto de reglas muy precisas, que permanecen hasta ser reemplazadas por otras. (Notable perduración en el tiempo en Egipto y Grecia antigua). Ayuda en la formación de identidades, significados, convenciones (estilo Luis XV, Napoleónico, Barroco, Punk etc.). Ayuda al poder a representarse a sí mismo y a crear los espacios donde se lo "representa/interpreta" ("El poder en Escenas" George Balandier).

En este principio se individualiza un complejo interjuego entre la desviación de la convención y el proceso por el cual dicha desviación se transforma en una nueva convención, al que Ernest Gombrich ha denominado "la lógica de la feria de vanidades".

Uso de las TICs.

Esta propuesta las involucra en la enseñanza como mediadoras tanto como productoras, contemplando el propio modo interdisciplinario, visual, simultáneo e interactivo de las tecnologías. Se reconoce el desequilibrio cognitivo entre los "nativos" digitales y quienes aprendimos de adultos, lo que amerita un apoyo diferente para estos últimos.

Se propone aprender-enseñando para el docente y aprender-aprendiendo para el alumno, buscando una modalidad que contemple el nivel previo de conocimientos de cada uno. En caso de no tener ningún conocimiento informático, se organizará un curso con el departamento de computación, pero siempre en función de las necesidades educativas.

Se trata de aportar los instrumentos para transformar la información en conocimiento a partir del proceso de enseñanza-aprendizaje en una relación dialógica, tanto presencial como virtual, entre docentes, alumnos y técnicos. El uso de Internet, haciendo prácticas de búsqueda de información seleccionada, ordenada y eficaz, como motivadora de intereses extracurriculares y la utilización de sus posibilidades metalingüísticas.

El profesor integrador debe tener los conocimientos necesarios de herramientas informáticas y presentaciones multimedia, las que puede ir transmitiendo al profesor de la materia durante la preparación de las clases, desde el contacto por mail o el uso de la PC que se destine exclusivamente para ello, hasta el escaneo y guardado de material, "bajar" de la red, etc. Esto requiere apoyo y compromiso de los docentes de computación, que habitualmente reducen su actuación a la enseñanza del manejo de programas a los alumnos en forma completamente aislada del resto de los docentes.

Actividades

A principio de año explicación del proyecto y envío por e-mail a profesores jefes de departamento (hay tres: Comunicación, Ciencias Sociales, Ciencias Biológicas) quienes lo transmiten a sus colegas. Asistencia a sus reuniones departamentales para recibir o sugerir propuestas de temas a tratar y/o realizar consultas. Encuentros con docentes en general, contactados en recreo o por mail. Es muy importante la sala de reunión, pues se ha logrado que los profesores de diversas materias, caso de matemáticas y física, se interesen en compartir materiales y acordar tiempos de los temas a tratar para lograr coincidencias, o busquen enfoques originales para comparar o distinguir metodologías, saliendo del esquema del "resultado final" de los problemas, poniendo el acento en el planteo y el enfoque de los mismos. Por otra parte, teniendo una PC para uso de los docentes, se posibilita el dejar material en un archivo *ad hoc*, del cual pueden ser directamente evaluados, copiados o modificados, así como comunicarnos sin tener que coincidir presencialmente.

Una vez escogido el tema (los que sean especialmente abarcativos), reunión con profesor solicitante y acuerdo sobre el enfoque del mismo (qué saberes pretende estimular, qué considera de mayor relevancia para ser destacado).

Posteriormente, preparación del material en distintos soportes y un guión del tema a tratar. Luego de ser aprobado por el profesor de la materia (pueden ser más de uno, según sea una sola clase o un tema a desarrollar en varias) se fija una fecha para desarrollar el tema en una clase conjunta donde ambos participamos. Uno atiende fundamentalmente el tema específico de su competencia y el "integrador se ocupa de lo explicado en el ítem procedimental: conceptualizar y contextualizar.

El desarrollo de la clase se lleva a cabo con los elementos acordados: proyecciones con cañón, partes de films, etc., se pide a los alumnos que tomen nota de palabras, hechos o conceptos que se van expresando o escribiendo, mientras los profesores exponen en forma individual o conjunta, interrumpiendo repetidas veces para confirmar mediante preguntas la comprensión y/o las opiniones o conocimientos propios del alumno

Evaluación

En la evaluación se deberían cumplir los 6 pasos que sugiere Gardner: observar y describir, preguntar e investigar, razonar, explorar puntos de vista, encontrar complejidades, comparar y conectar.

El tipo de evaluación se acordará con el profesor de la disciplina: un trabajo escrito de resumen; un relato de un film, libro, situación conocida o vivida; una representación gráfica propia, foto o video; una intervención sobre material de Internet; una búsqueda complementaria; una representación dramática, etc.

Ver en CD el tema tratado en el proyecto interdisciplinario: Biología-Simetría, donde se desarrolla en el archivo Word los pasos de la preparación y ejecución.

Experiencia e implementación personal del proyecto.

Destinado, en principio, a alumnos y docentes del tercer ciclo o últimos tres año de la educación secundaria.

Con posterioridad, conocí a través de la *Web* propuestas interdisciplinarias de distintas instituciones de varios países, logrando contactarme con algunos investigadores que me permitieron acceder a material específico, del cual expongo conceptos, indicados en la bibliografía.

A raíz de experiencias anteriores propongo:

Presentar dos o tres temas, en Ciencias Sociales o Biológicas y otros tantos en Ciencias Físico-Matemáticas por un cuatrimestre, trabajando en conjunto con los profesores de estas, como forma de intensificar y mejorar la evaluación de la propuesta.

Temas posibles:

- La percepción: ver CD *Power Point*. Las formas de ver los objetos, ya sea de las ciencias o las humanidades según criterios estéticos, ideológicos o tecnológicos. Esto se debe a un intento de lograr la participación, sobre todo en el caso de los profesores de Ciencias Biológicas, Física y Matemática, la cual es escasa. Es probable que no se haya comprendido la propuesta y se la considere meramente "ilustrativa".

Ver en CD temas.

- Futuro del proyecto. Líneas de acción:

Solicitar participación, con apoyo institucional, de experiencias que se llevan a cabo en Argentina, en la actualidad, tales como Arte Viva y los programas de Pensamiento visual de universidades y museos de USA, Chile, España (ver en bibliografía).

Incorporar docentes en cultura Visual/ Arte y Comunicación, que sean capaces de desarrollar las prácticas y teorías de su especialidad para hacer representables los temas a desarrollar junto al profesor de la disciplina, con quien trabajarán en estrecho contacto, siendo importante la presencia de ambos en el dictado de la clase.

Apoyo instrumental en el uso de las Tics para aprender enseñando. La tecnología es vital, porque visualmente crea el tipo de ambiente hipertextual que enfrenta un programa interdisciplinario. Los medios visuales han probado ser un esencial aglutinante para una currícula integradora, porque proveen un punto de referencia tangible con múltiples entradas. También este programa requiere de recursos de todo tipo: edilicios, organizativos, de capacitaciones y sobre todo cambio y reentrenamiento de los actores y compromiso intelectual. Considerar la participación de los padres de los alumnos, a través de la influencia de estos sobre aquéllos (haciendo que los hijos integren a sus padres en nuevas tecnologías, como de hecho ocurre.)

Crear espacios de reflexión y encuentro de docentes, especialistas, artistas, profesionales, donde recibir orientación, asistencia y comprensión a problemas nuevos del proceso de enseñanza-aprendizaje, para enfocarlos de manera acorde a las producciones y consumos culturales de la actualidad.

Debe haber un período de transición y de evaluación, apuntando a logros futuros. Incrementar la conexión entre los docentes convocando reuniones periódicas para intercambiar experiencias de logros y falencias. Enfocarse en tópicos centrales, modificando la currícula disciplinar, con menor cantidad de contenidos, y mayor profundidad de los mismos.

Posibilidad de capacitación con profesionales que representan en nuestro país con la denominación de L@titud al mencionado Proyecto *Zero*; el acceso a bibliografía especializada y al uso de tecnología actualizada.

- Este proceso es más laborioso y lleva más tiempo, no se puede llevar a cabo sin un fuerte compromiso institucional y la voluntad de los profesores de trabajar juntos y de una nueva manera. Deben ser consistentes y convencidos transmisores de lenguajes tanto disciplinarios, así los alumnos podrán arribar a similares conclusiones desde diferentes ángulos, o, como expresa el estudio, arribar a una historia coherente usando distintos "dialectos disciplinarios".

Tomar como guía la experiencia en humanidades y matemática/ciencia, de las siguientes publicaciones:

"Three Strategies of Interdisciplinary Teaching of Math and Science: A Case of Illinois Mathematics and Science Academy." (2003).

"From a Community of People to a Community of Disciplines: The Art of Integrative Humanities at St. Paul's School." (2002).

Cultura Visual (anexo)

El término "cultura visual" parece haber sido usado por primera vez por Michael Baxandall, y luego por Svetlana Alpers, para referirse al espectro de imágenes característico de una cultura particular en un momento particular. La introducción del término estuvo claramente motivada por la preocupación de Baxandall, como historiador social, de incorporar la producción de arte al resto del tejido social para establecer lo que él llamó "el ojo del periodo". Al hacerlo no estaba, por supuesto, eliminando la noción de gran arte; en lugar de hacerlo, sugirió que la producción artística de las sociedades pre-modernas no era considerada una actividad autónoma, sino una actividad siempre implicada vitalmente en las transacciones que posibilitaban y constituían la vida cotidiana. W. J. T. Mitchell, que quizás es más responsable del modo en que el término se utiliza ahora, percibe la cultura visual como un campo de estudio, un punto focal para los intereses de estudiosos que trabajan en muchas disciplinas y desde variados puntos de vista

Al ver el arte desde esta perspectiva, los estudios visuales deben asumir abiertamente un programa propio. Ese programa, mantengo yo, está inextricablemente conectado con la filosofía del lenguaje. Basándose en el reconocimiento del papel de la subjetividad en la búsqueda de objetividad, reconocimiento que estableció que los campos de estudio son el registro de una "arqueología" del discurso, los estudios visuales están a menudo preocupados por la forma en que los objetos revelan los compromisos éticos y políticos de quienes los estudian.

Más que reducir el análisis de lo visual a un solo conjunto de principios, me parece a mí que el objetivo del estudio académico de las imágenes es el reconocimiento de su heterogeneidad, de las diferentes circunstancias de su producción, y de la variedad de funciones culturales y sociales a las que sirven. Es precisamente debido al hecho de que la parafernalia interpretativa, las estrategias heurísticas, que se usan para la elucidación de diferentes tradiciones de producción visual sean tan radicalmente distintas unas de otras, que cada forma de investigación tiene mucho que ganar estando en contacto con las otras. Esta es, de hecho, la lógica que subyace a la estructura de al menos uno de los programas universitarios que han adoptado el título "estudios visuales".

Hoy los estudios visuales abren las puertas a la producción de conocimiento desde enfoques muy variados. Impulsan formas de interpretación inspiradas por el feminismo, los estudios homosexuales y el pensamiento poscolonialista. Más que buscar el consenso, se benefician del radical desacuerdo entre los diferentes estilos de interpretación. Además, la búsqueda de diferentes estilos de interpretación bajo el eje de los estudios visuales significa que es difícil equivocarse acerca de los intereses particulares asociados a cada forma de producción de conocimiento. Si ya no es posible decir que el conocimiento es desinteresado, la alteridad de las voces yuxtapuestas atraerá la atención inevitablemente hacia los programas culturales que informan cada empresa. Cada forma de argumentación más que ocultar, pondrá en primer plano sus filiaciones políticas. Las actuales actitudes teóricas hacia la producción de conocimiento sugieren que es probable que las contribuciones más fuertes en el campo de las humanidades se hagan en la diferencia y no en la igualdad. Cada campo de investigación tiene ahora la oportunidad de expandir su repertorio de metodologías interpretativas en relación con los que tiene alrededor. Es probable que una mayor comprensión de la estructura de nuestro conocimiento brote de los intersticios entre las distintas disciplinas.

Bibliografía

Baxandall, M. (1974) *Painting and experience in fifteenth century Italy*, Oxford University Press.
Burke, P. (2005) "Visto y no visto" en *El uso de la imagen como documento histórico*, Barcelona, Crítica.
Burucua, J. E. (2002) *Historia, arte, cultura*, Buenos Airees, Fondo de Cultura Económica.
Gardner, H. (1991) *The unschooled mind: How children think and how schools should teach*, New York, Basic.
Gardner, H., y Boix Mansilla, V. (1994) *"Teaching for understanding in the disciplines and beyond" en Teachers College Record*, 96 (2), *Paper prepared for the conference on teachers conceptions of knowledge*, pp. 198-218.
Gutiérrez, F. (1982) *El lenguaje Total*, Buenos Aries, Humanitas.
Hadjinicolaou, N. (1979) "Grandeza y miseria de la iconografía", en *La producción artística frente a sus significados*, México, Siglo XXI.

LA CONSTRUCCIÓN DE UNA CULTURA DE PENSAMIENTO COMPRENSIVO EN LAS AULAS UNIVERSITARIAS

Institución: Universidad Nacional de San Luis
Ciudad, provincia y país: San Luis, San Luis. Argentina
Autora: Nora M. Giménez
Contacto: gimeneznora11966@gmail.com

Un espacio para construir y/o consolidar el pensamiento comprensivo

El presente trabajo intenta habilitar un espacio que favorezca la construcción y/o consolidación de una cultura de pensamiento comprensivo dentro de las aulas universitarias. La construcción de una cultura del pensamiento desde movimientos cognitivos que evidencien comprensión al interior de las aulas universitarias representa una agenda innovadora en la concepción tradicional de enseñanza que sustentan muchos educadores en el nivel superior. Se trata de una perspectiva que tensiona prácticas de enseñanza resueltas por largo tiempo en términos de exposición docente y escucha de los alumnos. Esta agenda innovadora de la que se habla aquí recupera el protagonismo de los estudiantes en el acto de la construcción comprensiva de su propio aprendizaje; así como la disposición ético-colaborativa y mediadora en que se define la participación de los profesores en este proceso.

Una perspectiva pedagógica que recupera la centralidad de la comprensión que los alumnos y alumnas del nivel superior pueden construir respecto del conocimiento escolar a fin de lograr una apropiación significativa del mismo que los oriente académica y socialmente, y que reconoce una diferencia importante entre la enseñanza enfocada en el conocimiento exclusivamente y la enseñanza que le hace espacio a la comprensión.

Perkins y Blythe (1994) realizan la siguiente distinción en torno al acto de conocer y el de comprender: cuando un alumno o alumna conoce algo recupera este conocimiento según se le demande, es decir puede dar cuenta de dicho conocimiento o demostrar dicha habilidad. La comprensión, por su parte, constituye una cuestión más sutil que trasciende el hecho de conocer. Hemos formulado una perspectiva de la comprensión en consonancia tanto con el sentido común y con un número de recursos provenientes de las ciencias cognitivas contemporáneas. La comprensión remite a la posibilidad de realizar una variedad de acciones que demandan el pensamiento crítico sobre alguna temática, como por ejemplo, explicar, encontrar evidencias, efectuar generalizaciones, analogías, y representar tal tema en una nueva forma. En resumen, la comprensión involucra poder desarrollar una variedad de "desempeños" que demuestran la propia comprensión respecto de un tema, y al mismo tiempo lograr progreso en ello. Hemos denominado a tales desempeños "desempeños comprensivos" o "desempeños de comprensión".

En ocasión anterior, Perkins (1993) se refería a la comprensión como la habilidad para pensar y actuar de manera flexible con lo que uno conoce. La comprensión de un tópico configura una capacidad flexible de desempeño. Cuando se adopta una pedagogía para la comprensión, se enfoca uno de los objetivos más básicos de la educación: *"la preparación de los educandos para un desempeño efectivo en la vida".*

Gardner y Boix Mansilla (1994), por su parte, han definido a la comprensión como "la capacidad de usar el conocimiento corriente, los conceptos, y las habilidades, para iluminar nuevas problemáticas y temáticas no anticipadas"[61].

Según sostiene D. Perkins (1993), la temática central en una educación para la comprensión se configura en el logro de las conexiones adecuadas de la misma con la propia vida de los estudiantes. En un contexto académico de este tipo, el profesor aprende con sus alumnas y alumnos, y comparte la responsabilidad del trabajo áulico con los mismos. Por otra parte, es posible la realización de experiencias de indagación en clase, pero también con la comunidad, compartiendo con los amigos, la familia o los expertos locales. La transferencia del aprendizaje se constituye en un hecho dentro de la enseñanza para la comprensión.

Cuando se trabaja desde una pedagogía de la comprensión se recrea para los alumnos y las alumnas un entorno de aprendizaje que favorece el uso de herramientas cognitivas, estimulando el compromiso activo de los educandos a partir de diferentes tipos de recursos cognitivos. Se trata de un entorno de aprendizaje cooperativo, de aprendizaje con los compañeros, de aprendizaje centrado en el alumno. Un entorno donde los estudiantes aprenden a compartir sus ideas a través de redes conceptuales del lenguaje y del desempeño, y donde tanto la audiencia como el presentador cobran relevancia.

---

[61] Gardner, H. y Boix Mansilla, V. (1994) *"Teaching for understanding in the disciplines and beyond"* en *Teachers College Record*, 96 (2), 198-218. *Paper prepared for the Conference on Teachers Conceptions of Knowledge*, Tel Aviv, p. 200.

Los aportes más recientes del proyecto cero

Esta propuesta configura su marco referencial a partir de la prolífica labor científica del Equipo de Investigadores de la Universidad de Harvard que conforma el Proyecto Cero. Desde comienzos de los 90, el Proyecto Cero ha generando diversas propuestas de relevancia en el campo educativo donde está comprometido no solo lo disciplinar e instrumental, sino también la dimensión actitudinal, una enseñanza para el desarrollo del conocimiento, una preparación para la vida social, una disposición utópica y hacia la autoconciencia, favoreciendo de manera global un desarrollo a nivel áulico e institucional de una cultura del pensamiento.[62]

En este sentido, se incluye el desarrollo de la perspectiva de las *Disposiciones del Pensamiento Crítico*. Perkins, Jay y Tishman proponen siete disposiciones del pensamiento crítico. Partiendo de una concepción triádica acerca de las disposiciones, argumentan que cada una de estas siete tendencias involucra sensibilidades, inclinaciones y habilidades distintas. Estas siete disposiciones son: la disposición de ser abierto y aventurero; la disposición de preguntarse, de encontrar problemas e investigar; la disposición de construir explicaciones y comprensiones; la disposición de hacer planes y ser estratégico; la disposición de ser intelectualmente cuidadoso; la disposición de buscar y evaluar razones; la disposición meta cognitiva.

Mediante *El aprendizaje Visible* se involucra el registro y documentación del proceso de aprendizaje de los alumnos a partir las producciones realizadas (es el aspecto más tangible de la propuesta). Conforma aprendizaje grupal y aprendizaje cultural, aprendizaje de valores, aprendizaje

---

[62] Compilado por Nora Mabel Giménez (2008), FCH UNSL, San Luis, Argentina.

de principios democráticos. En este sentido, el aprendizaje en grupo permite el desarrollo de capacidades humanas críticas necesarias para la participación en una sociedad democrática: la disposición a compartir las propias perspectivas y escuchar con respeto las de otros, admitir múltiples perspectivas, relacionar, cambiar de ideas, y negociar las diferencias.

Disposiciones que favorecen la cultura de pensamiento para la comprensión

David Perkins, Eileen Jay y Shari Tishman sostienen que los buenos pensadores críticos tienen habilidades de pensamiento crítico y disposiciones de pensamiento crítico. El pensador crítico que busca razones equilibradas en un argumento tiene tanto la habilidad como la disposición para hacerlo. En esta línea, Perkins, Jay y Tishman proponen lo que han definido como una "concepción triádica de las disposiciones de pensamiento", la cual incluye el concepto de habilidad. Según esta concepción, existen tres componentes psicológicos que necesariamente deben estar presentes para liberar la actuación de una disposición. Estos tres elementos son: la *sensibilidad*, que se explica como la percepción de un comportamiento particular apropiado; la *inclinación*, el ímpetu sentido hacia dicho desempeño o actuación y la *habilidad*, que constituye la capacidad básica de llevar a cabo la intervención (Perkins, Jay y Tishman, 1993). Los expertos investigadores en esta temática sostienen que las disposiciones de pensamiento tanto positivas como negativas contribuyen al desempeño general de pensamiento. Desde un punto de vista positivo, el individuo puede estar dispuesto hacia un comportamiento intelectual justo y de mente abierta. Desde una actitud negativa, el individuo puede estar dispuesto hacia un pensamiento sesgado y unilateral. La mayor parte del trabajo realizado en este campo se enfoca en las disposiciones de pensamiento *productivas,* disposiciones que contribuyen y caracterizan un pensamiento crítico y creativo de orden superior.

Perkins, Jay y Tishman tratan sobre siete disposiciones del pensamiento crítico. Partiendo de su disposición de concepción triádica, argumentan que cada una de estas siete tendencias involucra sensibilidades, inclinaciones y habilidades distintas. Estas siete disposiciones son:

- *La disposición de ser abierto y aventurero*: la tendencia a ser de mentalidad abierta, a explorar visiones alternativas, un estado de alerta ante aquello que limita el pensamiento, la capacidad para generar múltiples opciones o soluciones.
- *La disposición de preguntarse, de encontrar problemas e investigar*: la tendencia a formularse interrogantes, a indagar, a encontrar problemas, un entusiasmo por la investigación, un estado de alerta hacia lo que interroga, la capacidad para formular preguntas.
- *La disposición de construir explicaciones y comprensiones:* un deseo de explorar las partes y la función de las cosas, a buscar las conexiones y las explicaciones; una capacidad para construir conceptualizaciones complejas.
- *La disposición para hacer planes y ser estratégico*: el impulso para establecer metas, realizar y evaluar planes, para vislumbrar los resultados, el estado de alerta a la falta de dirección, la capacidad de formular objetivos y planes.
- *La disposición de ser intelectualmente cuidadoso*: la disposición a tener cuidado intelectualmente, el impulso por la precisión, la organización, la exhaustividad; un estado de alerta ante el error o inexactitud, la capacidad de procesar información con precisión

- *La disposición de buscar y evaluar razones*: la tendencia a interrogar lo dado, a exigir la justificación; un estado de alerta a la necesidad de evidencias; la capacidad de sopesar y evaluar las razones.
- *La disposición de ser meta cognitivo*: la tendencia a tener en cuenta y supervisar el flujo del propio pensamiento, estado de alerta a las situaciones de pensamiento complejo, la capacidad de ejercer el control de procesos mentales y ser reflexivo.

Tishman, Jay & Perkins (1993,1995) sugieren que las disposiciones de pensamiento se aprenden a través de procesos culturales más que por transmisión directa. En este sentido, manifiestan que las disposiciones de pensamiento son por naturaleza relativas a la personalidad y, como muchos de los rasgos del carácter humano, se desarrollan teniendo en cuenta el ambiente cultural en que se encuentren.

El ambiente cultural que mejor enseña las disposiciones de pensamiento es una *Cultura de Pensamiento*: un ambiente que refuerza el buen pensar en una diversidad de formas tanto tácitas como explícitas. Un programa efectivo para enseñar las disposiciones de pensamiento, por consiguiente, debe crear una cultura de pensamiento en el aula. Tal cultura debe tener los siguientes cuatro elementos: *modelos* de buenas disposiciones de pensamiento, *explicaciones* de las tácticas, conceptos y razones de buenas disposiciones de pensamiento, *interacciones* entre compañeros que involucren disposiciones de pensamiento, y *retroalimentación* formal e informal acerca de las disposiciones de pensamiento. Es decir que una propuesta de enseñanza que tenga como objetivo fortalecer las disposiciones sólidas de razonamiento, tendrá que tener en cuenta los siguientes criterios:

- El programa debe ofrecer *modelos* de desempeño sobre lo que configura un buen razonamiento, por ejemplo, ofrecer ejemplos históricos y literarios de buen razonamiento, ofrecer espacio al docente para modelar el razonamiento, estructurar experiencias donde los estudiantes modelan razonamientos por sí mismos, y ayudar a los estudiantes a identificar un desempeño de razonamiento (o la falta del mismo) en situaciones cotidianas. El propósito del criterio de los *modelos* es asegurar que los estudiantes reciban ejemplos de cómo se ven las disposiciones de pensamiento en la práctica.
- Tiene que ofrecer *explicaciones* directas acerca del propósito, conceptos y métodos de un buen razonamiento. En otras palabras, a los estudiantes se les debe indicar el por qué es importante el buen razonamiento; igualmente se les debe enseñar algunos conceptos y pautas claves de razonamiento. Por ejemplo, los estudiantes deben recibir explicaciones sobre dichos conceptos tales como evidencia, hipótesis, justificación y teoría. También se les deben dar explicaciones acerca de los métodos para buscar evidencia, construir hipótesis y demás. El propósito del criterio de *explicación* es asegurar que los estudiantes reciban información acerca de los conceptos centrales y métodos de la disposición de pensamiento.
- Una propuesta que impulse el desarrollo del buen razonamiento debe ofrecer una amplia oportunidad de *interacción* entre compañeros centrados en el razonamiento. Estas son interacciones donde los estudiantes pueden razonar conjuntamente, discutir el razonamiento con su compañero, evaluarlo conjuntamente y demás. El propósito de este criterio es darle vida a la disposición de pensamiento anclándola por medio de interacciones interpersonales significativas.

- También es necesario que se ofrezcan amplias oportunidades de *retroalimentación* formal y no formal centrada en las disposiciones de pensamiento. A través de la retroalimentación del docente, de los compañeros y del alumno mismo, los estudiantes aprenderán sobre sus fortalezas y debilidades del comportamiento de razonamiento. La retroalimentación es una de las formas más poderosas en que una cultura enseña y expresa sus valores; y el propósito del criterio de *retroalimentación* es asegurar que el ambiente del aula sea uno donde se apoye y se estimule el desempeño hacia el pensamiento crítico- comprensivo, y realmente se valore en forma clara para el estudiante.

La evaluación de las disposiciones de pensamiento está siendo desarrollada por David Perkins, Shari Tishman y Albert Andrade, teniendo en cuenta la definición triádica de las disposiciones de pensamiento descritas anteriormente. Este enfoque tiene como objetivo el poder distinguir entre la habilidad cognitiva, la inclinación y la sensibilidad y valorar su contribución relativa del desempeño total del pensamiento crítico. Los instrumentos de evaluación de Perkins, Tishman y Andrade consisten en una secuencia de tres tareas. Cada tarea está para aislar un elemento de la tríada de disposición. En una tarea los problemas de pensamiento están implícitos en el texto del cuento –problemas tales como la generalización, o la falla de buscar opciones alternas–. A los estudiantes se les solicita que lean el texto e identifiquen cualquier problema, inquietud o preocupación que se les presente. Esta primera tarea valora la sensibilidad para captar momentos de pensamiento. En la segunda tarea (que por lo general, pero no necesariamente, le sigue a la primera) los problemas implícitos se hacen explícitos, y a los estudiantes se les solicita responderlos directamente. Esta segunda prueba juzga la inclinación. La tercera tarea, la cual se ofrece típicamente unos días después de la primera y la segunda, presenta nuevamente a los estudiantes los problemas y les pide de manera explícita que respondan de una forma en particular.

Asimismo, es posible apoyar la consecución de una cultura áulica y/o institucional que, de paso a la perspectiva crítica y comprensiva del pensamiento, incluyendo el ideario del Aprendizaje Visible, configura otro interesante desarrollo estratégico del Proyecto Cero.

El Aprendizaje Visible involucra el registro y documentación del proceso de aprendizaje de los alumnos mediante las producciones realizadas –es el aspecto más tangible de la propuesta–. Configura aprendizaje grupal y aprendizaje cultural, aprendizaje de valores y aprendizaje de principios democráticos. En esta línea, el aprendizaje en grupo permite el desarrollo de capacidades humanas críticas necesarias para la participación en una sociedad democrática: la disposición a compartir las propias perspectivas y escuchar con respeto las de otros, admitir múltiples perspectivas, relacionar, cambiar de ideas y negociar las diferencias.

Cabe señalar que desde el Proyecto Cero se explica la propuesta sobre el Aprendizaje Visible en términos de tres aspectos del aprendizaje y la enseñanza: lo que el docente y alumnos pueden hacer para promover el aprendizaje individual y grupal en el aula; cómo mediante la observación y documentación se puede dar forma, ampliar y hacer visible el aprendizaje individual y grupal de niños y adultos; cómo tanto docentes, alumnos y demás participantes de la comunidad se pueden configurar en creadores, así como también, en transmisores de cultura y conocimiento.

En esta perspectiva se encuentra implícito un reconocimiento sobre una realidad del aula: con demasiada frecuencia, los alumnos son expuestos solamente al final, al producto terminado del pensamiento, la novela o la pintura terminada, la teoría científica establecida, la versión histórica oficial. Raramente los estudiantes tienen la posibilidad de ver los desempeños de los pensamientos que condujeron a esos productos terminados. Paradójicamente, son precisamente estos hábitos de la mente los que los alumnos necesitan desarrollar.

El compromiso docente en este sentido ha de configurarse en términos de colaborar en el logro del develamiento del pensamiento de los alumnos. Esto es mediante el registro de sus procesos de desdoblamiento del pensamiento a medida que se utilizan las estrategias didácticas adecuadas para tal fin. Hacer que el pensamiento se torne visible en el aula proporciona a los alumnos modelos vividos de lo que constituyen los procesos de buen pensamiento y les muestra la importancia de su participación en esta instancia.

Dando paso a una cultura del pensamiento para la comprensión

Como se explicitó inicialmente este trabajo intenta focalizar la consideración de los valiosos desarrollos teóricos del equipo de investigadores del Proyecto Cero de la Universidad de Harvard en orden de habilitar una apertura hacia la conformación de verdaderas culturas de pensamiento crítico- comprensivo en las aulas universitarias. Los aportes teóricos realizados por el Proyecto Cero sobre Disposiciones del Pensamiento, y la Propuesta para el Pensamiento Visible configuran la base sobre la cual se pueden pensar propuestas de enseñanza y de aprendizaje que colaboren en la construcción de una cultura de pensamiento superior sustentada en la comprensión. Cabe señalar, finalmente, que estas propuestas conforman desarrollos más recientes, paralelos a la propuesta pionera del Proyecto Cero: el marco de la Enseñanza para la Comprensión.

Bibliografía

Blythe, T. y associates (1998) *The teaching for understanding guide*, San Francisco, CA: Jossey-Bass.

Gardner, H. y Boix Mansilla, V. (1994) *"Teaching for understanding in the disciplines and beyond"* en *Teachers College Record*, 96 (2), 198-218. *Paper prepared for the Conference on Teachers Conceptions of Knowledge*, Tel Aviv.

Perkins, D.; Jay, E. y Tishman, S. (1993) *"Beyond abilities: A dispositional theory of thinking"* en *The Merrill-Palmer Quarterly*, 39 (1), 1-21.

Tishman, S.; Jay, E. y Perkins, D. N. (1993) *"Thinking dispositions: From transmission to enculturation"*, Theory Into Practice, 3, pp. 147-153.

Tishman, S. (1994) *"Thinking dispositions and intellectual character"* en *Annual Meeting of the American Educational Research Association*, New Orleans, LA.

Tishman, S.; Perkins, D. N. y Jay, E. (1995) *Un aula pensante: learning and teaching in a culture of thinking*, Needham, MA: Allyn & Bacon.

ENSEÑAR A COMPRENDER A TRAVÉS DE LAS TICS

Institución: Centro Latinoamericano de Economía Humana.
Programa de Educación.
Ciudad, provincia y país: Montevideo. Montevideo, Uruguay.
Autora: Julia Leymonié Sáenz
Contacto: jleymonié@gmail.com; jleymonie@claeh.edu.uy

Introducción

Esta ponencia tiene como propósito mostrar cómo el marco pedagógico de la Enseñanza para la Comprensión ofrece una estructura simple y potente para flexibilizar algunos aspectos del formato escolar tradicional, integrando las Tecnologías de la Información y la Comunicación (TICs) *en un plan curricular. En el momento actual la formación docente en nuestro país se ve sometida al desafío de hacerse cargo del impacto que el Proyecto CEIBAL (Conectividad Educativa de Informática Básica para el Aprendizaje en Línea)[63] está produciendo dentro del plantel de docentes del país, desde los niveles iniciales hasta los universitarios. Este Plan forma parte de una política social inclusiva que integra la agenda del Gobierno para ser aplicada en la educación pública, y se puso en marcha en el año 2007 a iniciativa del entonces presidente Dr. Tabaré Vázquez, inspirado en el Proyecto One Laptop per Child (OLPC)[64].*

---

[63] Esta sigla fue elegida por su carácter simbólico para los uruguayos: la flor de ceibo es la flor nacional; los ceibales son conjuntos de ceibos que crecen en forma silvestre a la orillas de los ríos del Uruguay.
[64] En el año 2005, integrantes del MIT Media Lab, liderados por Nicholas Negroponte y Lewis Stiward desarrollaron una PC portátil, de bajo costo, con sistema operativo free. Su objetivo fue diseñar, fabricar y distribuir PC portátiles suficientemente baratos como para proveer a cada niño en el mundo, acceso a conocimientos y métodos educativos modernos (OLPC).

La implementación del Proyecto CEIBAL se ha desarrollado exitosamente en cuanto a los aspectos tecnológicos y sociales: hoy todos los niños y adolescentes que asisten a la educación pública básica obligatoria (5 a 15 años) cuentan con su PC portátil, al igual que los maestros y profesores. Las familias, en todos los estratos sociales, pero sobre todo en los más desfavorecidos, han acogido este proyecto muy positivamente, y se han multiplicado los espacios WiFi en ámbitos muy diversos, desde los shopping hasta las plazas públicas. La meta del gobierno referida al acceso democrático a la información tiene posibilidades de ser alcanzada en un cierto tiempo no muy lejano. La pregunta que surge es ¿qué información me importa seleccionar?, ¿qué uso le doy a la información?, ¿para qué quiero la información?, ¿qué hago con ella? La educación formal tiene un importante papel en la generación de las respuestas a estas preguntas.

La formación de los docentes para incorporar a sus proyectos de aula el trabajo con las "ceibalitas" (así denominan los niños a sus laptops) no acompaña el exitoso proceso tecnológico y social. En nuestro país ya nadie duda que las TICs han llegado a la educación para quedarse y desde la educación es necesario tomar una importante decisión: ¿qué hacer con ellas? En esta ponencia narramos una de las propuestas que hemos concretado en el marco de una institución universitaria, tomando como base la Enseñanza para la Comprensión para dar cuenta de la incorporación de las TICs al ámbito educativo, desde una particular postura frente al hecho educativo.

En primer lugar describiremos la experiencia y sus propósitos. En segundo lugar presentaremos distintos aspectos de la teoría en que se sustenta. En tercer lugar mostraremos algunos ejemplos.

Descripción y propósitos

En el año 2001 dimos comienzo, en la Universidad de la República, Uruguay, a una serie de experiencias educativas de aplicación del marco pedagógico de la Enseñanza para la Comprensión (EpC) en la formación de los docentes universitarios. En estos años hemos podido comprobar cómo, efectivamente, la propuesta de planificar de acuerdo con la EpC produce verdaderas transformaciones en las prácticas de aula de la universidad. Nuestra hipótesis de trabajo plantea que los cambios en las prácticas solo se producen si hay oportunidades de pensar-actuar-pensar-volver a actuar. La EpC brinda estas oportunidades.

No es caprichoso proponer que el ciclo empiece pensando, ya que para abordar las planificaciones curriculares desde la necesidad de definir, en lo disciplinar, "qué quiero que comprendan mis estudiantes" desencadena un conjunto de reflexiones teóricas sobre los contenidos a enseñar que exige comprometerse con el territorio epistémico de la disciplina que se enseña y ahondar en él. A su vez, pensar sobre "cómo comprendo y cómo comprenden los demás" remite a una necesaria reflexión psicológica. Llevar al terreno de la conciencia los supuestos epistemológicos de la enseñanza y remover los tradicionales supuestos sobre el aprendizaje es un buen comienzo para comenzar a transformar las acciones educativas en varios niveles: los planes curriculares, los recursos, la evaluación.

También hemos podido comprobar que, una vez que los profesores universitarios rompen la barrera de la rutina y comienzan a pensar la enseñanza desde nuevas perspectivas, no abandonan más estas posturas y desarrollan procesos autónomos verdaderamente muy enriquecedores de las prácticas docentes, con muy buenas devoluciones por parte de los estudiantes. Se convierten en líderes entre sus colegas y marcan líneas de trabajo innovadoras que entusiasman y promueven adhesión.

El éxito de estas experiencias nos ha llevado a intentar similares esfuerzos dentro de la formación de docentes de enseñanza primaria y media. Sin duda, la realidad de estos docentes es notoriamente diferente a la de los docentes universitarios, en dos aspectos que consideramos cruciales: la autonomía para tomar decisiones curriculares y la solidez conceptual disciplinar. Si bien existe una adecuada formación inicial en los aspectos didácticos, la preparación de los docentes de enseñanza primaria y media tiene demasiadas carencias en cuanto al dominio del conocimiento disciplinar y su aplicabilidad, lo que necesariamente se refleja en la debilidad del manejo didáctico de los contenidos a enseñar. Por estas razones, ambos aspectos son encarados en forma específica en nuestra propuesta de trabajo con estos docentes. También vemos que esa formación inicial, tanto en un campo como en el otro, no se continúa con regularidad en forma de un proceso permanente de actualización. Esta circunstancia determina que muy rápidamente los docentes egresados de su formación docente inicial queden desactualizados. Es necesario, entonces, implementar actividades de formación permanente para los docentes, pero ¿qué características deberían tener estas actividades?

La experiencia que presentamos en este trabajo transcurre en el ámbito de la formación de posgrado, en el marco del Instituto Universitario del Centro Latinoamericano de Economía Humana (CLAEH). Este Centro es una organización de la sociedad civil que desarrolla proyectos sociales desde hace más de 50 años. Hace 10 años se fundó, dentro de esta organización civil, un Instituto Universitario con el fin de complementar su importante incidencia en los ámbitos de la educación no formal, con intervenciones pensadas para la educación formal. Es así que, dentro de otros, se impulsó el desarrollo de un Programa de Educación. En este Programa nos encontramos actualmente impulsando proyectos de educación permanente con un enfoque social. Nuestro Programa desarrolla posgrados para maestros de primaria y para docentes de media y universitarios, privilegiando organizaciones curriculares adaptadas para la realidad de las personas que viven y ejercen su docencia en el interior del país.

El marco de la experiencia

La sociedad postmoderna, o sociedad del conocimiento y la información, ha desencadenado en el actual mundo globalizado de hoy una suerte de "revolución pedagógica" que proyecta cambios sustanciales en las relaciones entre el conocimiento, los docentes y los alumnos; entre los alumnos entre sí; entre los docentes entre sí; entre la escuela y los centros de producción del conocimiento; al interior del propio formato escolar. La escuela moderna no parece responder adecuadamente a estos desafíos. Sus características que, si bien son circunstanciales, se han ido consolidando a lo largo de sus más de 100 años de historia, ya no dan cuenta de las enseñanzas y los aprendizajes que la sociedad del siglo XXI demanda. Expresa Terigi[65] que la solidez del tradicional formato escolar no debería hacernos pensar que la escuela moderna constituye *"un contexto natural de aprendizaje y desarrollo"*.

Suelen describirse como características propias de la escuela moderna, entre otras: la inclusión "universal" y obligatoria, la gradualidad, la simultaneidad, los regímenes de tiempo y espacio, la descontextualización de las

---

[65] Revista Iberoamericana de Educación (2009) *Educacion: futuro en construcción*, Nº 50, OEI, pp. 23-39.

experiencias de aprendizaje, la creación de un colectivo de educandos (Baquero, 2006). En Uruguay, la reforma vareliana de fines del Siglo XIX instaló con fuerza en la educación uruguaya los conceptos de laicidad, obligatoriedad, gratuidad, simultaneidad, currículo único, como instrumentos privilegiados de control estatal. Uruguay alcanzó, durante la mayor parte del Siglo XX, índices muy elevados de alfabetización, constituyendo la educación una clara opción para el asenso social y la construcción de ciudadanía. La fuerza de estas realidades, que respondieron a una determinada conceptualización históricamente situada de ciudadanía y de Estado, ha sido tal que su cuestionamiento suele considerarse una "traición" a las mejores tradiciones educativas del país. Sin embargo, la realidad actual, también históricamente situada, exige dichos cuestionamientos en forma urgente.

La crisis de la modernidad, de carácter universal, sumada a la crisis local y a la herencia de 13 años de dictadura, ha producido fracturas muy profundas en el tejido social de nuestro país. Desde la salida de la dictadura en el año 1985, la educación uruguaya ha transitado por diversos diseños curriculares en la búsqueda de responder a las necesidades de los nuevos contextos sociales y políticos que fue necesario encarar. El Estado ha destinado recursos que permitieron mejoras importantes en los ambientes de aprendizaje, la formación de los docentes y sus salarios, los recursos para la enseñanza. Sin embargo, el formato escolar, propio de la escuela moderna, no ha sido alterado. Esto es especialmente notorio en la enseñanza media donde la posición de "alumno", cualquiera sea la edad del sujeto, marca las relaciones de dependencia con el docente, quien es el representante del saber y de la autoridad. La escuela moderna dio lugar a un alumno obediente, interesado por lo que se le ofrecía como conocimiento, respetuoso de las reglas y los límites espacio-temporales.

Este alumno está desapareciendo. Existe hoy en día una importante distancia entre el modelo estándar de alumno y las representaciones de los jóvenes acerca de "ser alumno", distancia mucho más marcada en aquellos estudiantes que provienen de contextos desfavorecidos económica y culturalmente (Dutchatzky y Corea, 2003).

Los datos estadísticos nacionales e internacionales nos alertan acerca del "fracaso" de las reformas de los 90. En Uruguay la tasa neta de escolarización en el año 2005 muestra que aproximadamente un tercio de los adolescentes (13 a 19 años) del sector más pobre de la población se encontraba ese año desvinculado del sistema educativo (Gaceta ANEP, 2006). Demasiados jóvenes abandonan el sistema educativo, muchos otros ni siquiera ingresan: desde el año 2003 a la fecha actual los registros de matrícula muestran que esta no ha dejado de descender.

> La escuela impone condiciones de trabajo altamente homogéneas que impactan sobre una población claramente heterogénea y que la atribución de las razones del fracaso escolar al desajuste de las condiciones que portan buena parte de la población escolar solo puede hacerse sobre la base de juzgar a estas condiciones escolares como óptimas, naturales o imposibles de ser modificadas (Baquero, 2006: 19).

En este trabajo nos interesa abordar las condiciones escolares a las que se refiere Baquero en el párrafo anterior. El formato escolar moderno regula muy prolijamente los *tiempos escolares,* los cuales suelen estar cargados de expectativas familiares (sociales) e institucionales. Los niños y jóvenes deben cumplir ciertos ciclos en determinada cantidad de años. La sociedad "castiga" a los alumnos que no cumplen con estas expectativas y "premia" a los que lo consiguen, con todas las consecuencias psicológicas y emocionales que ello conlleva. A la hora de organizar el aprendizaje de los alumnos la simultaneidad y la gradualidad tienen una profunda influencia y su manejo define los rasgos más marcados del formato escolar moderno.

La *simultaneidad* determina que un docente enseñe a un grupo de alumnos, todos a la vez, partiendo del supuesto de que todos los alumnos son capaces de aprender en los mismos tiempos y a través de las mismas actividades. Este rasgo se acompaña de la simultaneidad curricular, reflejándose en la homogeneidad de los aprendizajes en el conjunto del sistema educativo.

La *gradualidad* impulsa la idea de organizar a los alumnos por grupos de edades y niveles graduales y homogéneos de conocimientos. Los sistemas de promoción o de repetición se basan en estas ideas tan naturales e implícitas desde todos los tiempos que su análisis se nos hace difícil. Baquero (2006) señala un hecho sobre el cual es interesante pensar:

> No deja de resultar algo absurdo que ante niños que no aprenden según la estrategia que hemos puesto en marcha, nuestro recurso maestro sea hacerlos repetir lo mismo. Nótese que la expectativa tácitamente suele estar colocada en el mero paso del tiempo, es decir, que el alumno 'madure' ya que nada solemos variar en el formato escolar ofrecido.

La simultaneidad y gradualidad que impone el formato escolar moderno implican que la organización de la enseñanza y, por lo tanto, las experiencias de aprendizaje de los alumnos sea colectiva. En ese marco la planificación de la enseñanza debe enfocarse a una población que se piensa como homogénea, integrada por alumnos estándar, alumnos medios, de esos que no existen en la realidad del aula.

Identificamos así dos aspectos del formato escolar, la simultaneidad y la gradualidad, sobre los cuales entendemos que la adecuada combinación del modelo de la Enseñanza para la Comprensión (EpC) y el uso de las Tecnologías de la Información y la Comunicación (TICs) pueden dar pistas para la construcción de modelos de enseñanza flexibles que atiendan a la diversidad con la cual nos encontramos cotidianamente en nuestras aulas.

Las TICs y la Comprensión

La investigación educativa reciente sobre la incorporación de las TICs a las aulas ha favorecido el desarrollo de una serie de nuevos conceptos y nuevos enfoques que han hecho evolucionar notablemente el campo de la enseñanza y el aprendizaje, más allá de los aportes específicos en el área de la informática educativa. La mayoría de estos enfoques tienen en común su pertenencia a corrientes de pensamiento socio-constructivistas.

Las TICs permiten poner en práctica estrategias didácticas en virtud de las cuales el estudiante es el principal actor en la construcción de sus conocimientos: sus aprendizajes resultan más significativos en el marco de actividades concretas pensadas "a su medida" y, al mismo tiempo, se benefician del trabajo colectivo. El concepto de alumno manejado por la escuela moderna podría verse sustancialmente modificado, dando paso a una concepción más acorde con las representaciones actuales de los jóvenes sobre "ser alumnos", y mucho más cercana a la idea de alumno como sujeto de aprendizaje.

La integración de las TICs para apoyar los procesos de enseñanza y aprendizaje tienen una crucial ventaja: su utilización se dirige a lograr una forma (quizás la única) de recapturar el "mundo real" y reabrirlo al estudiante en el interior del aula, con amplias posibilidades de interacción y manipulación de su parte. Desarrolladas y utilizadas adecuadamente, las TICS tienen la capacidad de:

- Presentar los materiales a través de múltiples medios y canales.

- Motivar e involucrar a los estudiantes en actividades de aprendizaje significativas.
- Proporcionar representaciones de conceptos y modelos abstractos.
- Mejorar el pensamiento crítico y otras habilidades y procesos cognitivos superiores.
- Ampliar las posibilidades de incorporar nuevas y diversas informaciones para resolver problemas y explicar fenómenos naturales y sociales.
- Permitir el acceso a la investigación científica y el contacto con científicos y base de datos reales.
- Ofrecer a los docentes y a los estudiantes una plataforma a través de la cual pueden comunicarse con compañeros y colegas de lugares distantes, intercambiar trabajo, desarrollar investigaciones y funcionar como si no hubiera fronteras geográficas.

La enorme accesibilidad a información diversificada favorece la apertura de los campos disciplinarios. Los recursos de las tecnologías ponen el acento en la necesidad de establecer vínculos entre las disciplinas, los diversos aprendizajes escolares y la realidad extraescolar. Sin embargo, para que la información que circula en las computadoras a través de las redes pueda enriquecerse y transformarse en saber se debe acompañar de un cambio en el papel del docente: de ser proveedor de saber en el aula, a ser mediador y facilitador del aprendizaje dentro de un contexto interdisciplinario.

Llegado este punto es importante puntualizar que no será posible producir verdaderos procesos de cambio en las prácticas docentes y, por consiguiente, en los aprendizajes de los estudiantes sin transformaciones de fondo en los currículos, los materiales didácticos, los enfoques de la evaluación, la formación de los docentes. La incorporación de las tecnologías a las aulas, *per se*, no podrán cambiar las prácticas docentes. A modo de ejemplo digamos que las XO de los niños en muchas de las escuelas uruguayas suelen ser utilizadas en las aulas en gran medida para "entretener". Paradojalmente, su curiosidad innata los lleva, cuando nadie está conduciendo la enseñanza, a bucear en Internet a la "pesca" de cuestiones interesantes que luego comparten con su familia, sus amigos, pero rara vez con el docente.

En este contexto surge la necesidad de sostener estos procesos en un marco pedagógico que favorezca la *comprensión*, entendida como la capacidad de usar flexiblemente el conocimiento para aplicarlo en situaciones nuevas, diversas y desafiantes (Blythe, 1999). Es así que comprender implica algo más que incorporar un conocimiento, tiene que ver con la posibilidad de usar convenientemente dicho conocimiento, así como tener la capacidad de discernir cuándo, dónde y cómo aplicarlo. El concepto que habitualmente se maneja acerca del "conocimiento" nos remite a la idea de poseer determinada información, incorporada a través de la enseñanza del docente, de la lectura de un libro, o cualquier otra fuente de información. Es relativamente sencillo determinar en qué medida una persona posee o no ciertos conocimientos. Sin embargo, Perkins nos hace reflexionar al respecto cuando señala que "cuando entendemos algo, no solo tenemos información, sino que somos capaces de hacer ciertas cosas con ese conocimiento."[66]

¿Cómo se fomenta en nuestros estudiantes esa capacidad para comprender y cómo se enseña a comprender? Es evidente que en la mayoría de nuestras instituciones educativas no se están desarrollando estas capacidades:

---

[66] Perkins, D. (1995) *La escuela inteligente*, Barcelona, Gedisa, p. 82.

[...] grandes cantidades de alumnos no están recibiendo una buena educación consecuente, es decir, una educación que les permita ser pensadores críticos, gente que plantea y resuelve problemas y que es capaz de sortear la complejidad, ir más allá de la rutina y vivir productivamente en este mundo en rápido cambio.[67]

Entendemos que la capacidad de comprender se desarrolla con la aplicación práctica de lo comprendido, que ese tipo de experiencia donde se busca lo que se sabe, y se intenta aplicarlo a situaciones nuevas para llegar más lejos y más profundo, es una forma eficaz de aumentar esa capacidad.

Dice Howard Gardner que lo esencial en su propuesta educativa es ayudar a los estudiantes a comprender las principales formas de pensamiento disciplinar y los temas sustanciales de cada rama disciplinaria. Es lo que él llama *"inmersión"* en la disciplina (Gardner, 2000). Según esta idea los estudiantes deberían explorar en profundidad un conjunto adecuado de ejemplos que permitan ver cómo se piensa y se actúa desde determinada ciencia. No con el propósito de que los estudiantes se conviertan en expertos, sino de lograr que los estudiantes utilicen de modo flexible sus conocimientos disciplinares para interpretar y transformar su propio mundo, o sea que puedan transferir sus conocimientos a distintas situaciones nuevas, desconocidas, imprevistas.

Los programas escolares carecen de este enfoque. Como mencionamos anteriormente los planes curriculares se organizan en torno a los criterios de gradualidad y simultaneidad, dedicándosele relativamente poco tiempo y profundidad a los distintos temas, en un esfuerzo abarcativo y homogeneizador.

---

[67] Perrone, V. (1999) *La Enseñanza para la Comprensión. Vinculaciones entre la teoría y la práctica*, Buenos Aires, Paidós, p. 36.

En la medida en que los conocimientos han ido creciendo, y actualmente lo hacen en forma exponencial y vertiginosa, también nuevos temas se han incorporando a los programas. Este modo de encarar la enseñanza, donde está casi ausente el estudio de las formas de pensamiento disciplinar, deja a los conocimientos sin sustento epistemológico y por lo tanto, desarticulados, aislados, como un conjunto de hechos y datos sin coherencia y significatividad, aumentando dramáticamente la probabilidad de que sean prontamente olvidados. Y, por supuesto, careciendo de interés y atractivo para quien pretende enseñarlos y aprenderlos.

Para abordar los problemas antes expuestos, nos parece muy pertinente la propuesta pedagógica del grupo de la Escuela de Graduados en Educación de la Universidad de Harvard (HGSE), denominada "Enseñanza para la Comprensión (EpC)" la cual precisamente coloca *la comprensión* en un lugar de destacado privilegio.

Nos interesa destacar en particular una de las dimensiones de dicha propuesta, el concepto de Tópico Generativo. Esta dimensión encara directamente los contenidos disciplinares, su selección y jerarquización y, en consecuencia, la posibilidad de transformación de las propuestas curriculares abordando la gradualidad y la simultaneidad que suelen caracterizar las planificaciones curriculares.

Una segunda dimensión del modelo EpC que nos interesa resaltar en relación con los propósitos de nuestra experiencia es el concepto de Desempeño de Comprensión. Por un lado, notamos que la formulación de los desempeños exige del docente pensar en procesos activos de pensamiento; por otro lado, permite que los estudiantes realicen estos desempeños en la medida de sus posibilidades, pero siempre teniendo la meta de ir más allá. Esto promueve una mayor interacción entre los estudiantes y los docentes, generando confianza y respeto en ambos sentidos, y también proporciona la posibilidad de avanzar paso a paso, lo que apunta directamente a la autoestima, no solo de los estudiantes, sino también de los docentes. Unos y otros ven con satisfacción los avances que se van produciendo.

Participantes en la experiencia

Los participantes en esta experiencia son docentes: tanto el equipo docente, en su rol de formación de formadores, como los estudiantes-docentes, en su interés por actualizar su formación inicial como docentes de enseñanza primaria y media en el área de las Ciencias Naturales y Exactas.

El equipo docente está integrado por dos perfiles de docentes: unos, son profesores universitarios especializados en distintas áreas disciplinares (Biología, Física, Química) con experiencia en la formación de docentes de primaria y media; otros, son egresados de institutos de formación docente y son especialistas en didácticas específicas (Biología, Química, Historia, Inglés, Español, Matemática). Entre otras perspectivas didácticas, este grupo de docentes ha realizado cursos, online o en formato presencial, sobre Enseñanza para la Comprensión y ha hecho una opción por esta línea de pensamiento. La potencia didáctica de este marco ha permeado sus prácticas cotidianas desde hace años y ha facilitado la reflexión profunda sobre las mismas, provocando la necesidad de trasladar su experiencia al resto de los colegas. El equipo docente comparte una misma preocupación por unir la teoría con la práctica, y han encontrado buenas respuestas en el marco de la EpC. Sus preguntas con relación a "qué enseñar", se han movido hacia "qué interesa que los estudiantes comprendan". El primer cambio se ha producido en el equipo, de ese modo es posible entusiasmar por los cambios a los demás.

Los estudiantes de estos cursos son docentes de Ciencias Naturales y Exactas que ejercen la docencia en la educación primaria y media, en su mayoría, en el interior del país. Suelen ser docentes que se encuentran con dificultades de diversas índoles para desarrollar sus tareas docentes: excesiva carga horaria, currículos rígidos y supervisiones en consecuencia, bajos salarios, escasez de recursos y materiales didácticos, pocos incentivos institucionales para la mejora, entre otros. Estas cuestiones producen un perfil de participantes con muy baja autoestima, que no están demasiado motivados para el cambio, que les resulta difícil pensar en propuestas innovadoras cuando la comunidad educativa donde trabajan es refractaria a los cambios.

En ese contexto tuvimos que pensar un diseño de cursos de actualización muy motivantes y flexibles, que fueran capaces de colaborar a la transformación inmediata de las prácticas, aunque sean pequeños y modestos cambios, pero que produzcan la satisfacción de ver concretadas en la práctica las propuestas teóricas. Y aún más allá, ver el avance en los aprendizajes de los estudiantes.

Nuestras expectativas, como equipo docente, tratan de estar acordes con la realidad de los docentes que realizan estos cursos. Básicamente, planteamos tres grandes expectativas:

- Esperamos que cada participante, en forma individual o colectiva, pueda crear un *programa de estudios* para sus estudiantes actuales basado en tópicos generativos, de corta duración, especificando claramente lo que espera de sus estudiantes. Este programa de estudios se va construyendo y se va aplicando durante el curso, por lo cual los participantes van recibiendo la correspondiente retroalimentación.

- También esperamos que los docentes *diseñen actividades* donde los estudiantes trabajen activamente con las TICs, poniendo en práctica lo que han estudiado.
- Finalmente, esperamos que dentro de la planificación curricular cambie el lugar tradicional de la evaluación. Esta debe ser una *evaluación continuada y auténtica*, es decir, debería desarrollarse integrada a la enseñanza proporcionando un *feedback* permanente y estar referida a situaciones cercanas a la realidad.

Nuestras preguntas generales para armar el diseño curricular de estos cursos de actualización son las siguientes:

¿Qué vale la pena comprender en este curso?, ¿qué me interesa que mis estudiantes-docentes comprendan?, ¿qué deben hacer para lograr esa comprensión?, ¿cómo nos damos cuenta que se ha desarrollado comprensión y en qué grado?, ¿cómo se dan cuenta ellos mismos de su comprensión?

El formato de estos cursos combina los encuentros presenciales mensuales, con las actividades mediadas por la Plataforma *Moodle*. Tienen una duración de dos semestres, con lo cual acompañan todo un ciclo lectivo. Los participantes conforman grupos de acuerdo con sus afinidades, a veces estas tienen que ver con su pertenencia a una institución, otras veces los equipos se forman de acuerdo al área de estudio. Cada 8 estudiantes-docentes hay un tutor. El tutor es un integrante del equipo docente que coordina el curso. Existe una rotación después del primer semestre, quiere decir que cada tutor profundiza en el conocimiento de 16 participantes.

Al comienzo del curso, en la primera jornada presencial, se trabaja con los participantes el concepto de comprensión, desde sus experiencias personales:
- Piense en algún concepto disciplinar que usted haya comprendido en profundidad.

- Señale cómo se ha dado cuenta que lo ha comprendido.
- Indique que factores han favorecido esa comprensión.

Esta discusión abre el debate sobre amplios temas disciplinares, epistemológicos, psicológicos, que son previos y necesarios antes de llegar a la discusión de lo que vale la pena enseñar. Se les solicita que seleccionen una parte del curso que están actualmente dictando para re-confeccionar la planificación curricular a la luz de la EpC, e incorporar las TICs en dicha planificación. Esta parte del curso debe ser muy corta porque es una primera prueba, y debe ser modesta pero con posibilidades de éxito. Todo el curso gira en torno a la re-planificación de un pequeño programa de estudios que deberá ser "modelo" de desafíos mayores. Se combinan las instancias presenciales, orientadas por dos docentes del equipo en forma rotativa, con las virtuales, orientadas por el tutor correspondiente. La evaluación es diagnóstica y continua, y la acreditación final implica la presentación del portafolio de trabajos realizados durante el curso, y la participación en el coloquio final, que se realiza en la última clase presencial.

¿Cómo entran las TICs en estos cursos?

Obviamente es posible enseñar para la comprensión usando recursos tradicionales, sin embargo las TICs ofrecen la posibilidad de enriquecer muchísimo las potencialidades del marco EpC:
- amplían el acceso a recursos;
- profundizan la comprensión haciendo "visibles" los conceptos abstractos;
- ayudan a los docentes a organizar, jerarquizar y analizar información;

- amplían y profundizan las formas expresivas de los alumnos;
- promueven el aprendizaje colaborativo;
- favorecen la elaboración de tareas autónomas de complejidad creciente.

En nuestros cursos las TICs son utilizadas en tres aspectos:

- Atendiendo a la consigna de "comprender haciendo", la Plataforma *Moodle* sirve como lugar de intercambio de ideas y materiales (foros), y para mostrar producciones personales o de grupo (tareas), llevar nota de procesos y dar y recibir *feedback* (bitácoras), generar trabajos en equipo (grupos) y construir documentos colectivos (*wikis*).
- Se pide a los participantes que elaboren los desempeños de comprensión para sus estudiantes incluyendo necesariamente la utilización, aplicación y/o producción de recursos tecnológicos, utilización de la Internet en alguno de sus aspectos (desde Google académico a búsqueda de imágenes, datos, o interacciones a través de *chat*, *email*, etc.), u otras posibilidades de uso de las TICs.
- En dos momentos del curso, uno en cada semestre, cada participante debe llevar a cabo en su aula una tarea propuesta por el equipo docente. Para preparar la tarea cada participante cuenta con su tutor y su grupo de referencia con los cuales interactúa a través de la Plataforma *Moodle* en un espacio especialmente creado a tales fines. Esta tarea debe ser filmada, editada y subida al mencionado espacio, todo lo cual también forma parte de los desempeños de comprensión del curso para cada participante. Cada tarea está acompañada por una reflexión personal del autor, según la propuesta de una pauta de reflexión. El conjunto de

las tareas son analizadas por el grupo en un trabajo de análisis de prácticas coordinado por el tutor correspondiente. A partir del análisis cada grupo selecciona escenas que interesan para ejemplificar aspectos estudiados, edita un nuevo video colectivo que se pondrá en común con el resto en la siguiente clase presencial. Las tareas de filmar, editar, cortar, armar son propias también de los usos que un docente puede darle a los materiales tecnológicos.

A modo de cierre

Las reformas educativas de los 90 en toda América Latina dieron claras muestras de que los sistemas educativos desarrollados en la modernidad ya no eran efectivos. Los docentes se encuentran profundamente desorientados frente a los cambios sociales que han afectado de manera contundente la población de las aulas. En la medida que en todos los países se han ido plasmando las nuevas políticas educativas de inclusión, en algunos más y en otros menos, los docentes ven afectado su trabajo. Llegan a las aulas nuevas poblaciones infantiles y juveniles que traen consigo nuevos problemas que es necesario encarar, y para los cuales los docentes no han recibido formación especial.

Entendemos que la EpC puede ofrecer a los docentes algunas soluciones interesantes para ir modificando lentamente el formato escolar, sobre todo en aquellos aspectos que tienen que ver con la atención a la diversidad y con la formación de un espíritu atento y crítico, en todos los niveles educativos, particularmente en los niveles de primaria y de media.

Bibliografía

Baquero, R. (2006) "Sujetos y aprendizajes" en *Elaboración de políticas y estrategias para la prevención del fracaso escolar*, Proyecto Hemisférico, Ministerio de Educación, Ciencia y Tecnología, Argentina.

Blythe, T. (1999) *Enseñanza para la Comprensión. Guía para docentes*, Buenos Aires, Paidós.

Dutchazky, S. y Corea, C. (2002) *Chicos en banda*, Buenos Aires, Paidós.

Gardner, H. (2000) *La educación de la mente y el conocimiento de las disciplinas*, Buenos Aires, Paidós.

Perkins, D. (1995) *La escuela inteligente*, Barcelona, Gedisa.

Perrone, V. (1999) *La enseñanza para la comprensión. Vinculaciones entre la teoría y la práctica*, Buenos Aires, Paidós.

Revista Iberoamericana de Educación (2009) *Educación: futuro en construcción*, Nº 50, OEI.

www.ingramcontent.com/pod-product-compliance
Lightning Source LLC
Chambersburg PA
CBHW021757220426
43662CB00006B/92